目　录

前　言 ………………………………………………………………………… 1

上篇：理论与规范

社会科学概念的性质与特点 ………………………………………………… 3

社会科学是人类生存和文明发展的根本保障 …………………………… 7

社会科学思想与华夏文明传统 ……………………………………… 11

社会科学乃立国治国之根本 ………………………………………… 20

社会科学研究与人类文明发展 ……………………………………… 31

社会科学研究与文化发展繁荣 ……………………………………… 38

社会科学研究植根现实并重在创新 ………………………………… 50

国家社会科学研究的八项原则 ……………………………………… 62

国家社会科学研究设计必须注意的六个问题 …………………… 70

国家社会科学研究项目论证的六点要求 ………………………… 77

国家社会科学研究项目论证的准确表达 ………………………… 85

社会科学繁荣发展的历史机遇 ……………………………………… 88

关于繁荣哲学社会科学的几个问题 ……………………………… 91

国家社会科学基金项目管理的发展态势 ………………………… 96

社会科学研究者的素质修养 ·············· 99

社会科学研究的"效用性"规律 ·············· 101

中篇：管理与实践

国家社会科学首次全面调研的智慧结晶 ·············· 105

关于做好国家社科研究规划工作的思考与建议 ·············· 110

加强制度建设与内部建设 ·············· 118

改进指南制定与项目评审 ·············· 120

项目管理与成果管理 ·············· 124

关切民生是社会科学研究的内在灵魂 ·············· 131

创新古典文献研究的思考 ·············· 139

书法艺术发展与国家文化建设 ·············· 147

书法艺术与思想境界 ·············· 153

《儒藏·〈论语〉》专辑的学术启示 ·············· 163

反本开新与学术自觉 ·············· 166

欧洲文明进程研究的新开拓 ·············· 168

《子海特辑》首发与古籍整理新期待 ·············· 176

"经济特区与中国道路"研究的世界意义 ·············· 179

日本馆藏近代中国留日美术家文献整理与研究 ·············· 181

学术精神与文化气魄 ·············· 184

文化境界与科学精神 ·············· 189

营造学术研究的良好氛围 ·············· 192

与时俱进与打造辉煌 ·············· 194

淡泊名利与严谨治学 ·············· 198

基层调研与典型宣传 ·············· 201

媒体宣传与国家形象 ·············· 208

用好用活文化资源 ……………………………………………… 210

发挥模范作用与铸造民族精神 ………………………………… 212

下篇：学习与思考

创造绚丽多彩的中国特色新文化 ……………………………… 217

着力提高全民族的思想道德素质 ……………………………… 222

建设与传播社会主义核心价值体系的有效途径 ……………… 228

发展新理论与开创新局面 ……………………………………… 233

与时俱进的理论品格 …………………………………………… 240

科学严谨的思想体系 …………………………………………… 245

深厚的政治内涵和丰富的文化积淀 …………………………… 255

关于先进文化的思考 …………………………………………… 263

一般规律与特殊形态的统一 …………………………………… 266

科学性·创新性·时代性 ……………………………………… 273

"以人为本"与"二大规律" …………………………………… 280

和谐社会与社会建设 …………………………………………… 285

新农村建设与井冈山精神 ……………………………………… 288

理论学习与能力提升 …………………………………………… 292

天道酬勤 ………………………………………………………… 295

《傅璇琮学术评论》出版感想 ………………………………… 297

古籍数字化与新文化建设 ……………………………………… 299

关于重大项目的几点思考 ……………………………………… 301

使命意识·国家意识·创新意识 ……………………………… 303

管理学学科建设的新起点 ……………………………………… 309

中国古代先贤的先进文化观 …………………………………… 311

生动深刻的思想教育 …………………………………………… 317

理论与实践互动的体验 …………………………………………… 320

"先进"内涵的历史考察 …………………………………………… 332

开展正确的批评与自我批评 ……………………………………… 336

坚持正面教育为主的思考 ………………………………………… 339

党的先进性建设的新起点 ………………………………………… 343

中国社会管理创新研究的思考 …………………………………… 346

后　记 ……………………………………………………………… 352

前　言

社会科学是人类生存和文明发展的内在灵魂

社会科学是人类生存和文明发展的内在灵魂，是社会和谐与历史进步的根本保障。社会科学根源于生活、形成于研究、应用于实践，具有深刻的思想性、强烈的现实性和鲜明的针对性。

一

公元 2010 年 6 月 25 日，国际社会科学理事会与联合国教科文组织在巴黎总部发布研究报告，突出强调了社会科学对人类当前生存与未来发展的重要性。报告指出，为有效应对人类面临的诸多重大挑战，世界比以往任何时候都更加需要社会科学。国际社会科学理事会主席古德芒德·赫尼斯（Gudmund Hernes）认为，社会科学已经成为真正全球性的学科，如果世界想要面对今天和明天的挑战，它就需要更多、更优秀的社会科学。

报告指出，21 世纪发端 10 年，中国的社会科学发展较快，国家经费投入每年递增 15%—20%，而国际数据库收录的论文，中国增长率高于拉丁美洲国家和印度。但中国与发达国家的差距依然很大：全世界约四分之三的社会科学期刊由欧洲和北美出版，美国居世界首位；汤森路透《社会科学引文索引》数据库 1998—2007 年的论文，北美占 50% 多、欧洲占近 40%（参见《社会科学报》2010 年 7 月 22 日第一版：胡乐乐《世界比任何时候更需要社会科学》）。这一极具挑战性的事实，对于已经成为世界经济大国并承担相应责任与义务的中国，值得深思。

二

中华民族有着悠久、优良的社会科学传统，是世界上高度重视并有效运用社会科学推进文明发展的国度。历代先贤对于人类生存和如何发展的思考，不但深刻敏锐、全方位、多视角，而且智行交融，重实际、讲效果。由是，华夏大地上相继涌现了大批闻名世界的社会科学思想家如老子、孔子、孟子，也留下了大批影响古今的社会科学经典著述如《周易》、《道德经》、《论语》。

中华文明五千年连续发展不间断，在历朝历代汗牛充栋的古籍文献、高典大册和文字著述中，社会科学的思想和元素始终占据一统独尊的核心地位，影响着历史的兴衰更替，所谓"《诗》、《书》、《春秋》皆所以明乎得失之迹，存王道之正，垂鉴戒于后世"（《资治通鉴·序》）。先哲们的思考至大精微，既立足现实，又着眼长远，不仅深入生活、符合实际、体现时代，具有很强的现实性、针对性和实践性，而且高瞻远瞩，视野开阔，具有很强的理论性、前瞻性和指导性。

诸如三皇五帝时期，轩辕"置左右大监，监于万国"、帝喾"抚教万民"、放勋"合和万国"、虞舜令"蛮夷率服"（《史记·五帝本纪》）、而大禹"为纲为纪"（《史记·夏本纪》）。至殷商"率民以事神"（《礼记·表记》），周代崇尚礼乐与德治。秦并六国，强化皇权。汉代"罢黜百家，独尊儒术"。李唐兼尚佛老，科举取士。赵宋"右文抑武"，文教兴邦。元朝袭用中原文化制度，明清奉"理学"为国学。所有这些史实，无一不是充分运用社会科学思想的影响力，来巩固统治、管理社会和促进文明发展。

其实，诸如虞夏商周的社会管理实践和春秋战国的诸子百家之说，秦代"车同轨"、"书同文"的法律法规，汉代晁错《论贵粟疏》与桓宽《盐铁论》，本质上都属社会科学思想成果的具体表现。曹丕"文章乃经国之大业，不朽之盛事"（《典论·论文》），更多的是就富有社会科学思想元素的文字作品立论。唐太宗李世民日与朝臣讨论历代兴亡，探求治道政术，成《贞观政要》；宋代张载"为天地立心，为生民立命，为往圣继绝学，为万世开太平"（《张横渠集》卷12《性理拾遗》），将社会科学巨大作用的认识提到空前高度，深刻而精警。苏轼为欧阳修文集作序，认为孔子修《春秋》、孟子拒杨墨、韩愈为古文、欧阳修著文章，与大禹治水一样，"功与天地并"（《六一居士文集叙》），以具体生动的历史事实，说明社会科学思想对于人类生存发展的重要性。

至于古代"天人合一"、"天下为公"、"以人为本"、"公平正义"、"厚德载物"、"大济苍生"之类的社会科学思想理念，更是盛传千载而历久弥新，彰显着社会科学思想理论的强大生命力。毫无疑问，这些都是实现文化强国战略、建立中华民族优秀文化传承体系的重要思想资源和文化资源。

三

古希腊的亚里士多德曾经把人类的知识划分为纯粹科学、技术科学和实践智慧三种类型。他认为，"实践智慧"是社会发展的科学，是"最高主宰的科学、最有权威的科学"，"它自身的目的蕴含着其他一切科学的目的"（《尼各马可伦理学》，《亚力士多德全集》第8卷，中国人民大学出版社1990年版），对社会科学的性质、特点、价值、意义和地位进行了严谨评述。

人类对于社会科学的认识，随着时代发展而不断深入。进入21世纪，世界共同面临人类如何生存与怎样发展的诸多重大现实问题，引起人们的高度关注和深入思考，迫切需要社会科学理论的引导来破解难题、应对挑战。所以，国际社会科学理事会与联合国教科文组织积极倡导"将社会科学作为促进实现国际普遍认同的发展目标的宝贵工具"（胡乐乐：《世界比任何时候更需要社会科学》，《社会科学报》2010年7月22日）。

中国改革开放以来，国家对社会科学的重视程度越来越高，中央不断推出促进社会科学繁荣发展的政策措施，不断加大国家财政投入的支持力度，而社会科学的优秀成果也为国家科学发展提供了重要的决策参考与智力支持。伴随人类历史发展的新变化和新形势，伴随人们对社会科学重要性认识的逐步提高和不断深入，社会科学必然会迎来繁荣发展的新机遇、新局面、新风貌！

四

笔者作为一名社会科学的爱好者和研究者，曾多年徜徉沉潜于中国古代文化；执教高校十几载，又参与国家社会科学的研究规划与项目管理。承担的任务和履行的职责，要求笔者必须尽快实现角色转换和尽快适应工作需要，必须具备强烈的国家观念、敏锐的政治眼光和宽广的学术视野，必须树立全局意识、战略思维和服务理念。由是，搞清社会科学相关的基本问题，熟悉国家的发展战略与大政方针，把握国家亟须研究的重大理论和重大现实问题，了解国家社会科学各学科情况和相关学术领域的前沿动态，成为笔者工作之外的又一重要内容。

笔者一方面注意广泛学习，深入思考，开拓思路；一方面注意立足实际，分析问题，提出建议，努力做好本职工作。与此同时，充分利用业余时间，尽可能将学习体会、思考认识与意见建议形诸文字。日就月将，箧中渐有累积。暇日翻检，虽觉文字粗糙，其中也有不乏新意者。自忖虽然不能"授人以鱼"，或许可以尝试"授人以渔"。对于涉及社会科学研究规律和富有方法论意义的文章以及关于典型案例的篇章，诸如如何选择和确定研究课题，如何突出问题意识、强化国家观念、开阔世界视野、具备前瞻眼光、重视规律探讨、切实严谨学风之类，若选择部分聊可一阅的篇章结集出版，或能对社会科学方面尚未出道的研究生与刚刚入道的年轻学友，稍有导引参考之功，亦不失为善事，何况还可以成为笔者工作经历的珍贵纪念。

于是，遂遴选略有创见、稍有可观、差可成篇的文字68篇，裒为一集，粗成一帙，厘为三编。上篇《理论与规范》16篇侧重介绍中国社会科学概况与国家社会科学研究项目基本要求；中篇《管理与实践》24篇多是国家社会科学研究规划与项目管理工作的思考与纪实；下篇《学习与思考》28篇皆是围绕工作进行学习的认识、体会或感受。书稿内容以社会科学为中心主题，各篇成稿时间首尾蔓延几近20载，虽依类相从而互不联属，故以"社会科学论稿"名集。毋庸讳言，书中文章大都保持当初原貌，不无疏漏、舛误与欠妥处。承蒙人民出版社厚爱，付梓出版，尚祈方家与同好，不吝赐教。

杨庆存

2013年7月13日于长椿苑

上 篇

理论与规范

社会科学概念的性质与特点

　　科学、正确、规范地使用概念，乃讨论问题、研究问题的前提和基础，所谓"名不正则言不顺"（《论语·子路》）。而任何概念都是对事物本质和规律的凝练总结与高度概括，其准确性和鲜明性程度越高，科学性和严谨性越强。

　　由于社会科学是一个巨大而复杂的知识系统，内容丰富，涵纳深广，人们可以从不同角度、不同层面理解、认识和概括，故目前称谓多种多样，概念很不统一，诸如"人文科学"、"人文社会科学"、"哲学社会科学"之类。这些相近、相似、相类而实质相同的概念称谓，尽管都言之有理、言之有据，自成一家，但又不同程度地存在着一些矛盾或不规范因素，给人们的理解和使用带来不便。

　　比如，"人文科学"、"人文社会科学"，这两个概念均以"人文"作限定或修饰，概念设计者的本意，大概是突出强调社会科学的性质特点，以区别于自然科学，抑或兼有增强概念严密和严谨程度之意。其实，在最早使用汉语"人文"一词的中国古代典籍《周易》中，"人文"与"天文"对举，译成现代汉语当是"人类文化"，它包含了人类创造的所有文化，自然科学当然也在其中。唐代孔颖达注疏《周易》，受知识视野和时代局限，释"人文"为礼教，其理解自然会与今人有别。应该说，汉语"人文"概念的含义是较宽泛、较模糊的，人们可以有多种理解，况且作为知识系统的"科学"，必然都有人的参与，必然体现"人文"精神，故"人文科学"或"人文社会科学"概念的科学性和严谨性尚待推敲，而"人文社会科学"在概念内容的涵纳和语言表达的节奏上，也不无烦琐感，给人们的使用造成一定难度。

再如，"哲学社会科学"是一个使用较为广泛、较为普遍的概念，但"哲学"一词源于古希腊，本义为"爱好智慧之学"，后来成为社会科学的一个重要学科。"哲学社会科学"这一概念的设计者，其创意大约旨在突出和强调"哲学"的地位与作用，而将其冠诸"社会科学"之前，在语法结构上形成并列态势。这种设计的科学性至少有三点值得商榷：其一，"哲学"概念与"社会科学"概念在内容和形式上均不对等亦不对称，不属同一层次，故不合逻辑。其二，容易产生歧义，将二者视为修饰和被修饰关系，理解为哲学中的社会科学，造成"社会科学"内涵范围狭窄和逻辑混乱。其三，有悖汉语构词简明化趋势，音节变多，降低了口头表达的流畅度，有拗口感。另外，目前也没有与之对应的概念，正如不会有人因数学在自然科学中的重要地位和广泛应用而创造一个"数学自然科学"的概念一样，哲学也大可不必以冠诸"社会科学"之前的方式来突出其地位。

相比之下，"社会科学"这一由偏正词组构成的概念，则显得明确简洁，合于逻辑，通俗朴实，贴切自然，给人以更符合汉语语言传统表达习惯的感觉，具有更多的科学、合理性因素。

众所周知，对立统一规律是事物发展的基本规律。世界是由自然界和人类社会两个方面构成，与之对应，科学有了自然科学和社会科学两大门类，故邓小平同志有"科学当然包括社会科学"之论。科学作为一个巨大而复杂的知识系统，虽然包含了众多不同层次的学科种类和千差万别的学科分支（名词性质的"科学"与"学科"分属两类不同性质、不同层次的概念——作者注），人们可以从不同角度和不同层次进行归类，正如有人提出"技术科学"、"思维科学"、"军事科学"之类，但所有具体学科和分支学科，一般均可根据内容侧重，分别纳入社会科学与自然科学两大类中，包括综合性交叉学科。

由此可知，科学分为自然科学和社会科学两大类，"社会科学"是与"自然科学"相对应的一个概念范畴，"社会科学"与"自然科学"相互对应，既对立又统一，二者相反相成，相辅相成，如车之两轮，鸟之双翼。简而言之，"社会科学"之概念具有较强的科学性、逻辑性和规范性，且简明易记，表现出鲜明的大众化、通俗化特点，思之理顺，用之言顺，听之耳顺，故为绝大多数学人所接受、所使用。诸如社会科学基金会、社会科学院、社会科学杂志、中国社会科学、国外社会科学之类的名称，都已得到普遍认同。

在国外，19世纪中期就开始使用"社会科学"这一概念。1857年，一批英国政界人士和学者成立了"全国社会科学促进会"，由是"社会科学"概念得到确立并被广泛使用。1871年，俄罗斯学者恩·弗列罗夫斯基撰写了《社会科学入门》一书，扩展了其传播和使用的范围（参见中央编译局国际共运史研究室编译《俄国民粹派文选》，人民出版社1983年版，第81页）。

应当指出：一、任何概念都是一个历史的范畴，都是一个开放的知识系统，其内涵是随着历史的发展而演变、而丰富的，"社会科学"之概念同样如此。二、"社会科学"之概念的内涵具有多层性的特点，广义的社会科学泛指和涵盖涉及社会发展方面的所有知识系统和所有学科，而狭义的社会科学一般是指具体的学科或学科分支。三、社会科学的表现形态具有多方面、多角度和多样化的特点，诸如实践的、理论的，政治的、经济的、文化的，历史的、文学的，等等；而社会科学研究仅仅是其中的一个方面，因此，社会科学与社会科学研究是两个不同层次、不同性质的概念，不能等同或混同。四、社会科学是一种客观存在，它反映在社会领域的各个层面、各个方面，而在不同历史时期有着不同表现，由于社会科学与自然科学本质特点不同，套用自然科学可重复之类的科学标准，怀疑社会科学的存在，无疑是错误的。五、社会科学随着时代的发展而发展，随着人类的进步而丰富，具有突出而鲜明的与时俱进品格。六、社会科学依据时代的不同、民族的不同以及地域与国家的不同，分别呈现不同风貌，体现内在差异。

社会科学是人类生存与
文明发展的根本保障

　　任何事物的发生和发展，都有其内在的规律性和历史的必然性。这种内在的规律性和历史的必然性，则由事物的性质和特点所决定。科学也是这样。任何科学门类、任何科学学科的形成和建立，都有其历史的必然性，都有其具体的针对性和目的性，也都有一个发生和发展的过程。具体科学门类、科学学科的性质与特点是由其自身的发展规律和努力目标决定的。这种性质与特点并非人为规定，而是在其自身发生发展的历史进程中自然形成。社会科学当然不能例外。

　　顾名思义，"社会科学"自然是关于社会的科学，是关于社会发展的科学，是人类认识和改造社会、促进社会进步的科学。社会科学是在人类社会的实践和发展中产生，同时满足人类社会实践和发展的需要，解决人类社会发展过程中出现和预见的一系列社会性问题。这既是社会科学的基本任务，也是社会科学的本质特点。自然，人类社会发展的历史进程中，存在着许许多多的问题，那么，最基本的问题是什么呢？迄今为止，人类发展的历史告诉我们，生存与发展是人类社会最核心、最基本的问题。

　　社会科学关照的对象和产生的基础是社会，而社会主要是由"人"和人的生活环境两个方面构成。换言之，构成社会的主体和首要因素是"人"，是群体的人，没有人群就没有社会。《礼记·学记》有"敬业乐群"之说，"乐群"实际上就是指出了人的群体性和社会性特质。而中国古代汉语最早的"社"字，就是古代地方的基层单位，25家为一"社"，故《左传》有"致千社"之语。而中国古代最早的"社会"一词，表达的则是社中人的集会。由此可见，人是社会的主体。而人的生活环境、生存环境，包括自然界也是构成社会的重要成分，这从华夏先民构造古体"社"字，除了将"神"作为部首置于左边这一崇敬的位置，而同时将"水"和"土"、或"水"和"田"、或"水"和"木"组合进字体的情形即可看出。因而，从某种意义上说，社会科学首先是关于"人"的科学，是关于"人"如何生存的科学，是关于人与人、人与物、人与自然、人与社会等诸种复杂关系的科学。这是一个以"人"为主体、为核心而辐射社会各个领域、各个层面的科学，是一个涉及人的社会生活方方面面的巨大而复杂的知识网络和知识体系。

社会科学以人为根、以人为本、以人为核心、以人为主体，构成了人本科学的显著特质。社会科学的这种性质，实际上是由社会科学产生的根源所决定。简而言之，社会科学是随着人类的出现而酝酿，随着历史的演进而发展，随着社会的进步而繁荣。社会科学的产生与发展是人类实践的产物，是时代的要求，是历史的必然。

当人类祖先在地球上出现之后，面临的首要问题就是如何维持生存、延续生命。在恶劣的自然环境中，当他们感觉到独立的个体生命或环境生存受到严重威胁时，便自然而然地结合成多寡不等的群体，或合作猎取食物，或共同抗御攻击，或联合对付灾害，相互协作，相互配合，共同生产，共同消费，以群体的形式维系着生存，从而构成了最原始的低层次的社会形态，与此同时也铸造了人的最基本特征——社会性。就在人类祖先确定劳作目标和有效合作的过程中，孕育着多种朴素而简单的社会科学因素，诸如最原始的团体意识、民主意识、人群秩序、信息交流、合作协调、食物分享、环境选择、生活秩序等等；同时，群体中综合能力最强的人，则自然地成为首领。

在人类先民的生命和生存有了基本保障之后，继续发展的问题就日见突出。这是继人类生存之后的又一个重大社会问题。其实，人类的生存与人类的发展是两个紧密相连、不可分割、历久弥新的重大现实问题。生存是为了继续发展，而发展则是为了更好地生存。人类的发展历史正是在这不断地求生存、求发展的进程中，不断地创造着人类的文明，推动着社会的进步。由是，生存与发展成为人类永远奋斗的目标，成为推动历史车轮前进的动力源泉，成为社会发展的核心和人们关注的焦点。与此同时，人类的生存与发展问题自然而然地成为社会科学的轴心与重心。

随着历史的演进和人类实践的扩展、深入，随着人类智慧的不断增长，社会的组织形态和制度形态也不断发生变化：由自然人群到氏族群体，进而到原始部落、城邦、联邦、藩镇、诸侯，乃至各自独立的国家；与此同时，人类经历着原始社会、奴隶社会、封建社会、资本主义社会和社会主义社会等不同阶段。社会结构和社会形态由自然到自觉的变化，实质上是人类生存模式和生存环境由低级到高级的变化，是人类发展、社会进步与文明提高的重要体现和必然结果。但是，不论社会结构和社会形态如何变化，人类的生存和发展始终是人类社会发展的首要问题，而在不同的阶段表现为生存条件、生存质量的改变和发展模式、发展速度的转换，人类经历的渔猎文明、农耕文明、工业文明和当今的信息文明，都是很好的例证。时代的发展和条件的变化，使人类社会在每个历史阶段都必然遇到如何生存和如何发展的新问题，这一方面为社会科学的发展与繁荣提供了机遇，一方面又造就了社会科学必须与时俱进的品格。同时，围绕如何生存与发展这一轴心，在不同时期、不同角度和不同层面遇到的不同类型的社会问题，逐渐形成了社会科学中的不同学科。

　　总之，社会科学源于人类的社会实践，指导人类的社会实践，社会科学与社会实践是一个相互依存、相互促进、共同发展的有机体。人类的生存和发展是这个机体中的核心。人类的生存和发展孕育了社会科学，社会科学也给人类的生存和发展提供着智力支持，一方面是社会实践为社会科学提供着极其丰富的营养资源，一方面是社会科学为人类的社会实践规划着未来的发展。人类的生存和发展，将是社会科学关注和作用的永恒主题，社会科学的基本任务，就是不断地认识和总结人类生存和发展的历史经验，不断地把人类的生存和发展有效、有序地推向新阶段、新境界，这是社会科学自从孕育产生就已经肩负的历史使命。

社会科学思想与华夏文明传统①

内容提要：党的十六大报告要求充分发挥社会科学在经济和社会发展中的重要作用，这是实现十六大提出的奋斗目标，全面建设小康社会，开创国家建设新局面的迫切需要和智慧选择，也是中华民族文明发展的优秀传统。文章认为，凡是有所作为的民族和国家，凡是有所作为的执政者，无不高度重视社会科学、充分利用社会科学，无不将社会科学作为民族发展、国家发展和社会发展的根基和保障；中国成为目前人类文明发展史上唯一文化不曾中断、文明连续发展的国家，重要原因之一就是得力于社会科学思想的力量；勤于思考、善于总结、敢于创新、勇于探索，是中华民族的突出特点；中华民族的文明发展史，从某种意义上说就是社会科学思想的发展演变史。文章概括了中国社会科学思想发展的六大特点：研究队伍强大、名家大家辈出、思想体系缜密、注重文献收集、理论联系实际、坚持与时俱进。

---

① 本文发表于《浙江学刊》2002 年第 6 期；收入《新世纪党政干部理论学习文献》之《先进文化》卷。

中央主要领导同志在不到一年时间内，就发展社会科学问题连续三次发表重要讲话（此处指 2001 年 8 月 7 日在北戴河、2002 年 4 月 28 日考察中国人民大学、7 月 16 日考察中国社会科学院时分别发表的重要讲话），此后又在党的十六大报告中要求充分发挥哲学社会科学在经济和社会发展中的重要作用。这不仅充分体现了党和国家对社会科学的高度重视，而且为社会科学繁荣发展营造了良好的氛围，创造了优越的条件，提供了广阔的空间。重视社会科学是实现党的十六大提出的奋斗目标，全面建设小康社会，开创国家建设新局面的迫切需要和智慧选择，也是中华民族文明发展的优秀传统。

纵观人类文明发展史，凡是有所作为的民族和国家，尤其是古今中外有所作为的执政者，无不高度重视社会科学，无不充分利用社会科学，无不将社会科学作为民族发展、国家发展和社会发展的根基和保障。

大约在公元前 3500 年，尼罗河流域出现以法老"政教合一"的专制主义统治为主要标志的古埃及文明，金字塔及其古埃及法老石板浮雕上精美绝伦的象形文字，说明当时社会发展达到了很高的水平。与此同时，在中东两河（幼发拉底河和底格里斯河）流域，出现了古巴比伦国的美索不达米亚文明和古苏美尔文明，现藏法国卢浮宫博物馆的《汉穆拉比法典》石碑，是人类史上现存的第一部成文法典，它与伊拉克首都巴格达故宫博物馆里保存的楔形文字泥版书一样，都是两河流域社会文明发达的重要标志。约公元前 2500 年，古印度河流域进入文明时代，哈拉帕文化和印章文字代表着当时社会的进步水平。公元前 2000 年地中海兴起的爱琴文明，是古希腊文明的源头，克里特岛上的线形文字和米诺斯王宫体现了爱琴文明的发达。由上述的文化遗存不难看出，当时的统治者显然是依靠发达的思想文化，创造了属于那个时代的辉煌。

然而，古埃及、古巴比伦、古印度这些曾为人类社会的生存和发展创造了辉煌的文明古国，都早已经消失在历史的长河中，唯有在黄河流域创造辉煌灿烂华夏文明的中国，延续至今，成为目前人类文明发展史上唯一文化不曾中断、文明连续发展的国家。这种奇迹，自然是民族智慧的结晶和体现，而其中重要原因之一，就是得力于社会科学思想的力量，得力于中华民族重视社会科学、发展社会科学的优良传统，得力于独特的社会机制和思想体系。

中华民族是一个有着悠久历史并创造了辉煌文化的民族，是一个为人类文明发展作出了卓越贡献的民族。热爱社会科学、重视社会科学、发展社会科学，是中华民族的优良传统。中华民族在五千年乃至更长的文明发展的历史进程中，实践、总结和积累了极其丰富的发展社会科学和运用社会科学的宝贵经验，并留下了浩如烟海的文化典籍。勤于思考、善于总结、勇于创新、敢于探索，这是中华民族在发展社会科学方面表现出来的突出特点。

中国历朝历代有所作为的统治者，实际上大都是卓越的社会科学思想家。他们不仅善于观察社会，发现问题，审时度势，果断决策，而且善于独立思考，善于"并天下之谋、兼天下之智"。由于所处的地位和肩负的责任，他们必须对社会各个方面的重大问题进行了解、思考和处理，由此而成为社会科学的重要思想者和重要实践者。

上古结绳而治，伏羲氏教民以渔牧、神农氏示人以农耕、燧人氏钻木以取火，这些华夏民族的远古部落酋长思考和解决的问题，首先是部落个体生命和部落群体生存最基本的条件与出路问题，这是构成社会的前提，也是社会存在的基础。至黄帝轩辕氏，则进一步思考部落发展问题，面对部落无序、相互侵犯的局面，他"修德振兵，治五气，艺五种，抚万民，度四方"，征伐残暴，统一天下，不仅创造了一个相对和平安定的环境，而且致力于政治秩序建设和农牧经济建设，所谓"置左右大监，监于万国"，"披山通道"，"时播百谷草木"（《史记·五帝本纪》）。帝喾高辛"抚教万民"、帝尧放勋"合和万国"、虞舜重华则令"蛮夷率服"（《史记·五帝本纪》）。这五位帝君在建立国家和治理社会方面取得的辉煌成就，证明他们都充分运用和发挥了社会科学因素的独特作用，各自形成了一套成熟的统治思想和统治机制。

夏代大禹文命，不仅以治理洪水而闻名于世，而且"声为律，身为度"，"为纲为纪"，使"九州攸同"，天下太平。其后，殷商以德治国，成汤"德及禽兽"；周代礼乐治国，遂有"成康之治"。秦并六国而一统天下，推行法治，强化皇权，车同轨，书同文，而嬴政为始皇；汉承秦制，海内为一，"文景之治"，传为美谈，至武帝采纳董仲舒之说，"罢黜百家，独尊儒术"，帝国强盛；有唐一代，弘扬儒学而兼尚佛老，科举取士以治国，乃有"贞观之治"与盛唐气象；赵宋"右文抑武"以防乱，收兵权而搞集权，文礼兴邦，广纳贤能，广开言路，通才涌现于两宋，宰相多出于寒门，经济发达，文化发达，正如陈寅恪所言，封建文化历经数千年之演变，造极于赵宋；蒙元入主中原，将"以汉治汉"作为立国治国之大策而儒道并用；明清两朝，视"理学"为国学，儒、释、道兼采并用，明有洪武、永乐之治，清有"康乾盛世"，均为世人称道。古代这些开创新局面、创造新气象的有为帝君，或立国，或治国，其发策决断，无不得力于社会科学，无不建立在对现实社会进行深入思考和充分研究的基础上，无不将社会科学作为立国治国之根本。

中华民族五千多年的文明发展史，从某种意义上说就是社会科学思想的发展演变史。在中华民族发展的历史长河中，形成了中国社会科学发展、发达的显著特点。

其一，历朝历代都有一支强大的社会科学思想研究队伍。这支队伍，从最高统治者到基层官吏，从上古的卜、史、巫、祝，到近代的诗人学者，他们都在用各自的方式思考着当时民族和国家的生存与发展，思考着社会的进步与人类文明的发展。远古的唐尧虞舜，先秦的诸子百家，汉代的司马班扬，唐代的李杜韩柳，宋代的范（仲淹）欧（欧阳修）王（安石）苏（轼）、周（敦颐）程（颐、颢）朱（熹）陆（游），明代之王阳明、王夫之、顾炎武，清代之龚自珍、黄遵宪、谭嗣同、康有为……"国家兴亡，匹夫有责"的民族意识和忧患意识浓厚而强烈。

其二，涌现了一批闻名世界、影响古今的社会科学家和政治思想家。诸如，提出"无为而治"、"治大国如烹小鲜"等著名观点的李聃；被誉为"至圣先师"、"万世师表"的孔丘；以兵法13篇而闻名于世的孙武；善以寓言说理喻事的哲学思想家庄周；继承孔子学说而主张实行"王道"和"仁政"的孟轲；挑战孔孟"性善"说而提出"性恶论"的荀卿……而近代以来的思想伟人和社会革命家如孙中山、毛泽东、邓小平等，更是妇孺皆知。他们既是伟大的理论家又是杰出的革命家和实践家，在世界范围内发生着深远的影响，为人类文明的发展作出了卓越贡献。伏尔泰崇拜孔子而将书斋命名为"孔庙"，且以孔子主持人为名发表作品，列宁则称王安石为中国11世纪的社会改革家。

其三，形成了一个庞大、系统、缜密、以人为核心的中国特色社会组织思想体系。这个思想体系不是由逻辑推衍而来，而是从人们的现实生活体验中、从社会发展的实践中总结概括出来。仅以古代为例，先民们在生活实践中发现，人的个体行为是受思想和意识支配的；众多具体的"人"构成了社会；社会的运行和变化则往往是人的思想行为影响的结果；个体的生存和发展必须依靠群体，而群体的生存与发展则必须依靠思想的一致和行为的和谐。由是，先贤圣哲一方面从宏观上提出了"天人合一"、"天下为公"、"大同社会"、"小康社会"等思想，一方面又提出了"正心、诚意、修身、齐家、治国、平天下"的个体修养规范，以此协调人与人、人与社会、小社会与大社会之间的关系。同时，先哲们还根据个体生命的繁衍规律和家庭为社会构成基本单位的特点，提出了以"孝"为先、以"孝"为治的主张，提出了"三纲五常"的社会规范，等等。这个思想体系以人为核心，紧紧抓住人的思想意识性与社会的基本构成这一根本特点，考虑人类的生存与发展，因此在特定的历史时期内，具有明显的社会教化效果和长久的内在生命力。所有这些，均以儒家思想为典型代表，其终极目的则是创造一个和平安定的社会环境和井然有条的社会秩序，以利于经济的发展和文明的提高，以利于社会的进步，以至于当代西方发达国家的部分学者认为，21世纪的人类发展，需要从中国儒家文化中汲取营养，寻求出路。孔孟学说以及西汉学者编辑的49篇《礼记》（远古至秦汉时期的礼学文献）等，集中地代表和反映了这种社会思想。

其四，注重文献资料的收集、整理和保存。上古先民结绳而治（东汉武梁祠石室有"伏戏仓精初造王业，画卦结绳以理海内"之语），这是记录、整理和保存社会发展信息的滥觞。而当时的卜、史、巫、祝是从事占卜、祭祀和记录国家重大事件的专职人员。发明文字之后，有关社会的各种信息，以不同形式不断被整理记录和保存下来，形成了中国古代浩如烟海的文献资料。殷商甲骨文字、上古钟鼎铭文、帛书竹简，载体多种多样，内容更是丰富多彩。中华民族又有修史、修书、藏书的优秀文化传统，五千年文明一以贯之，得以不断，而传世典籍，汗牛充栋，世界上任何一个国家都无法与其相比。二十四史，世界第一；五经四书，人所共知。"《诗》、《书》、《春秋》皆所以明乎得失之迹，存王道之正，垂鉴戒于后世"（《资治通鉴·序》）。先秦诸子之作，皆"务为治者"（《易传》）。孔子修《春秋》，司马迁作《史记》，萧统编《文选》，刘知幾著《史通》。宋代司马光奉敕编《资治通鉴》，"所载明君、良臣，切摩治道，议论之精语，德州之善制，天人相与之际，休咎庶证之原，威福盛衰之本，规模利害之效，良将之方略，循吏之条教，断之以邪正，要之以治忽，辞令渊厚之体，箴谏深切之义，良谓备焉"（《资治通鉴·序》）。其后，明代永乐年间编辑《永乐大典》，清朝康熙年间撰修《四库全书》。而丛书、丛刊、集成、备要之类，又不胜枚举。这些汗牛充栋的文献，不止是巨大的文化遗存、文化遗产和弥足珍贵的文化财富，不止是华夏民族的智慧结晶和历史经验的总结，而且也是华夏民族发展历程的真实记录，是华夏民族推动社会进步和人类文明发展的真实记录。

其五，尚理而致用，理论与实践紧密结合。立足于社会现实，着眼于长远发展，这是中国社会科学发展的优良传统。"经世致用"、"大济苍生"、"有补于世"等等，一直是古代贤哲和社会科学努力追求的目标，也是中国社会科学发展的突出特点。孔、孟时代，"世道衰微，邪说暴行有作"，诸侯征伐，社会动荡，人类残杀，道德沦丧，所谓"弑君三十六，亡国五十二，诸侯奔走不得保其社稷者，不可胜数"（《史记·太史公自序》），前代创造的文明惨遭破坏，人们生存受到严重威胁。孔子修《春秋》"惩恶而劝善"，借助历史和舆论力量，规范社会道德和社会行为；孟子则通过批评与抵制杨朱的"为己说"、墨翟泯灭是非的"兼爱论"，弘扬和发展孔子仁学思想并提出"王道"学说。孔、孟称扬唐虞社会安定统一、文明有序，反映了人民对和平、稳定、有序发展的普遍愿望，反映了时代发展和社会进步的要求。"自《春秋》作而乱臣贼子惧，孟子之言行而杨、墨之道废"，其社会的积极影响不言而喻。孔子对春秋战国时期社会现实的思考和儒家学说的创立及其对后世的影响，非常典型地代表着中华民族在社会科学方面理论联系实际的好传统。另如，汉代昭帝于公元前81年召集天下贤良60多人到长安，讨论盐铁官营和酒类专卖问题；至宣帝时，桓宽根据会议文献，整理加工，成《盐铁论》60篇，内容涉及当时的经济、政治、军事、文化等各个方面，这也是社会科学关注和密切联系现实的典型事例之一。至如唐太宗与诸大臣一起讨论和总结历代兴亡之经验教训，探求治道政术，治国以安民，吴兢分类编辑而成《贞观政要》，被视为理政治国的必读书，更是人所共知。西周时期的巨大铜盘"散氏盘"上铸刻着我国最早的邦国之间的诉讼赔偿文书；湖北云梦县睡虎地秦墓出土的竹简上，有秦律18种、《法律答问》；汉代萧何制定的《九章律》；赵宋立国后，针对五代战乱和藩镇割据给社会发展造成的破坏而采取了"右文抑武"的对策；宋代宰相赵普"半部《论语》治天下"的故事，妇孺皆知……这些都是很具说服力的例证。总之，理论联系实际，注重理论指导实践、在实践中发展理论，是中华民族的好传统。

其六，坚持与时俱进的优秀传统。历史在发展，社会在发展，以社会现实和社会实践为主要动力源泉的社会科学，必须跟上时代的发展甚至超越时代的发展，才能发挥其功能。中国社会科学的发展，正是在这种情势下形成了与时俱进的优秀传统。如孔子对西周社会制度和政治文明的阐发、改造和创新；从先秦的诸子百家学说，到汉代经学的出现，再到宋代疑古惑经文化思潮的出现和程朱理学的形成，其间的发展变化脉络是十分清晰的。再如，从上古的以德治国、周代的以礼乐治国，到汉代的独尊儒术、魏晋玄学的盛行，再到唐宋时期的儒释道三家兼采并用，每个历史时期都是由于环境条件的变化而出现了新的理论，其中最为典型的就是儒学的发展。夏、商、周的历史实践以及当时创造的社会文明，为孔子创立儒学奠定了坚实的基础；孔子根据时代的发展和当时社会混乱无序的状况，构建起儒家的"仁学"与"礼学"思想体系；至孟子发扬光大孔子学说，又根据时代变化，提出"王道"与"仁政"学说；汉代儒学是在孔孟学说基础上发展完善起来的，以"修身、齐家、治国、平天下"（《礼记·大学》）为核心的入世思想，以"仁、义、礼、智、信"为标准的道德观念，以"天、地、君、亲、师"为次序的伦理观念等已经为人们普遍接受；至宋代的朱熹"致广大、尽精微，宗罗百代"，发挥《礼记·大学》"格物致知，正心诚意"之说，集儒学之大成，为"理学"之代表。儒学的发展脉络，非常典型地反映了中国古代社会科学思想与时俱进的特点。

总之，重视社会科学、发展社会科学、充分发挥社会科学在民族发展和国家建设中的巨大作用，坚持理论联系实际，坚持与时俱进，是中华民族文明发展的优良传统。党的十六大报告根据新世纪新阶段党和国家提出的新任务，特别强调坚持社会科学和自然科学并重，强调充分发挥哲学社会科学在经济和社会发展中的重要作用，既是对中华民族重视社会科学优良传统的弘扬，又是在新形势下对社会科学提出的新要求。

社会科学乃立国治国之根本[①]

　　内容提要：社会科学是立国治国的根本。江泽民同志从国家发展和人类文明的高度连续三次发表讲话，开启了社会科学发展繁荣的新契机。文章认为，社会科学是推动社会进步和文明发展的重要力量，中央高度重视社会科学，正是抓住了立国治国的关键；社会科学的本质是保证人类的生存与发展；社会形态的发展变化，是人类生存条件与生存质量、社会发展模式与发展速度的反映和表现；社会科学形态多种多样，主体是社会科学研究成果，核心是社会科学理论；勤于思考、善于总结、敢于创新、勇于探索是中华民族发展社会科学的优秀传统；重视社会科学是开创新局面的智慧选择；社会科学与时俱进是其内在的品格、时代的要求和历史的必然。

　　社会科学与人们的生活、国家的发展和人类的生存息息相关，古往今来，有所作为的执政者无不重视社会科学、发展社会科学，无不运用社会科学巩固统治，发展经济，推进文明，无不把社会科学作为

----

　　①　本文发表于《社会科学战线》2003 年第 1 期。

立国治国的根本。一年来，中央主要领导同志从国家发展和人类文明的高度，连续三次就发展社会科学问题发表重要讲话，笔者在学习过程中，引发了诸多思考，现将部分认识形诸文字，就教于方家。

一、社会科学在中国改革开放后的发展机遇

1977年8月8日，邓小平同志在全国科学和教育工作座谈会上指出，我们国家要赶上世界先进水平，要从科学和教育入手，"科学当然包括社会科学"。由此，国家将社会科学的发展，排上改革开放和现代化建设的重要日程。自1980年起，国家开始拨专项经费用于资助社会科学研究。1982年10月，全国社会科学规划座谈会召开，中央转发《全国哲学社会科学规划座谈会纪要》，指出我国社会科学事业，今后必须有一个大的发展，没有社会科学的发展，要开创社会主义现代化事业的新局面是不可能的。1983年，国家成立全国社会科学规划领导小组；1986年，国家社会科学基金会与国家自然科学基金会同时诞生。

1988年，时任上海市委书记的江泽民同志提出，领导者首先要具有社会科学意识，要关心社会科学研究。次年，又强调指出，"社会科学研究方向正确与否，社会科学发展状况如何，对人们的思想意识和社会道德风尚，对经济建设，对社会的稳定和发展，都会产生巨大而深远的影响，甚至关系到中华民族的兴衰和社会主义的命运。"党的十四届六中全会《决议》，提出了认真做好社会科学研究规划的要求；十五大又特别强调，积极发展社会科学。

2001年7月1日，江泽民同志在中国共产党成立八十周年纪念大会上，科学、系统、全面、深入地阐述了"三个代表"重要思想。其后，于8月7日在北戴河发表重要讲话，2002年4月28日考察中

国人民大学、7 月 16 日考察中国社会科学院时又分别发表重要讲话。这三次讲话虽然因受众对象不同而切入角度有别，却有一个共同的核心和突出的特点，即主要内容都是紧紧围绕社会科学，突出强调重视社会科学和发展社会科学。

"八·七"讲话从国家发展与人才战略的高度，充分肯定社会科学工作者为党和政府决策、为两个文明建设作出积极贡献，同时指出加强社会科学研究，对党和人民事业的发展极为重要，提出社会科学与自然科学的"四个同样重要"，意在扭转和改变长期以来形成的"重理轻文"倾向，扭转和改变人们重视自然科学、忽视社会科学的偏颇。

重在改变观念。"四·二八"讲话不仅特别强调了"四个同样重要"、"关键在于落实"，而且进一步提出"五个高度重视"，要求各级党委和政府以及全社会共同努力，大力促进我国社会科学事业的发展繁荣，同时对社会科学工作者提出了"五点希望"。

重在营造环境。"七·一六"讲话从建设有中国特色社会主义的角度，提出"两个不可替代"，要求社会科学发挥"四个作用"和"五种职能"，并对加强社会科学建设提出具体要求。

这三次讲话，既各自独立又互为一体，侧重点和切入点各有不同，但核心都是重视社会科学、发展社会科学。从"同样重要"到"高度重视"，再到"不可替代"，程度越来越深入，内容越来越具体。这三次讲话，是"三个代表"重要思想的深化和细化，是落实"三个代表"重要思想的要求和体现，也是实践"三个代表"重要思想的实际措施和具体内容。

重视社会科学、发展社会科学，这是历史变革和发展文明的必然要求，是经济发展、社会进步、文明提高的重要标志。这三次讲话，都从国家发展与人类文明的高度，强调社会科学的地位和作用，强调坚持以马列主义为指导，坚持科学的世界观和方法论，强调理论联系实际，立足国情，面向世界，注重研究全局性、前瞻性、战略性的重大课题，强调促进理论创新，从而为社会科学的发展营造了良好的社会氛围，创造了空前的机遇。

自改革开放以来，社会科学成为国家和中央高层领导密切关注的焦点，并一直支持和推动着它的繁荣和发展。这是为什么？党和国家最高领导人在不到一年时间内，围绕发展社会科学，连续三次发表重要讲话，这是前所未有的。这不仅充分体现了中央对社会科学的高度重视，而且表明了中央推动社会科学发展的决心和信心。

二、社会科学是推动社会进步和文明发展的重要力量

众所周知，党的十一届三中全会以来，在中国大地上奇迹般地发生了举世瞩目、令人震惊的巨大变化，是什么原因如此迅速地改变着中国的面貌？是什么样的力量竟然如此巨大，如此神奇？有人说，是邓小平理论，是改革开放的国策，是举国上下的齐心协力。然而，这理论、国策、齐心协力的实质又是什么呢？深而思之，在人类文明发展的历史长河中，推动社会进步的关键因素是什么？是人？是物？是思想？是路线？是自然？是社会？是科学？还是其他？

毋庸置疑，人民创造历史，人的因素固然是推动社会进步、促进文明发展的第一因素和决定因素，但除此之外，还有一个直接关系社会进步程度和文明发展水平的关键性因素——科学！尤其是社会科学！这是人类认识世界、改变世界的科学，是人类求生存、求发展的科学。遵循它，掌握它，运用它，就发展，就强大，就所向披靡，战无不胜，就可以推动社会的发展和人类的进步；反之，漠视它，违背它，破坏它，就走弯路，受挫折，受惩罚，付出代价，就失败，就灭

亡，就可能给人类发展造成永久的遗憾或无法弥补的历史性灾难。正如江泽民同志强调的那样，社会科学的发展，关系人们的思想意识和社会道德风尚，关系经济建设与社会稳定，关系中华民族的兴衰和社会主义的命运。从这个意义上说，社会科学是立国治国的根本。中央如此高度重视社会科学的发展，把社会科学同赶上世界先进水平，同开创社会主义现代化事业的新局面，同中华民族的兴衰和社会主义的命运紧密联系起来，正见出其深谋远虑的胆识和高瞻远瞩的气魄。

一年来，每当看到"三个代表"重要思想在中国大地上引起人们特别是党员干部精神面貌发生重大变化，并由此改变旧观念、树立新风尚、创造新文明的事实时；每当回想改革开放以来，中国的社会主义现代化建设日新月异、突飞猛进，经济持续高速增长，人们物质文化生活空前丰富，全社会各个领域都发生了翻天覆地的巨大变化时；每当脑际浮现毛泽东在天安门城楼上，向全世界庄严宣布"中华人民共和国成立了"的激动人心的场面时；每当回忆一个半世纪以来，世界范围内发生的许多惊天动地的风云变幻情景时，都会情不自禁地引起笔者深深的思考，在这些震撼人心巨大变化现象的背后，有一种看不见的推动社会进步的强大力量。那么，这是一种什么性质的力量？这种力量的根源又是什么呢？是伟人？是政策？是科学技术？是千千万万的普通劳动者还是历史发展之必然？

毫无疑问，在一个半世纪的历史发展进程中，无论是伟人还是普通劳动者，无论是主义还是政策，也无论是思想路线还是科学技术，任何一个单纯因素，都很难孤立地实现社会巨变。只有诸种因素的相互配合和社会诸方面协调有序地呼应联动，使社会形成巨大而有序的运行网络——科学而严密的社会组织系统，才有可能推动社会的进步和文明的发展。这种有序、有效、科学、严密的社会运行系统的形成，就涵纳着一门科学，一门关于人类社会发展的科学，一门关于如何推动社会进步的科学——社会科学。正是这门科学，为人类的发展提供着思想指导和制度保障，加速了社会进步和文明发展，使一个半世纪以来的世界，发生了如此巨大的变化！

随着历史的演进和人类实践的发展，社会科学在认识世界和改造世界方面发挥的巨大作用越来越明显，人类发展对社会科学的需求也越来越强烈。如何深入认识社会科学的性质特点，如何发展和繁荣社会科学，如何充分利用社会科学推进社会进步和文明发展，这既是一个值得认真思考和深入研究的理论问题，也是一个具有重要政治意义和现实意义的实践问题。从宏观层面上看，社会科学是认识世界和改造世界的有力武器，在具体层次上则体现为对全社会的管理，并由此推动社会发展进步、促进人类文明提高。中央如此重视社会科学，正是抓住了立国治国的根本，抓住了立国治国的关键，抓在了立国治国的点子上。

三、社会科学的核心是社会科学理论

社会科学有多种存在形态，而最基本的，是实践形态和理论形态。其实践形态体现在所有人类社会活动的过程中，体现为人类社会多层次、多层面、全方位的社会改造、社会管理和社会变化的过程，从人类社会的整体——全世界，到人类社会的个体——人、事、物，无不如是。而理论形态则表现为对人类社会现象和社会实践多层次、多侧面的理性认识与思想升华，表现为一个巨大而复杂的知识系统。这个知识系统的主体是社会科学研究成果，核心是社会科学理论。

中国古代的儒家思想，支持和维系了封建王朝两千多年的统治；欧洲文艺复兴的人文主义思想，为近代资本主义制度的胜利开辟了道路；马克思主义揭开了人类历史发展的新篇章，将空想社会主义变为科学社会主义；孙中山的"三民主义"结束了清王朝的封建统治；

毛泽东思想使中华人民共和国巍然屹立在世界的东方；邓小平理论打造了一个经济腾飞、民族崛起、生机勃勃的中国特色社会主义新中国……儒家思想、人文主义、马克思主义、三民主义、毛泽东思想、邓小平理论，这些人类文明史上不同历史阶段的社会科学精华，在推进社会进步和文明发展方面所发挥的巨大作用不言而喻。这种作用，既是社会科学本质的体现和反映，又是人类历史发展之必然。尤其应该指出的是，这些精华都以社会科学的理论形态出现和存在，深刻总结了人类历史的实践经验，而同时又全面指导了人们的现实实践。

就国家层面而言，社会科学理论直接关系如何创立国家和创立什么样的国家，直接关系执政后国家的发展目标和如何管理国家，正确运用社会科学理论指导立国治国的实践，国家才能立得住，才能有发展，才能兴旺发达，繁荣昌盛。

在人类发展的不同历史时期，任何一个国家的建立，当轴者都必须首先考虑国家的生存和发展问题，从原始的部落酋长到当代的国家元首，概莫能外。他们对外要取得国际上的支持，争取国家之间的承认，尤其是要处理好同周边国家的睦邻关系，要有相应的外交思想、外交政策、外交策略等等；对内要保证社会的安定，推动经济的发展，提高人民的生活水平，必须要有相应的治国方略和治国思路，建立自己的政治制度和制定相应的政策，形成严密的社会组织系统，保证国家机器有序、有效地发展运行；国家发展首先要有一个和平安定的环境，于是建立强大的军队以防御外敌入侵和镇压国内的暴力反抗，形成了一定的军事思想；为加快国家发展，必须提高国民素质，于是兴办教育，普及文化；……如此等等。所有这些，都属于社会科学的范畴，都是社会科学必须研究的重大现实问题和重大理论问题。一方面，社会科学应立国治国之需要而被提升到重要位置，发挥着巨大作用；另一方面，在立国治国过程中，社会科学理论得到丰富和发展，给立国治国实践以指导，从而使社会科学成为真正的立国治国之根本。

就目前人类发展的状态看，人类社会整体生存发展的规划和协调能力，虽然呈不断加强趋势，联合国组织的管理协调姑且不说，区域性的国家联合体组织不断产生，经济全球化、一体化势头不断增强，但这些毕竟范围有限，世界多极化、文化多样化的格局，将不会有大的改变，而人类社会的生存与发展，最主要的还是靠各个国家来实现。人类社会的管理和改造，也主要是在国家这个层面上进行，国与国之间的协调合作，保障着人类社会整体的生存与发展。与此同时，国家又对其辖区社会进行具体的管理和规范，以保证国家的生存与发展。由是，国家成为目前人类社会最基本和最重要的核心层面。

从宏观层面上讲，国家创立和发展过程中遇到的问题，都是实践中的重大现实问题和重大理论问题，解决重大现实问题形成社会科学的应用研究，解决重大理论问题形成社会科学的基础研究。同时，立国治国需要社会科学各个学科、不同层次的知识和理论来保证国家的正常发展，而尤其是首先需要那些具有全局性、战略性、前瞻性的研究，为国家决策提供科学依据和智力支持。社会的进步和历史的发展，一方面为社会科学理论的创新提供着充分的条件，一方面要求必须用创新的社会科学理论指导新的社会实践，由此使社会科学理论乃至社会科学充满着与时俱进的强大生命力。

四、社会科学与时俱进乃时代要求和历史必然

社会科学的发展必须与时俱进，这是时代的要求，是历史的必然，也是其自身的性质使然。唯物辩证法和历史唯物论告诉我们，世界上的一切事物都是相互联系的，都是发展的、变化的。因此，与时俱进乃是理论发展的普遍规律。社会科学不但不能超越这个规律，而

且体现得更为充分，更为明显，更为典型。

首先，从社会科学的性质看，社会科学是人类认识和改造社会、促进社会进步的科学。一方面，人类的社会实践为社会科学的发展提供着宽阔的舞台和广大的空间；一方面，社会科学在认识世界、传承文明、创新理论、资政育人、服务社会方面发挥着巨大作用，促进着人类的社会发展和文明进步。因此，社会科学必须保持与时俱进的品格，才能发挥其作用，体现其价值。

其次，社会发展需要新理论。新时代呼唤新理论，新理论指导新实践，新实践创造新理论。历史唯物主义的发展观告诉我们，历史在发展，社会在进步，世界在变化。随着社会的发展，环境和条件在改变，新的社会实践必然向社会科学提出新的问题，要求社会科学给予回答和解决；与此同时，社会科学也必须根据时代的发展和条件的变化，研究新问题，提出新对策，创造新理论，指导新实践，促进新发展，创造新境界，否则就会落伍于时代，失去其意义。

第三，社会科学的发展需要新理念。新时代催生新理念，新理念创造新实践。社会科学与时俱进，必须要有科学、正确的理念。对社会科学的理解和认识，直接关系着人们的思想观念，关系着人们对待社会科学的态度，甚至直接影响国家发展与社会进步的速度，不容忽视，不容漠视，不容轻视。继承和发扬中华民族重视社会科学和发展社会科学的优良传统，充分认识社会科学的本质特点和巨大作用，坚持以马克思列宁主义、毛泽东思想、邓小平理论和"三个代表"重要思想为指导，改变以往在社会科学认识方面存在的偏见，是保证社会科学与时俱进的必要条件。在这方面，党的三代领导人已经率先垂范，为我们作出了榜样。毛泽东在中国新民主主义革命过程中，结合中国实际，充分运用、丰富和发展马克思主义，以革命实践证明了社会科学改造世界的巨大力量。邓小平关于"科学当然包括社会科学"的论断，实际上就是对那些不重视社会科学、不承认社会科学是科学等错误思想和糊涂认识的批评，因为科学包括社会科学，这是常识，连起码的常识都不懂，怎么会重视和发展社会科学！小平同志使用"当然"一词，是解释，是批评，更是在扭转长期以来"重理轻文"的观念。而江泽民同志的三次讲话，更是高瞻远瞩，振聋发聩。

第四，社会科学要发展，必须方向正确，方法科学。把握正确的发展方向，坚持理论联系实际，紧密关注现实，紧密联系现实，广泛了解社会，深入调查研究，科学分析，准确判断，立足于长远，放眼于世界，把握当今世界发展的大趋势，注重研究全局性、前瞻性、战略性的重大课题，把改革开放和社会主义现代化建设的重大理论和实践问题的研究作为主攻方向，积极探索中国特色社会主义经济、政治、文化的发展规律，为推进社会的进步和文明的发展发挥效益，这是发展繁荣社会科学的前提。当前，必须紧密围绕和密切配合国家的战略部署，强化大局观念和全局意识，为党和政府决策服务，为两个文明建设服务，理论研究和应用研究并举、并重。

第五，加强社会科学队伍建设，提高全民族的社会科学意识和社会科学素质，在全社会营造有利于社会科学发展的环境和氛围。这是发展社会科学的基础。国家要有具体、实在、操作性很强的政策和措施，加强规划，加强领导，完善体制，快速转化成果，发挥最佳社会效益，实现有序和高效发展。社会科学工作者要有强烈的事业责任心和历史使命感，开阔视野，开阔思路，开拓境界，强化创新意识，树立精品观念，坚持科学的世界观和方法论，解放思想，严谨学风，出精品，出人才，出名家，出大家，创建中国特色社会科学理论体系，形成与国际接轨和交流的平台，努力实现领先社会科学理论前沿，为人类的社会进步和文明发展作出新贡献。

宋朝第一位现实主义大诗人王禹偁认为，社会科学对于国家来说，是生死攸关的大事情，在他"两入翰林"、"三知制诰"之后，以其深切的观察和体验，饱含强烈的社会责任心和历史使命感，写下"主管风骚胜要津"（见王禹偁《小畜集》卷九《前赋春居杂兴……》，四部丛刊本）的著名诗句，强调了当时的社会科学"风骚"，在保证社会安定和经济发展方面的重要性。一千年后的今天，江泽民同志谆谆告诫我们，要始终高度重视社会科学在治党治国和建设中国特色社会主义事业中的巨大作用，同时提出建设有"中国特色、中国风格、中国气派"的社会科学。这语重心长的教导，饱含殷切的希望。这是时代的要求，历史的重托，实现这个目标，自然要靠全党和全国人民的共同努力，更要靠社会科学研究者持之以恒的艰苦奋斗，对此，我们充满信心。中国社会科学的发展和繁荣充满生机，充满希望，中国社会科学繁荣发展的春天已经来临。

社会科学研究与人类文明发展

    2004 年 3 月 10 日，胡锦涛总书记在中央人口资源环境工作座谈会上的讲话中，提出了一个具有重大现实意义和深远历史意义的战略性大课题——树立和落实科学发展观。锦涛同志还特别强调，"必须坚持理论和实际相结合，因地制宜、因时制宜地把科学发展观的要求贯穿于各方面的工作"。党的十六届四中全会又进一步强调用科学发展观统领一切工作。树立和落实科学发展观，事关国家发展、社会进步和人类文明。这既是治国理政做好各项工作的基本原则，又是指导现代化建设实践的科学方法。能否真正树立和落实科学发展观，直接关系我国经济发展的速度和社会文明进步的程度，关系国家富强和民族振兴的成败。

    科学发展观指导各领域事业发展的实践，科学发展的实践反映着落实科学发展观的水平。科学发展观与科学发展实践，都以科学研究为前提。科学研究为科学发展提供科学依据，是科学发展的保障，没有科学研究，就没有科学发展的基础。因此，树立和落实科学发展观，首先面对的就是如何加强科学研究的问题。近年来，国家空前加大了支持科学研究的力度，不仅大幅度增加科学研究资金的投入，而且制定了一系列的政策措施，号召、提倡、鼓励和引导全社会都来关心、支持和参与科学研究。自然科学研究，国家每年投入几十亿元人

上篇

理论与规范

民币，有力地推动了科学技术诸多领域的创新和突破；社会科学研究的投入也在成倍增长，2004 年，国家还以中央文件的形式出台了新中国成立以来第一个关于进一步繁荣发展哲学社会科学的意见。实现全面建设小康社会的宏伟目标和全面推进社会主义现代化建设的实践，必须树立和落实科学发展观，同时又为科学研究提供了广阔空间。可以说，目前我国的科学研究已步入了一个崭新的历史时期。这里仅从社会科学角度，谈谈对科学研究与科学发展的认识。

讨论科学研究与科学发展，首先要搞清科学的内涵和科学的范畴。何谓科学？概而言之，"科学"就是符合事物发展的客观规律，反映事物自身的本质和主流。科学包括自然科学与社会科学两大基本方面。有人以为科学就是自然科学，或者认为社会科学不是科学，这都是一种误解。邓小平同志在 1977 年 8 月 8 日的全国科学和教育工作座谈会上，曾特别强调，"科学当然包括社会科学"，就是对上述误解的纠正。

"科学"最早是西方文化的一个概念，也是西方文化的一个重要特征。在我国，在人们的思想观念中曾长期存在着"重理轻文"的现象，社会科学没有得到应有的足够重视。在经济并不发达的情况下，先顾及在短期、近期即可取得效益的自然科学，而相对忽视具有长期效应、需要长期培养的社会科学，这实际上是一个误区。当经济发展到一定程度之后，随着各种各样社会矛盾的出现，社会科学对于人类发展所具有的极端重要性日见彰显。《中共中央关于进一步繁荣发展哲学社会科学的意见》，就是我们党和国家在新的历史条件下对发展哲学社会科学的新认识。以中央文件的形式来推动哲学社会科学的发展，这不仅是新中国成立以来的第一次，而且在中国几千年的发展历史上也是极为罕见的。这充分体现了中央领导集体高瞻远瞩的战略眼光和雄伟气魄，同时也反映了我国社会主义现代化建设已经达到了新的水平。社会的发展和文明的进步，已经使人们对社会科学和社会科学研究重要性的认识，越来越清楚，越来越深刻。

关于社会科学和社会科学研究的重要性，自古迄今，很多有识之士都有过极为深刻的论述。这里举宋代的两个著名例子。一个是文学家苏轼对社会科学巨大作用的认识，一个是理学家张载对社会科学任务与作用的精辟概括。

先说苏轼的看法。大禹治水的故事，大家都很熟悉。在人类发展的历史上，地球冰川末期的世界大洪水，曾使人类生存面临绝境。中国古代历史传说中的大禹，曾亲操橐耜，率众"导川夷岩"，"堙洪水，决江河"（《庄子·天下》），"劳身焦思以行，七年闻乐不听，过门不入"（《吴越春秋·越王无余外传》），最后终于征服洪水，使人们能够继续生存下来。其盖世功德，千古传颂，李白写了"大禹理百川，儿啼不窥家，杀湍堙洪水，九州始桑麻"（《公无渡河》）的著名诗篇，歌颂大禹功劳。大禹治水的故事也从此历代传颂，妇孺皆知。大禹治水最根本的目的就是为了人类的生存。李白诗中的"九州始桑麻"，就是说在这之后，人们才能够有条件开展种植活动，才能在这个世界上生存下来。宋代文化巨子苏轼为欧阳修文集作序，将大禹治水、孔子修《春秋》、孟子拒杨墨、韩愈为古文、欧阳修著文章相提并论，认为孔、孟、韩、欧与大禹一样"功与天地并"。

孔孟时代，"世衰道微，邪说暴行有作"，诸侯征伐，社会动荡，人类相互残杀，道德沦丧，所谓"弑君三十六，亡国五十二，诸侯奔走不得保其社稷者，不可胜数"（《史记·太史公自序》）。前代创造的文明惨遭破坏，人们的生命安全没了保障，人类的生存受到严重威胁。孔子修《春秋》"惩恶而劝善"，借助历史和舆论力量，规范社会道德和社会行为，努力使社会处于安定、有序的状态；孟子则通过批评与抵制杨朱极端自私的"为己"说和墨翟泯灭是非的"兼爱"论，弘扬和发展孔子仁学思想并提出"王道"学说。孔、孟称扬唐虞社会安定统一、文明有序，反映了人民对和平、稳定、有序发展的普遍愿望，反映了时代发展和社会进步的要求。"自《春秋》作而乱臣贼子惧，孟子之言行而杨、墨之道废"（《六一居士集叙》），其社会的积极影响不言而喻。

唐代韩愈于世风日下、文风日浮、道德日坏、佛道日盛之时，光大孔孟学说，发动古文运动，倡导"文以载道"，极言"仁义道德"，辟佛兴儒，"文起八代之衰，而道济天下之溺"。宋代欧阳修继韩愈而承孔、孟，于北宋社会矛盾日见突出、文风萎靡的情况下，要求文章"切于事实"、"不为空言而期于有用"，"著礼乐仁义之实，以合于大道"，提出"文道并重"，且奖掖、提携和培养了包括苏轼在内的一大批文化名人，领导古文运动，成为领袖群英、扭转乾坤、树立一代文风、推进社会文明的一世宗师。

与大禹治水不同，孔、孟、韩、欧关注的都是以人为中心的社会现象，关心的都是人的行为和社会的健康发展，属于社会科学的范畴，属于社会科学研究。孔、孟、韩、欧提出的思想和主张，都具有强烈的现实性、针对性和鲜明的时代特点，体现出对促进人类健康发展的强烈历史责任感。这些思想和主张同大禹治水一样都造福人类，都直接关系甚至决定着人类生存、社会发展和文明进步。苏轼将他们与大禹治水相比并，认为"功与天地并"，形象而切实地说明了社会科学的巨大作用和巨大效能。

再说张载的看法。张载讲过四句非常精彩的话："为天地立心，为生民立命，为往圣继绝学，为万世开太平"（见《张横渠集》卷12《性理拾遗》）。这是笔者在古代典籍中看到的对社会科学作用最全面最精辟最深刻的概括。"为天地立心"用现在的话说就是探索和认识宇宙万物的发展规律，并遵循和利用这些规律造福于人类，这是从哲学的高度立论；第二句"为生民立命"就是说社会科学应该为人类的生存和发展提供多方面的保障；第三句"为往圣继绝学"就是说要继承和弘扬历代著名文人学者、著名思想家政治家创造的文化精华与思想学说，不能让这些富有民族特色的东西失传，要随着时代的发展变化不断进行创新；最后一句"为万世开太平"，就是说社会科学要为整个人类世世代代和平发展考虑思路，打下基础，提供保障。这四句话把社会科学的作用和社会科学研究的任务概括得非常深刻，非常全面。

以上两个例子足可看出社会科学对于人类健康发展的重要性。社会科学作为一种专门的学术或学问是近代发生的事情，但社会科学研究却并不是现代的发明创造。翻开历史，与此密切相关的记载随处可见。先秦时期的"百家争鸣"；秦始皇时期的"车同轨，书同文"，以及被后世大加挞伐的"焚书坑儒"（这实际上也是控制意识形态的一种极端形式）；汉代对儒学思想和黄老思想的反复认识和"盐铁"官营大讨论；魏晋南北朝时期老庄思想的流行和"儒释道"思想的大汇合；唐宋时期统治者对以往历史经验的认真总结和结合当时实际情况的实践借鉴，尤其是宋代科举考试策论卷子的题目往往就是根据治理国家的需要，针对社会现象现状，要求考生分析社会现实并提出建设性的对策建议来，应试者平时就必须注意观察和研究社会现实，深入思考，提出既符合现实实际又具有可操作性的个人见解，才可能考中。中国历史上哪个朝代兴盛，必然哪个朝代的最高统治者就特别重视社会科学研究。

从国际上看，古希腊的亚里士多德曾经把人类的知识划分为纯粹科学、技术科学（应用科学）和实践智慧三种类型，所谓"实践智慧"在当时是指伦理学和政治学，前者是研究人的道德，后者研究社会管理，实际上相当于现在的人文科学或社会科学。在亚里士多德那里，"实践"概念总是与实现人类的"善"这一目的联系在一起。他认为，"实践智慧"就是社会发展的科学，这是"最高主宰的科学，最有权威的科学"，"它自身的目的蕴含着其他一切科学的目的"（《尼各马可伦理学》）。不难看出，他对社会科学重要性的认识也是十分深刻的。马克思、恩格斯就更为典型。他们实际上都是最卓越的社会科学研究家，终生都在研究和探讨人类社会的发展和人类历史的发展规律，对共产主义的描述也是基于对原始社会、奴隶制社会、封建社会、资本主义社会几种社会状态研究得出的结论。

可以说，社会科学和社会科学研究就像空气、水一样普通、普遍，始终伴随着人们的生活实践和人类社会的发展，只是人们的认识和了解的程度有所不同而已。一提到科学研究，人们就以为只有"高精尖"才是科学研究，只有研究两弹一星才是科学研究，只有气势恢宏的长篇论文才是科学研究。其实，社会科学研究并不是那么神秘和高不可攀，社会科学研究的表现形式丰富多彩，多种多样，层次和角度更是随着具体情况的不同而千变万化。即使是我们平时对于生活、人生和社会的各种思考，对于现实问题的种种认识等等，其实也都可以看作是社会科学研究的一种具体表现。儒家经典《论语》中，绝大部分内容都是对生活细节和人的思想行为的描述，谁也不会怀疑这是对具体社会现象的研究。当然，这也绝不是将社会科学研究泛化和俗化。

在文化领域，小到对一个词一个字的考证，大到对文化现象的分析，都是社会科学研究的表现。比如，大家熟知的甲骨文、西夏文（尚有《番汉全文掌中珠》字典）、金鼎铭文，都有很多未能破译的字，如果通过研究对某一个字的读音、意义、历史衍变有了新的发现，填补了前人研究的空白，或者纠正了前人的错误，那么这就是一个重大的贡献。即便是对浩如烟海的典籍，或者对大家熟知的名篇名句中的某个字句的理解，通过研究有了新的更为科学的解释，这也是一种贡献。《岳阳楼记》中的"越明年"三个字，一位学者在20世纪80年代初发现中学教科书上都解释为"第二年"，解释为"次年"。他就思考范仲淹为什么用这个"越"字，为什么不用"次"字？"次年"不是比"越明年"更简练吗？经过思考研究，这位学者认为"越明年"应该是第三年，而不是次年或第二年，从而纠正了前人注释的一个错误。这也是研究，也是贡献。研究说到底就是思考。思考问题，就是研究，至于思考的问题是不是用文字表达出来，这是另外的问题，所以不要把社会科学研究神秘化。

社会科学研究与文化发展繁荣

——关于深入实践科学发展观的思考①

　　内容提要：社会科学研究是实现科学发展的重要保障。本文从社会科学与文化发展繁荣的关系入手，论述了深入实践科学发展观、推动文化大发展大繁荣的时代意义、宏观思路和具体措施。文章认为，社会科学与文化发展繁荣相辅相成；社会科学研究责任重大、使命光荣；创新学科体系、学术观点和科研方法，全面提升学术力、文化力和影响力，是推动文化大发展大繁荣的必然要求。文章提出，社会科学必须充分发挥思想库、智能库作用，为党和国家科学决策提供理论依据与智力支持；要积极推动优秀成果和优秀人才走向世界，让世界人民了解中国，让中国文化融入世界；国家社会科学基金应当充分发挥引导和示范作用，坚持正确的政治方向和学术导向，倡导科学严谨的学风，为推动社会主义文化大繁荣大发展作出新贡献。

---

　　① 本文以"关于繁荣哲学社会科学的几个问题"为题发表在《求是》杂志 2009 年第 3 期，因刊发篇幅受限制，曾删节压缩，现恢复原稿。

贯彻落实党的十七大精神，深入学习实践科学发展观，推动社会主义文化大发展大繁荣，是发展中国特色社会主义、提高国家文化软实力、实现全面建设小康社会宏伟目标的必然要求，是新世纪新时期保障人民文化权益、满足人民精神需求和建设社会主义核心价值体系的迫切需要，更是哲学社会科学工作者义不容辞的历史责任。

一、哲学社会科学与文化发展繁荣相辅相成

文化是民族的血脉和灵魂，是民族凝聚力、创造力和生命力的源泉，也是国家综合竞争力的重要因素。文化大发展大繁荣，才能不断满足人民群众日益增长的精神文化需求，不断提升全民族的文化修养和文明素质，在孕育民族创造力、增强民族凝聚力的同时，推动国家经济社会更好更快发展，积极提高和有效发挥国际影响力。十七大将推动社会主义文化大发展大繁荣作为重大战略思想和重大工作部署，同经济建设、政治建设、社会建设和党的建设比肩并列，既突出强调了我国目前改革发展关键阶段文化建设的极端重要性，又充分反映了中央在新的历史条件下的高度文化自觉，反映了中央对当今世界和国家发展趋势的科学把握。

哲学社会科学是文化发展繁荣的重要支撑。众所周知，文化包含着哲学社会科学，哲学社会科学不仅是文化的重要方面，而且是文化核心层面的基本内容。与此同时，哲学社会科学又把文化作为重要的研究对象，积极探索文化发展规律，积极推动文化健康发展。文化与哲学社会科学的关系，呈现着既互为一体、密不可分，又各具特质、相对独立的状态。一方面，哲学社会科学的研究成果为文化的大发展大繁荣提供强大的思想保证和理论支撑；一方面，文化的大发展大繁荣又为哲学社会科学研究提供新的实践基础和新的认识依据。在这相

辅相成的过程中，哲学社会科学和文化相得益彰，不断地实现着自身的发展和繁荣，呈现出鲜明的开放性、互补性、互动性和文化生态良性循环的特征，由此推动着国家文化力和软实力的不断提升。

应当指出，文化的本质是人类社会实践与精神创造的智慧结晶，是人类具体经验和精神认知的历史积累。对于"文化"概念的理解与界定见仁见智，多达数百种，这里取其广义。而"哲学社会科学"概念，由于多方面的历史原因，学术界也一直存在歧义，目前或以"人文社会科学"来表达，或用"社会科学"（参见《社会科学乃立国治国之根本》，《社会科学战线》2003 年第 1 期）相替代，均源渊有自，这里除特殊语言环境外，均用国家现行提法。

二、哲学社会科学研究使命光荣

推动社会主义文化大发展大繁荣，哲学社会科学重任在肩。文化大发展大繁荣要靠全社会的共同努力来实现，尤其需要哲学社会科学理论的支撑和引导。作为推动社会进步和文明发展的重要力量，哲学社会科学关系党和国家事业发展全局，其研究能力与成果质量是国家文化力的重要标志和体现。发展中国特色社会主义、推动社会主义文化大发展大繁荣，必须深化哲学社会科学研究。

改革开放特别是十六大以来，党中央对哲学社会科学的认识越来越深刻，支持越来越到位。中央一方面采取强有力措施，制定政策，积极引导，大幅度增加资金投入，支持和推动哲学社会科学事业的发展繁荣，一方面充分利用哲学社会科学研究成果，推进国家经济、政治、文化、社会和党的建设全面协调发展。早在改革开放初期，邓小平同志在全国科学和教育工作座谈会上，就把发展哲学社会科学摆到现代化建设日程中。1980 年，国家开始拨专项经费资助哲学社会科学研究；1982年，中央转发全国社会科学规划座谈会《纪要》，指出我国社会科学事业必须有一个大的发展，否则不可能开创社会主义现代化事业的新局面；1983年中央成立全国哲学社会科学规划领导小组；1986年，设立国家社会科学基金。至1989年，中央特别指出，社会科学发展状况如何，对人们的思想意识和社会道德风尚，对经济建设，对社会的稳定和发展，都会产生巨大而深远的影响，甚至关系到中华民族的兴衰和社会主义的命运。党的十四届六中全会《决议》提出了认真做好社会科学研究规划的要求；十五大又特别强调"积极发展社会科学"。中央还充分肯定社会科学工作者为党和政府决策、为两个文明建设作出的积极贡献，要求各级党委和政府以及全社会共同努力，大力促进我国社会科学事业的发展繁荣。

进入新世纪，党中央更加重视哲学社会科学。2003年，党的十六届三中全会提出了"建设哲学社会科学理论创新体系"的新要求。2004年初，中央颁布了新中国成立以来第一个《关于进一步繁荣发展哲学社会科学的意见》，深刻阐明了哲学社会科学的重要地位，系统总结了我们党领导哲学社会科学的基本经验，强调了繁荣发展哲学社会科学的指导思想和方针原则，提出了繁荣发展哲学社会科学的总体目标和主要任务；是年5月，中央政治局将繁荣发展哲学社会科学作为集体学习的主要内容，胡锦涛总书记总结讲话还特别强调，"一定要把繁荣发展哲学社会科学作为一项重大而紧迫的战略任务切实抓紧抓好"。党的十七大报告又明确提出了"繁荣发展哲学社会科学，推进学科体系、学术观点、科研方法创新，鼓励哲学社会科学界为党和人民事业发挥思想库作用，推动我国哲学社会科学优秀成果和优秀人才走向世界"的新要求新任务，为哲学社会科学的进一步发展繁荣指明了正确方向。

毫无疑问，党中央的高度重视、大力支持和正确引导，使我国哲学社会科学事业有了很大发展，我国改革开放30年取得举世瞩目的辉煌成就，自然包含着哲学社会科学研究作出的贡献。在当前深入学习实践科学发展观的热潮中，哲学社会科学研究一方面依然担负着为科学发展提供理论引导和智力支持的光荣使命，一方面也面临着在这一过程中繁荣发展自身的重要机遇和严峻挑战。

三、创新学科体系、学术观点和科研方法

创新是民族兴旺发达的灵魂，是国家经济社会科学发展的关键，更是提升国家学术力、文化力和影响力的有效手段。哲学社会科学推动社会主义文化大发展大繁荣，首先就要紧密结合时代发展趋势和国家建设实际，通过创新学科体系、学术观点和科研方法，以优秀的研究成果和优秀的专业人才，推动国家建设和社会文明的科学发展。

学科体系是文化积累和学术创造的结晶，是开放的动态的发展的知识系统，体现着国家的文化积淀、文化风貌、文化结构和文化建设水平。学科体系创新就是要根据时代发展的要求，不断开辟新领域、创造新境界、提高新水平、完善新体系。笔者认为，学科体系创新既要准确把握时代的发展趋势，又要充分考虑学科自身的实践基础，至少应当在以下四个方面下功夫：其一，必须遵循巩固发展传统学科、大力扶持新兴学科、积极鼓励开辟边缘学科的原则，依据学科发展的实际，实施有效引导，及时调整、补充和完善学科各层面的纲目设置，不断提高学科体系的系统化、科学化、合理化水平。其二，必须重点建设一批强化原创能力、推动理论发展的基础学科，一批具有强大对策研究能力、有效引导经济社会健康发展的应用学科，一批立足学术前沿、注重前瞻研究的新兴学科和交叉学科。其三，必须继续实施马克思主义理论研究和建设工程，加强马克思主义中国化最新理论成果的系统化和体系化，进一步提高研究成果水平和教材编写质量。

其四，必须推进哲学社会科学与自然科学的交叉渗透，推进哲学社会科学不同学科之间的交叉渗透，逐步形成具有中国特色、结构合理、门类齐全、科学系统的学科体系。

学术观点是研究者对研究客体深入考察和科学分析的结论性认识，也是特定时代、社会环境、文化基础、思维方式、价值取向、学术实力和研究深度的综合反映。学术观点创新需要新思想新高度、新视野新角度、新材料新表述，创新成果将会在不同层面上直接反映学科体系建设、直接产生文化效应和社会效应。因此，学术观点创新要求研究者必须"德、学、才、识、胆"兼备，具有良好的思想素质和深厚的学术积累。第一，必须具有强烈的社会责任感和历史使命感，深切关注现实、关注时代、关注世界，深入思考国家发展、民族振兴、社会和谐、人类文明的重大理论和重大实际问题，深入研究全局性、战略性、前瞻性、前沿性的重大理论和重大实际课题，体现大视野、大思路、大境界。第二，必须以科学严谨的治学态度，求真求实、求善求美，敢于讲真话、说实话，既注重事实、思路与对策，又讲究义理、辞章和考据。第三，必须自甘寂寞、深厚学养，厚积薄发，善于在前人研究成果的基础上实现大突破，勇于站在时代前沿开辟学术研究的新领域。另外，全社会必须努力营造生动活泼、宽松有度的学术氛围和文化环境，提倡积极健康的学术争鸣，鼓励大胆探索，在实践中不断深化认识、发展真理、实现创新。

科研方法是开展有效研究、实现设定目标的重要手段，是构成研究力的重要因素，也是学术研究的基本技能、技术和技巧。科研方法既是经验的总结又是智慧的创造，直接关系学术研究的效率、质量和水平，关系优良学风的培育和弘扬，关系研究成果的科学性、可信性和严谨性。方法关乎全局，决定成败。方法科学，事半功倍。方法创新是观点创新和体系创新的关键环节，是提高学术力、实现新突破的重要条件。创新科研方法，一是必须以坚持历史唯物主义和辩证唯物主义、坚持理论密切联系实际为前提，根据具体学科的研究内容勇于创造和科学设计既适用又高效的技术路线。二是必须开阔学术视野，既善于发展本学科的传统研究模式，又善于借鉴哲学社会科学其他学科、自然科学领域和国外一些有益、管用的研究模式。三是必须在充分运用先进的信息技术和一切有用的现代科学手段的基础上，积极探索和勇于创造新方法新模式。四是必须鼓励创造活泼新颖、有利于研究成果大众化和普及化的方法和形式，将科学研究与提高全民族文化素质和全社会文明程度紧密结合起来。五是必须务求实效，避免形式主义、避免猎奇代新、避免生搬硬套。

总之，创新必须符合科学精神。既要解放思想又要实事求是，既要勇于创新又要善于创新，既要确保正确的政治方向又要确保正确的学术导向。当前，就是要高举中国特色社会主义伟大旗帜，以邓小平理论和"三个代表"重要思想为指导，深入贯彻落实科学发展观，以新时期人们的深入实践、深入探索和深入认识为基础，以创新促发展促繁荣。

四、充分发挥哲学社会科学思想库和智能库作用

哲学社会科学是人类文明发展的智力库，更是党和人民事业健康发展的思想库。在人类发展的历史长河中，哲学社会科学一直为人类认识自身和发展自身、认识世界和改造世界，为推动历史发展和社会进步发挥着思想引导与智力支持的巨大作用。中华民族的发展特别是近现代以来我国新民主主义革命和社会主义建设的生动实践都是很典型的例子，而十一届三中全会以来哲学社会科学在国家经济、政治、文化、社会建设和党的先进性建设方面发挥的重大作用更是人所共知。即如马克思列宁主义、毛泽东思想、邓小平理论、"三个代表"

重要思想、科学发展观等等，无不属于哲学社会科学的范畴。其在指导与引领我国革命和建设中的巨大作用也是人所共知。毛泽东早在1940年2月的陕甘宁边区自然科学研究会成立大会上就曾指出，即使自然科学，也"是要在社会科学的指导下去改造自然界"（"自然科学是要在社会科学的指导下去改造自然界，这里的'社会科学'当然首先是指马克思主义。"转引自《龚育之文存》下册，上海人民出版社2000年版，第1653页）。社会科学的作用由此可见一斑。十七大提出夺取全面建设小康社会新胜利，对党和人民事业的发展提出了新要求，也为充分发挥哲学社会科学的作用提供了新舞台。

思想库就是智慧库、智能库、智力库；发挥思想库的作用就要出思想、出思路、出对策，为党和国家科学决策提供理论依据与智力支持，为开创中国特色社会主义事业新局面提供思想保证和精神动力。这就需要哲学社会科学界坚持正确的政治方向和学术方向，深入开展科学研究，取得丰富的优秀成果。创造性地继承发扬中华学人"以天下为己任"、"入世淑世"和"经世治世"的优良传统，善于从历史和现实的信息中捕捉富有重大思想意义与重大学术价值的课题展开深入研究，善于从人类文明发展的高度选择重大理论问题与重大现实问题展开深入研究，是时代的迫切要求。立足于我国社会主义初级阶段和改革开放关键时期的现实，立足于实现十七大提出的新任务新要求，深入研究当今世界的发展和未来趋势，深入研究国家发展和民族振兴的重大问题，不断扩大新视野，研究新情况，解决新问题，发现新规律，不断开拓新境界，提高新水平，创造新成就，实现新飞跃，是社会科学界必须承担的历史责任。

当前，就是要着眼于全面贯彻落实十七大精神开展科学研究。一要深入研究和深刻阐释十七大提出的重大战略思想、重大理论观点和重大工作部署，深入研究和深刻阐释十七大报告提出的一系列新思想、新观点、新概念、新概括、新举措、新论断，不断丰富和发展马克思主义中国化的最新理论成果。二要紧紧围绕实现十七大提出的新目标、新任务与新要求，深入研究事关中国特色社会主义事业发展全局的重大理论与重大实际问题，深入研究中国特色社会主义道路和中国特色社会主义理论体系，深入研究科学发展观以及社会主义核心价值体系等重大问题，提出富有创造性的学术见解，提出科学管用、及时有效、切实可行的对策思路。三要深入实际，把基础研究和应用对策研究紧密结合起来，以应用对策研究促进基础研究，以基础研究带动应用对策研究，既要突出原创性、科学性和针对性，又要突出全局性、战略性和前瞻性。四要建立完善鼓励机制，对那些为推动党和人民事业发展发挥了重大作用的优秀成果和作出重大贡献的优秀人才给予表彰与奖励。

中华民族向来就有"集天下之智、并天下之谋"以治国的优秀传统，十七大关于鼓励哲学社会科学界为党和人民事业发挥思想库作用的要求，正是这一民族传统和民主形式在新时期的创造性发展与弘扬。

五、推动哲学社会科学优秀成果
和优秀人才走向世界

推动我国哲学社会科学优秀成果和优秀人才走向世界，是实施国家发展战略特别是文化发展战略、促进世界和谐发展的重大举措。这既是与世界各国加强文化交流、增进学术友谊、提升研究水平的重要途径，又是向世界介绍中国、宣传中国，让世界深入了解中国的重要方式；既是增强文化影响力、树立国家文化形象的有效途径，又是适应我国目前国际地位迅速提升与积极推动构建和谐世界的必然要求。

中华民族为人类文明发展作出过杰出贡献，诸如《周易》、《老子》、《论语》、《孙子兵法》等先秦时期的经典著作至今享誉海外，鉴真东渡、玄奘西行、郑和南下的故事广为传播，近代以来的学术大师如鲁迅、郭沫若、钱锺书、范文澜、费孝通、季羡林等也都以厚重的优秀文化成果赢得了全世界的尊重。当人类进入 21 世纪，伴随着全球经济一体化的进程，全世界两千多个民族、数百个国家的文化相互交流、相互激荡、相互融合，尽管社会制度、价值取向各有不同，而促进人类文明的优秀文化成果则为大家所共享。推动我国哲学社会科学优秀成果和优秀人才走向世界，积极参与世界层面的文化交流，就是与世界各国人民共同创造丰富多彩的人类文化，共同构建和谐世界。

推动我国哲学社会科学优秀成果和优秀人才走向世界，需要发挥各个方面的积极性、主动性和创造性，精心组织和大力实施"走出去"战略。第一，必须围绕学术交流、人才交流和成果交流，制定和采取各种切实可行的有效措施，创造条件，出台政策，搭建平台，畅通渠道，注重效果，形成机制。第二，必须积极推荐和选拔政治思想素质好、学术造诣深的专家出国讲学、考察、访问、研究，以多种形式开展学术交流，向海外推介我国的优秀学者，提升他们的国际声望，积极鼓励思想素质优秀的专家开展国际间的学术合作，在合作过程中展示实力、锻炼能力、提高水平、扩大影响。第三，必须积极稳妥、适时适度、有计划有针对性地组织高层国际学术论坛，在搭建学术交流平台的同时，创造介绍我国优秀人才的机会，增强我国的学术影响力和引导力，发展以我国为主导的国际学术合作，逐步建立国际间平等交流、相互切磋、友好合作的和谐机制，树立我国文明古国、文化大国、人才强国的良好形象。第四，必须根据实际情况和国家需要，组织和举办不同规模的优秀成果新闻发布会、国际高层论坛专项成果研讨会等，并充分利用我国在世界各地建立的孔子文化学院，扩大优秀成果的影响。第五，必须制定切实可行的优秀成果外译推介规划，组织著名专家学者精心遴选确能代表我国相关学术领域最高研究水平的优秀成果以及传统文化中的经典精华，精心遴选具有民族特色、中国特色和时代特色的思想厚重、学术厚重、文化厚重的高质量高水平的研究成果，特别是要精心遴选马克思主义中国化的最新理论成果和反映我国改革开放与社会主义现代化建设的优秀成果，在充分运用图书出版市场机制运作的同时，有选择有计划地组织优秀成果的外译工作，包括与国外汉学家的合作。同时充分利用现代传媒和高新科技手段，创造新形式，开辟新渠道，形成系列，形成规模，形成声势，尽可能让世界及时了解我国哲学社会科学的优秀成果。

六、发挥国家社会科学基金的引导和示范作用

国家社会科学基金自1986年设立以来，在中央直接领导和关怀下，始终坚持正确的政治方向和学术方向，资助了上万个研究课题，推出了大批优秀成果，也培养了大批优秀人才，为党和政府科学决策、为繁荣发展哲学社会科学和建设社会主义新文化发挥了巨大作用。我国进入发展改革的关键时期，需要国家社会科学基金发挥更大作用，为全面贯彻落实十七大精神作出新贡献。因此，必须进一步强化国家意识、责任意识和历史意识，以国家社科基金项目为抓手，实施积极引导，把握正确方向，坚持公平公正，科学有效管理，进一步完善出精品、出人才、出效益的科学机制，更加自觉、更加主动地推进社会主义文化大发展大繁荣。

当前，一是要按照十七大和十七届三中全会精神，确立一批重点课题，引导哲学社会科学工作者进行深入研究，尤其是要围绕建设中国特色社会主义理论体系、建设中国特色社会主义核心价值体系和深入实践科学发展观确立一批跨学科研究的重大课题，同时结合各学科特点确立一批不同层面的研究课题，把握理论研究和应用研究并重的原则，引导专家学者联系实际，深入思考、深入研究。二是要组织好国家社科基金各类项目的评审。通过科学规范、公平公正的评审程

序，确保推选出那些深入研究中国特色社会主义伟大旗帜、中国特色社会主义道路和中国特色社会主义理论体系的课题，深入研究改革开放的伟大历程和宝贵经验的课题，深入研究科学发展观精神实质和根本要求的课题，深入研究全面建设小康社会新要求新部署的课题，深入研究全面加强党的建设新任务新举措的课题，以及深入研究事关党和国家事业发展全局的课题，把组织项目评审的过程变成贯彻落实十七大精神的过程。三是要做好项目研究的服务工作。以方便开展研究、提高成果质量、促进人才培养为原则，采取多种方式，在思想指导、组织协调、学术交流、资源共享、经费使用等方面，为项目研究提供优质服务，创造条件、营造环境，引导潜心研究，倡导勇于创新，力争拿出高质量高水平、切合实际、有效管用的研究成果。四是要做好优秀成果的宣传转化工作。及时发现优秀的阶段性成果，善于发掘最终研究成果的精华，根据成果的具体内容和不同特点，采用多种方式、多种渠道、多种途径进行有力度有成效的宣传，把研究成果及时转化为社会效益，帮助广大群众科学理解和深刻把握十七大精神，并贯彻到生动的社会实践中。五是要积极倡导科学严谨的学风。一方面大力褒扬原创性强、功底扎实、确有新意、确有创见的优秀成果，一方面严厉惩罚粗制滥造、浮躁浮夸、抄袭剽窃的恶劣行为，制定措施，树立正气，形成机制。

总而言之，加强哲学社会科学研究是实践科学发展观与实现科学发展的基本前提和重要保障。胡锦涛同志指出："哲学社会科学的发展水平和繁荣程度，是一个民族的综合素质和文化力量的重要体现和标志。"以十七大精神和科学发展观统领哲学社会科学研究，以优秀的研究成果推动社会主义文化大发展大繁荣，是时代赋予社会科学界和文化工作者的光荣使命。

（2008 年 12 月 26 日）

社会科学研究植根现实并重在创新

社会科学和社会科学研究虽然不神秘，但同世界上的一切事物一样，有着自身的规律和特点。社会科学研究的本质就是探索和认识人类社会发展的规律，并运用研究的成果推动社会进步和文明发展。社会科学研究以整个社会和社会中人的思想与行为作为研究对象，这是同自然科学研究的一个重要区别。从研究内容的性质层面看，社会科学研究可以分为两个大的基本类型：一个是基础理论研究，一个是应用对策研究。这两种类型的研究又"你中有我，我中有你"，相互融合，相辅相成。基础理论研究一般是长效的、长期的，而应用研究大都具有针对性、时效性或现实性的特点。二者的共同特点都是植根于社会现实，立足于长远发展，注重思想创新，追求超越前人，推动社会进步，促进文明发展。

首先，社会科学研究最为突出的特点是关注社会现实，立足长远发展，具有鲜明的时代特征。前面谈到的苏轼对孔子、孟子、韩愈、欧阳修的评说，已可窥一斑，这里再以儒家学说的发展演变为例，略予印证。

儒家学说是支撑中国数千年封建主义统治的主流文化，它在中国古代至少有三次大的发展变化。儒家学说的产生、发展和衍变，十分典型地反映了社会科学研究的基本规律和主要特点。儒家学说是经过了夏、商、周漫长的历史酝酿和文明演进，到春秋战国时期的孔子才逐渐形成独立的理论体系。儒家学说的中心目标是构建安定有序的社会，核心是讲"礼"、讲"仁"，考虑、研究和解决的问题是制止社会动乱，促进社会的安定、稳定和有序发展。当时的历史背景，上面已经谈过，这里无须赘言。那个时代，是处于奴隶制社会向封建制社会的过渡期，是处于社会大动荡、大动乱的转型期。当时的整个社会又基本上都是以自给自足的农耕家庭为单位。家庭稳定则社会稳定，社会稳定人们才能安居乐业，经济才能发展。但如何使家庭安定、社会安定呢？家庭是由具体的个体成员组成的。家庭安定，首先要让家庭成员安定。于是儒家学说在前代文明的基础上，以人为中心，以伦理道德为主线，构筑起一套以"爱人"和"崇德"为基础的完整的思想体系。儒家强调个人修养，提出"礼"学和"仁"学思想，提出"君君、臣臣、父父、子子"等伦理道德规范，试图通过构筑这样一个完整的思想体系规范和约束全社会成员的思想行为，达到个体自律、家庭安定和社会稳定。儒家思想可以说是历史的产物，是时代的产物。儒家学派从人的思想和行为着眼，研究考虑社会的发展和人类的生存，可以说是抓住了社会问题的关键。但是，春秋战国时代是一个诸侯征伐、百家争鸣的时代，由于种种原因，儒家思想并没有得到充分实践，却为后来维护封建主义的长期统治提供了强有力的思想武器。

儒家思想在汉代得到进一步发展，出现了第一次大变化和大发展，这反映在汉代经学方面。秦朝灭亡后，一个强大的汉帝国崛起于中原。统治者一直在寻求能够支撑和维护自己长期统治的思想。西汉之初尊尚黄老以休养生息，至汉武帝时期，董仲舒看到了儒家思想安定民心、安定社会和有利于巩固封建统治的合理性因素和科学性因素，因此建议"罢黜百家，独尊儒术"。汉武帝采纳了这个建议。汉代众多的经学家们将这种思想主张贯穿在研究、注释和传播儒家典籍之中，对儒家学说进行了创造性的发挥。他们着眼于社会影响力较大的社会阶层中的成员个体，在儒家思想的基础上提出"正心、诚意、修身、齐家、治国、平天下"，积极引导社会阶层中有意进取的个体成员，以有效地防止社会动乱，保证社会的健康发展。这既是对儒家学说的总结概括，同时又是对儒家思想与时俱进的发挥和深化。汉代统治者用这个思想体系来构筑当时的社会文明，形成了独具特色的经学时代。中国历史上"汉唐"并称，汉代的文明程度较之前代发展得相当高，可以说在很大程度上是得力于对儒学的创造性发挥。

宋代理学的形成，是儒家学说的又一次大发展和大变化。宋代众多的思想家、政治家和文学家，力求突破汉代经学传注之风和汉代之后儒、道、释三家鼎立的局面，力求恢复儒家独尊的地位，力求儒学思想实践化，所以深入探索义理，努力进行创新。他们根据历史发展的新情况，提出"通经致用"、"舍传求经"的新主张。其突出的特点就是视野空前开阔，既立足于社会现实，又着眼于自然宇宙，从哲学的高度探求自然界与人类社会变化的法则，探求人与自然的关系，继而以自然现象比附人类社会，进而论证伦理纲常的合理性。欧阳修曾对儒家经典及汉代经注提出过许多疑问。王安石提出"善学者读其书，惟理之求"，提出"天不变，道亦不变"，他还亲自主编《三经新义》（诗书礼），阐发新观点、新理论。很多文人学士力图从儒经中寻绎和发挥治国安邦的道理，追求"内圣外王"的境界。张载提出"义理之学"，"穷理尽性"；王安石开始向"性理"之学深化，探索和研究人的性命道德问题；南宋朱熹集理学之大成，将理学发展到高峰。朱熹以儒家伦理学为核心，糅合佛、道及诸子之说，创造了融自然、社会、人生等多方面思想于一炉的哲学体系。宋代理学强调"讲天理，去人欲"，自己要克制自己。这对维护封建统治起了积极作用，但同时也压抑了社会个体成员的创造性。宋代建国之前，曾出现过两个值得注意的情况，一是魏晋南北朝时期佛学传入中国，一是晚唐五代十国，周围少数民族思想不断传入中原。这些思想不但没有冲击整个儒家学说的发展，而且还创造了敦促其与时俱进的历史条件，使其能够不断吸收各家长处。印度佛教讲善，这与儒家思想相同，而道家也强调个人修养，所以儒家思想吸收了佛、道一些合理的成分丰富了自己，形成理学。这种理学思想成为封建统治的主流思想，延续到近代。

近代新儒学的出现，是儒家学说的第三次大变化。随着世界工业革命的到来和中国封建统治的衰亡，随着"西学东渐"带来的新思想对中国封建观念的强烈冲击，随着马克思主义在中国的传播，支撑中国封建社会几千年统治的儒家学说受到严峻挑战。特别是五四时期，科学、民主、自由、平等的大旗，对根深蒂固的封建理学思想进行了强烈的冲击。但是，儒家学说中那些追求社会稳定、提倡社会文明以及强调自强不息、强调个体修养等富有积极意义的思想仍然在发挥着作用，以新的形态继续为人类文明的发展作着新贡献，而且在世界范围内引起了更为广泛的关注，发生着更为广泛的影响。

据 1988 年 1 月 24 日澳大利亚《堪培拉时报》发自巴黎的一篇报道称，在巴黎参加题为"面向 21 世纪"的第一届诺贝尔奖获得者国际大会的 70 多位专家，"经过四天的讨论所得出的结论之一"就是"人类要生存下去，就必须回到 25 个世纪以前，去汲取孔子的智慧"。这个建议，直接出自瑞典的汉内斯·阿尔文博士（Dr. Hannes Alfven，1970 年物理学奖获得者），他在其等离子物理学研究领域中的辉煌生涯将近结束时，得出了上述结论。他所说的"孔子的智慧"，就是指人类能够控制科学技术的应用，使人类能够和平、和谐地生存与发展下去的智慧。《论语》载："樊迟问仁，子曰：爱人。问知，子曰：知人。"孔子的智慧便是"爱人"、"知人"的智慧。这是一种道德的人文主义精神。《易传》云："精义入神，以致用也；利用安身，以崇德也。"儒家思想是以"崇德"即"仁者爱人"为最高的价值，致知与致用都要服从于这一内在的目的。这样一种价值观缺少了"为知识而知识"的纯粹理性，因而在历史上也曾限制了科学技术的发展。但是，科学技术毕竟是一把"双刃剑"，它可以为人类创造福祉，也可能使人类走向灭绝。当阿尔文博士痛切地感受到科学技术的负面作用正在危及人类自身的生存时，他呼唤的正是孔子智慧中的道德精神。俄罗斯专门研究孔子学说的汉学家列·佩列洛莫夫也认为，中国正在建设"孔子式的社会主义"（塔斯社北京 2004 年 10 月 25 日电《四书》俄译本在俄出版），说明孔子学说在现代的积极影响。

由以上简单的论述中不难看出，中华儒学的发展说明社会科学研究有一定规律性，社会科学研究必须随着时代的发展而发展，不能脱离时代。由于这一特点，决定着社会科学研究者必然要关注现实，不能只坐在书斋里死读书，要把理论知识与实践结合起来，与现实需要结合起来，同时在现实实践中创新发展和继续丰富社会科学理论。

其次，社会科学研究必须要有自己独特的思考，必须要有思想创新。古今中外，凡是能够经得住历史检验，能够传之于后世的社会科学成果，都具有思想独创性。其或者是理论观点，或者是研究视角，或者是研究对象，或者是研究的前瞻性、针对性等等，一定有独到的地方。我们可以先看看外国的几个例子。

1962 年，美国杰出生物学家雷切尔·卡森出版了《寂静的春天》，它实际就是一个社会科学研究的成果，反映的是大量使用化学农药对人类社会生态造成的极大危害。春天本来应是鸟语花香，但由于大量使用农药化肥破坏了生态环境，春天不再生机盎然。作者通过严峻的现实描述了使用农药给人类带来的危害，预见可能出现的生态危机。随后世界上开始制定水法、空气法，也逐渐有了环境保护组织。

1972 年，英国经济学家巴巴拉·沃德在瑞典首都斯德哥尔摩第一次人类环境大会上，作了题为《我们只有一个地球》的报告，作者以经济学家的敏锐，在深入研究经济发展过程中造成生态环境巨大破坏的基础上，写成了这个研究报告，提醒世人不能只顾局部的经济发展而破坏了我们的地球。

1987 年，挪威前首相布伦特兰夫人，向联合国提交了一份题为《我们共同的未来》的报告。在这份报告里，她率先提出了今天已获得举世公认的"可持续发展"的概念，提出了既要满足当代人的各项需要，又要保护生态环境，不对后代人的生存和发展构成危害的主张。以上三种关注人类社会如何健康发展的社会科学文献，都具有划时代的意义，它们改变了人类的思维方式，也改变着历史。而共同的特点就是都有独特的视角，都有深入的思考，都有前瞻的眼光和博大的胸怀。

再以《红楼梦》研究为例。《红楼梦》研究又称"红学"，这是近年来形成的国际显学。据不完全统计，从 20 世纪 30 年代起到现在，研究《红楼梦》的文章已经有数十万篇，专著也有千百部。以往的研究从不同的角度和不同的层面展开，可以说成绩很大，影响很大，但也有很多方面还有待于进一步深入。今后的"红学"研究必须要有创新意识，要有新开拓，要有新进展，这是社会科学研究自身规律决定的。大家都知道，"一千个人读《红楼梦》就会有一千个林黛玉"，就是说每个人的理解都会有不同。这与古人讲的"诗无达诂"一样，同一首诗，可以有不同的理解，但总会有一个最佳的、最符合作者原意的解释。读《红楼梦》也是如此。大家谈《红楼梦》，或从爱情角度，或从政治角度，或从社会学角度去理解，都不错，都能自成一家之言。

笔者以为，《红楼梦》是一部空前绝后的伟大著作，是一部中华古代文明、中华传统文化和中华民族智慧的集大成式的文学作品。这是"红学"成为国际显学的根本原因。研究《红楼梦》与一般性的阅读欣赏不一样，不能作随意化、一般化、简单化、浮浅化、庸俗化的理解，而应该有比较深入的思考和比较客观的评价。比如，凡是读过《红楼梦》的人，都知道林黛玉是"西方灵河岸上三生石畔"的一棵绛珠"仙草"，贾宝玉是女娲炼石补天时遗弃在青埂峰下的一块"顽石"。作为一般读者可以不去细究根底由来，但研究者就要深入考察这种构思的深刻内涵、深层意义和深厚文化背景，就要与中国古代文化博大精深的内涵联系起来。

很多人都知道，从人类原始宗教崇拜到近代发达的科学研究，从《周易》的"弥纶天地之道"，到《老子》的"有物混成，先天地生"，屈原写《天问》、李白吟《问月》、苏轼赋《赤壁》……在人类发展的历史长河中，有多少圣贤先哲与文人雅士都在思考和探讨着同一个问题——人类的起源、人与天地与宇宙与自然的关系。《红楼梦》的这种艺术构思同样在思考和表达着这样一种既古老深奥又神秘诱人的问题。作者将《周易》（"大哉乾元，万物资始"，"至哉坤元，万物资生"）、《老子》（"道生一，一生二，二生三，三生万物"）、《列子》（《汤问》第五"昔者女娲氏炼五色石以补其阙"）、《山海经》（卷十六"大荒西经"）、《水经注》（卷五《灵河赋》"资灵川之遐源，出昆仑之神邱，涉津洛之峻泉，播九道于中州"）等一系列历史文化传说、原始宗教崇拜和以往人们的深沉思考，都糅合与熔铸在这一对人物的身世来源的意境中，诸如"西方"、"灵河"、"三生"、"女娲炼石补天"、"青埂峰"都有出处和依据，却又不让人轻易知觉。可以说中国古代天人合一的思想在《红楼梦》里得到了充分体现，中国古代对人类起源、物质生成之类的探索，也从《红楼梦》里得到生动形象的体现。由此形成了一种幻化神奇、扑朔迷离的意境，洋溢着耐人寻味的浓郁的神趣与情趣。所以读《红楼梦》一定要从中国文化的大背景当中去理解、去寻找。《红楼梦》不论读多少遍，可以断言，即便是最著名、最博学的红学专家，也未必能够百分之百全部读懂，因为它包含的东西实是太多了，方方面面的文化，包括政治的、社会的、历史的、艺术的、文学的、音乐的、绘画的，也包括服饰、饮食、医学等等，涵盖和涉及的知识面实在太广了。正因为如此，才显示了它的博大精深，才显示了曹雪芹的文化修养和艺术腕力，才显示出红学研究非同一般的特别意义。研究《红楼梦》就要深入学习和了解中华文化、中华文明，由此进行深入的发掘，为当代文化建设提供借鉴。

第三，社会科学研究需要知识、经历、阅历的积累。陆游名句"如果欲学诗，功夫在诗外"，社会科学研究也是如此。研究要有独立见解和创新，首先就要有深厚的学养、超人的识见和丰富的阅历。这既要有知识的丰厚积累，厚积薄发，又要有技巧的熟练掌握，灵活运用。同样一个题目，不同的人做，研究的方法和得出的结论往往是不一样的。有时路径对了，方法对了，得出的结论就可能更科学。这些都需要积累，需要细心观察，敏锐发现，广泛学习，深入思考。苏轼最著名的一首词《大江东去》，很多人都背诵得出来，但能否正确理解就很难说了。比如，不少人认为其中的"羽扇纶巾"是写诸葛亮，大概在戏剧里经常看到这种形象；也有人认为"多情应笑我"是"应笑我多情"的倒装。其实都是一种误解。这种误解的主要原因一是知识积累不够，二是方法把握不准。苏轼这首词的主旨实际上是一首吊古抒怀之作，通过凭吊古迹和缅怀与古迹有密切联系的人物，婉转地表达建功立业和报国的情怀。全词紧紧围绕对周瑜事业有成和婚姻美满的羡慕，抒发了自己老大无成、壮志未酬的惆怅。因此，词中不允许再有一个诸葛亮，而且前面已经有了"小乔初嫁了"的铺垫，因此这里的"多情"当然是指周瑜。苏轼写这首词时45岁，被贬到黄州，当时的处境，使他特别羡慕23岁就成为将军且指挥了著名赤壁大战的周瑜。对正确理解和把握这首词，需要有大量的学术积累、知识的积累和方法的积累。

国家社科基金曾资助了一项课题《中国老年人口对中国经济发展的影响》，承担者是某著名大学的一位教授。这位教授原来的研究只局限于中国进入老年社会后如何提高老年人的生活质量。在美国、英国等几个国家讲学时，他发现老年社会对社会经济发展的影响非常直接、非常大，进入老年社会后，不止医疗方面的消费，其他社会各方面都要受到制约，受到影响。中国人口这么多，在今后 10 年、20 年对中国经济发展产生什么样的影响应当有一个预测，然后国家出台相应措施。这位教授就是通过自己的阅历发现了一个有价值的课题。科学研究一定要敏锐，思维要敏锐、眼光要敏锐，才能选好题、抓好题。

第四，社会科学研究必须在前人研究的基础上开展研究。科学研究不论搞哪方面研究，都首先要调查这个问题目前的研究状况，有没有人研究，研究的进展情况，有哪些方面是需要研究的，或者是原来研究的结论是错误的。搞清楚这些问题才能确定研究的意义，确定从什么方面进行研究，怎样进行研究。所以学术界一般都十分关注某一类问题研究现状的评述或综述性文章，因为它可以提供许多线索，同时又能省去许多翻检之劳，节省很多时间和精力，提高工作效率。

第五，社会科学研究必须充分考虑国家发展的需要和社会现实的需要，把个人的研究优势同国家建设的实际需要结合起来。如上所言，社会科学研究的本质就是要为社会发展的现实需要服务，社会科学研究关注社会现实是社会科学研究的优良传统，不论是基础理论研究还是应用对策研究，只有充分考虑国家发展的需要和社会现实的需要，把个人的研究优势同国家建设的实际需要结合起来，才能充分发挥研究成果的意义，实现其最大社会效益和社会价值。

以往的学术界和高等院校的不少老先生根据个人研究专长和自己的研究兴趣，潜心学术，甘坐冷板凳，十年磨一剑，甚至一辈子就写一部书，研究某一方面的问题，这种精神令人敬佩。这些研究对国家的文化建设十分需要，很有意义，应当提倡，应当鼓励。与此同时，我们希望有更多的专家学者能从国家发展的现实需要出发设计和研究课题，不论是基础理论研究还是应用对策研究，都应如此，这样的研究可能会发挥更大的作用。

基础理论研究和应用对策研究是相辅相成、相互支撑的。近几年国家一直强调要加强基础理论研究，是为了加强社会科学研究长期健康发展的后劲，同时使应用对策研究也有更深厚的理论支持基础。比如，完成祖国统一问题是我们国家的大事情，是我们党在新的历史时期的三大任务之一。有的法学专家认为，台湾问题应当从法律的角度给予充分考虑。台湾问题属于我们国家内部的问题，但不论以什么样的方式和途径解决，都会涉及一些法律问题。于是，有的学者建议国家要搞一个反分裂法，同时要深入研究相关的国际法。这些问题解决了会对祖国统一非常有利。这样的研究就是把自己的优势和国家的需要结合起来。比如，目前火灾几乎每天都有发生，这对国民经济发展肯定会有不小的影响，怎样预防、避免或减轻灾害，这方面的研究很薄弱，如果能提供一套对策思路，将是很有意义的。再如，国家武警的发展和建设问题，今后，社会的安定甚至维护世界和平的发展，武警担负着越来越重的责任。恰恰在这方面的研究特别薄弱，如果在这方面进行认真思考研究，提出具有前瞻性的思路和很有力度的、科学的、严谨的对策，那么，就会为国家发展和世界和平作出大贡献。

翻开历史看一看，凡是流芳百世的学者都是为国家作出了巨大贡献。列宁说："王安石是十一世纪的改革家。"王安石写给神宗皇帝的万言书《百年无事札子》，就是一篇非常深刻的社会调查研究报告。他针对当时的社会实际，搞《三经新义》，搞变法，制定改革措施，使北宋王朝富强起来，尽管他的改革没能获得最后成功，但他考虑的是国家的问题。包括苏轼、欧阳修，现在把他们作为文学家来研究，可以说每一个政治家都是一个文学家，但文学家不一定是政治家。任何一个政治家都是社会科学研究家。中国的文明在世界上为什么能延续至今？咱们经常说的世界四大文明，其中三大文明都消失了，只有中华文明留下来了，这些都和政治家的思考和社会科学研究家的研究有着重要的、直接的关系。哪一个国家能拿出二十四史这样的东西？中国古代庞大的官僚机构同时也是社会科学研究机构，官员给朝廷的奏章，每一篇都是社会科学的研究成果。这也是中国特色。可以说，把个人的优势与国家需要结合起来，是自古以来形成的好传统，我们一定要很好地继承、发扬和光大。

第六，社会科学研究必须开阔学术视野，要选好题目，选好角度。我们国家社科基金目前设立了哲学、经济、政治、历史、文学等26个一级学科，要根据研究的内容，设计一个能反映研究意义、体现研究价值的好题目，要有创新、有价值。对四川三星堆文化的研究，一开始大都从考古的角度，这是最基本、最基础的研究。后来有人从中华文明的发源的角度研究，提出中华民族文明的发展不光是黄河文明，三星堆文化就代表着一种长江文明，从而提出了中华文明的发源不是一个点而是两个点。这一角度肯定比前一个好得多。其后又有学者提出来与世界文明进行对比，和玛雅文化、古巴比伦文化进行对比研究，近来洛阳一位学者提出中华民族的起源是从中东那边过来的。当然这是一家之言，能不能被学界承认是另外一回事。但是这样的角度就比较新，科学研究就是探讨。科学研究面越广越可能接近真理、规律。中国文化的探讨一定要放在世界层面上，社会科学研究也是这样，否则研究的都是过时的东西，就没有什么意义了。

另外，要结合本职工作思考问题、发现问题、选择和确定研究题目；要结合学科建设和文化建设的需要选择和确定研究课题；选择的研究课题必须有重要现实意义或学术意义，必须具有战略性、全局性或前瞻性意义；研究思路或观点结论必须具有创新性，成果必须严谨、科学、管用。这些，就不再展开论述。

社会科学研究随处都可以抓到题目，只要思考，注意观察，就能发现一些好题目。尤其是围绕自己本职工作进行思考是很有意义和乐趣的，苦在其中、乐在其中，一旦钻研进去就会产生一种动力。要勤于学习，善于观察，敏于思考，勇于创新。在学习中积累，在研究中提高，在创造中发展。

总之，社会科学研究一要选好题，二要摸清底，三要找准切入点，四是构思框架，五是收集资料，六是分析研究并形成文字。

国家社会科学研究的八项原则

国家社科基金项目是目前我国社会科学界最高层次的学术研究课题，项目管理逐渐形成了一套比较科学、合理、严格、严密和严谨的工作程序。当前，国家社科规划工作仍然在不断改进、不断开拓、不断完善。迄今为止，国家社科基金以项目管理为抓手、为龙头，取得了学界关注的显著成绩，也产生了重要的广泛影响。这除了大环境的因素，如党和国家的高度重视与政策支持、中宣部领导的直接谋划与具体指导，等等，实际上社科界广大专家学者以及各地社科规划办都发挥了直接的重要作用。随着国际国内形势的发展变化，社科规划工作也必须跟上变化了的形势。实事求是地讲，目前国家社科规划办还有不少工作需要继续改进、需要继续完善，更需要继续积极开拓，因为同中央提出的四大要求还存在着不小的差距。

一、项目管理的四大要求

先介绍中央对国家社科基金项目管理提出的四大要求。国家社科基金项目不仅具有鲜明的导向性和示范性意义，而且在一定程度上反映和代表着国家学术发展的水平。随着党和国家对哲学社会科学事业的发展越来越重视，中央对国家社科基金项目管理的要求也越来越高。党的十七大明确要求推进学科体系、学术观点和科研方法创新，提出更加自觉、更加主动地推动社会主义文化大发展大繁荣。2009年，在全国哲学社会科学规划领导小组会议和项目评审工作会议上，中央政治局委员、书记处书记、中宣部部长刘云山同志也反复强调要进一步加强哲学社会科学研究与管理，并且明确要求务必做到四点：一是必须坚持正确导向，二是必须突出国家水准，三是必须强化科学管理，四是必须服务专家学者。

"坚持正确导向"，既包括把握正确的政治方向，又包括把握正确的学术方向。社会科学具有很强的意识形态性，把好政治关，才能避免出问题。要始终坚持以科学发展观统领哲学社会科学研究与管理工作，始终坚持高举旗帜、围绕大局、服务人民、改革创新，积极引导专家学者深入研究国家亟须解决的重大现实和重大理论问题。

"突出国家水准"，就是要强化质量意识，体现国家水平，树立国家标准，努力让国家社科基金项目推出相关领域最前沿、最先进、最高水平的研究成果，任何时候都不能降格以求，否则就会损害国家项目的权威性。

"强化科学管理"，就是要认真研究和自觉遵循哲学社会科学的内在规律，努力创新方式方法。管理科学，才能事半功倍。要充分利用现代化的先进手段，着眼于抓质量、上水平、见效果，立足于多出精品、多出人才、多出效益。

"服务专家学者"，就是全国哲学社会科学规划办公室工作任务和身份定位要准确，要尊重知识、尊重专家、尊重人才，既要组织好工作，充分发挥专家学者的作用，把好政治关和学术关，又要以人为本，关心专家学者的工作与生活，服务好，照顾好。

这里顺便介绍一下国家社科基金项目申报的质量问题。按照中央对国家社科基金项目管理的要求，审视和反思目前的社科规划工作，的确还有不少需要我们深入思考和亟待解决的问题，比如国家社科基金项目申报的数量与质量问题就非常典型。近几年，申报数量逐年攀升，增幅很大，2007 年申报 16227 项，2008 年增加到 18353 项，2009 年更是猛增到 22547 项，而申报质量并没有同步提高。仅以 2009 年为例，申报数量与上一年相比增加了 4194 项，增幅高达 22.8%，但匿名通讯初评结果显示，90 分以上的只有 11 项，而 60 分以下的占了 19%，个别学科不及格的高达 32%。2009 年的入围线平均是 77.6 分，即使有些进入会议复评的项目，水平质量与国家项目的要求也相差甚远。比如，该年计划立 100 个重点项目，最后只评出 38 项。再如，有个别学科的评审组为了不放弃分配的立项指标，尽可能多一些立项，先后三次投票筛选，但是，因为入围项目的水平和质量确实不高，实在选不出来，最终只好宁缺毋滥，放弃了十几个指标。诸如此类的例子还有不少。之所以出现上述申报质量不高的情况，原因是多方面的。比如，目前研究体制、管理机制的限制和不良学术风气的影响，职称评定、岗位评聘、资源占有和利益分配方面的原因，学风浮躁、急功近利、选题欠科学、论证不充分、学术积累不厚、创新性不强、思考不深入、表达不到位等方面的原因，等等，不一而足。也有部分申报者对国家社科基金项目的评审提出过批评，如怀疑公平公正性，或批评学术腐败和不正之风等。这些意见有的是对的，有的是因为不了解评审的程序和情况，也有的属于猜测或道听途说，有的则属于个人原因。如，由于论证不符合要求，初评得分低，达不到入围线，或者入围后与强手撞车，又不能重复立项等等。我个人以为，提高申报质量是社科工作者尤其是项目申报者应当认真思索的首要问题。

二、申报项目需要把握的八项原则

下面，重点谈谈申报国家社科基金项目需要注意的问题，或者可以称作需要把握的基本原则。总的来说，提高申报质量，关键在学者。必须倡导练内功、重积累、讲实力、上水平。当然，这里也有个方法科学不科学、表达到位不到位的问题。作为国家项目的管理者和申报项目的组织者，只有既了解国家项目的要求，又熟悉课题研究的路数，才能有效地实施积极引导，促进社会科学研究与管理的健康发展。笔者认为，当前提高项目申报质量，需要让申报者至少把握以下八大原则。

一要突出问题意识。问题意识是科学研究的基石。问题的重要程度直接决定研究的意义和发挥的作用。如果说解决问题不容易，那么，发现问题更难。因为发现和预见真正有重大研究意义的问题，是研究者具有深厚学术实力和敏锐学术眼光的重要体现。因此，从项目选题和设计开始就要突出问题意识，力争把能体现国家层面的重大理论和实际问题作为研究对象，预期的研究成果学术分量要厚重、影响要深远。比如，金融危机、能源战略、粮食安全、生态建设、海洋保护、边疆稳定、群体上访、突发事件、三农问题、大学生就业、农村医保、高科技发展，等等；"六个为什么"、"四个重大是非界限"、社会主义核心价值体系、党的建设、反腐败机制，指导思想一元化与文化发展多样化的问题，等等。另如，《我国文化产业链发展中的误区与战略选择》（2009《成果要报》39 期）分析了我国一个时期"重视文化人才而忽视人才成长环境"、"增'规模'而不增'效益'"、"以'文化资源'替代'文化产业资本'"、"以财政投入替代产业基金"、"重视企业集团组建而忽视文化产业长链形成"的错误做法，并由此提出了针对性很强的对策建议。再如，《"蚁族"对社会稳定的影响及相关对策建议》（2009《成果要报》71 期）通过实地调查北京"高校毕业生低收入聚居群体"的生存现状，分析了该群体存在的问题及可能引发的危机，并提出了一些相关的对策建议。《"家电下乡"政策的实施效果、存在的问题及相关建议》（2009《成果要报》56 期）对全国 30 个省（区、市）205 个村 2953 家农户进行调查与访谈，分析了"家电下乡"政策的实施效果及这一过程中存在的主要问题，并就完善这一政策提出了相应建议。这些成果都有一个共同的特征，就是带着鲜明的问题意识，深入研究国家建设需要解决的重大现实问题，为国家政策制定提供了重要参考。

二要强化国家观念。树立国家观念就是从党和国家事业发展全局需要的角度，开展理论研究和学术探索，把个人的学术优势同国家的需要紧密结合起来，既要密切关注和深入研究国家发展中亟须解决的重大现实问题，又要密切关注和深入研究学科建设中的重大理论问题，切实有利于综合国力的提升，切实有利于推动国家经济社会的发展。要真正树立为推动国家发展着想的思想境界和高度。上面胪述的一些重大问题，实际上都应当在国家层面上来研究。再如，《科学选择和合理确立文化产业集群发展模式的建议》（2009《成果要报》40 期）从发展国家文化产业的高度，提出实施龙头企业带动、支柱产业关联配套、文化主题公园与文化产业集聚园互动、交易平台支撑产业集聚、大型项目带动集聚等五大建议。再如，《关于深入推进反腐倡廉建设的建议》（2009《成果要报》59 期）根据党的十七届四中全会决议精神，分析了当前我国反腐败面临的严峻形势，提出应当紧密结合新的实际，科学确立反腐目标，推进体制机制创新，坚持循序渐进策略，制定总体战略规划，推动反腐倡廉建设取得新的更大胜利。以上无不是从国家层面来认识问题、分析问题和研究问题。

三要开阔世界视野。随着经济全球化程度的日益提高，世界范围内经济、政治、文化的交流、交融与交锋更加频繁，因此，任何重大问题的研究都需要放在世界范围内来审视、来分析、来比较。要充分借鉴和共享国外的文明成果，具备开阔宽广的学术视野。只有这样，才能体现研究的广度和思考的深度，才有可能最大限度地避免片面性和局限性。比如，《当前美国金融监管体系改革及其对我国的启示》（2009《成果要报》72 期）分析了美国金融危机凸显监管体系的漏洞、采取的改革措施和对金融稳定的影响，在此基础上提出了关于借鉴其有益做法、加强我国金融监管的具体建议，就是一个典型的案例。

四要具备前瞻眼光。前瞻眼光实质上是学术眼光和理论胆识的具体表现，反映着立足长远发展的战略性思维。因此，国家社科基金项目的设计和研究必须全面了解和科学把握研究对象的当前态势及发展趋势，增强研究的超前性和预见性。这样，在国家层面上就可最大限度地减少损失，降低管理成本，少走弯路。如，《世界经济走势预测及我应对建议》（2009《成果要报》73 期）分析了国际金融危机爆发以来，世界经济形势波荡起伏，不确定不稳定因素显著增加的情况，提出了今后一个时期内，世界经济将呈现谷底长而平缓的"U"型走势的预测性观点，建议国家应当以打造绿色经济体系为生命，以低碳经济为发展核心，充分发挥政府和市场的双优势效应，合理选择承接产业转移，促进产业结构转型升级，构建和谐生态金融体系，发挥金融对绿色经济润滑效应，在兼顾经济与环境的和谐中推动我国经济平稳快速发展的建议。前面提到的关于老年人口对新世纪我国经济发展的影响与对策研究，也很有代表性。

五要重视规律探索。探索规律、认识规律、把握规律是哲学社会科学研究的重要任务之一。越是接近事物发展的内在规律，越是能够有效地推动事物的健康发展，越能具有长久的学术生命力和文化影响力。也只有重视规律的探索，才能体现研究的深度，体现研究成果的科学性和可信性。山东社会科学院一位专家承担的国家社科基金项目《中国人口史》，通过发掘梳理古代大量的档案资料和统计数字，总结了我国古代人口发展的规律，为当代人口的发展提供了可资参考借鉴的思路。

六要抓住区域特色。要充分认识、发现、发掘和利用本地区的文化、经济、政治等方面的资源，组织课题、设计课题，区域可以是本省也可以是跨省区市的，但不论是哪个层面、类型的都必须具有典型意义和普遍意义，要上升到国家层面来思考，要上升到历史的高度来把握。比如海南世界旅游岛建设问题研究、黎学研究，东盟问题研究，长江三角洲问题研究，珠江三角洲问题研究等，都是既具有区域特色又具有全局意义。福建的"海西发展"战略研究，山东的"蓝色经济区"研究，天津的"环渤海湾经济区"研究，等等，都是很好的例子。

七要升华理论层次。理论来源于实践又指导实践，社会科学研究是丰富和发展理论的重要渠道。因此，社会科学研究要避免就事论事、停留在现象分析层面，而要力求进行深入剖析、高度概括，进行总结和归纳。从更高层次上去认识研究的问题，从理论层面和文化层面去把握研究对象的性质和意义，从而增强科学性，显示研究的历史高度和思想深度。理论是文化的最高表现形式和核心内容，也是社会科学研究最终的归宿和体现，即便是应用研究也必须有理论的支撑。

八要切实严谨学风。严谨学风是哲学社会科学研究的必然要求，也是增强科学性，提高权威性的重要手段。我们必须以科学、认真、严肃、负责的治学态度来研究重大现实问题与理论问题。必须缜密思考、论据充分，言必有据，有征必引，无征不信。要厚积薄发，重调查、重事实、重数据，增强科学性、可信性、严谨性，杜绝弄虚作假，力戒浮躁。

以上八项原则，既是评审国家社科基金项目的重要标准，也是社会科学研究必须了解熟悉和掌握运用的基本要求。毫无疑问，符合这些要求，就是达到了国家社科基金项目立项资助的标准，也自然就会提高成功中标的几率。

国家社会科学研究设计必须注意的六个问题

众所周知，任何工作都必然地要有明确的目的和具体的要求，国家社科基金项目管理工作当然也不能例外。申请国家社科基金项目就必须清楚这些目的和要求，才能提高中标的成功率。

每当国家社科基金项目评审结果公布后，都会有大量咨询电话："我申请的课题为什么没能立项"、"我连续申请了多年为什么一直不能立项"、"我们学校为什么全军覆没，一项也没上"，诸如此类，这是一个质询频率极高的问题。花费了许多心血申请的课题没立项，电话质询或表示疑问、表示不满，是正常的，可以理解。而没有获准立项，原因则是多方面的。比如说，大家申报的热情和积极性很高，申报量很大，但由于立项总数的限定，只能优中选优，多年来立项率都在10%以下，90%以上的申请被淘汰；再如，申请课题撞车的现象十分普遍，由于不能重复立项，使不少优秀的课题落选；等等。除此之外，也有申请者自身的原因。比如，很多申请者或者只凭个人的兴趣随意申报，或者不熟悉基金项目的基本要求，或者学术实力不足，积累不厚，或者态度欠认真，论证简单草率，不扎实、无创新、没深度，学术性、思想性和科学性都不强，没有竞争力，有的则表现出明显的盲目性，尽管坚韧不拔，屡战屡败，屡败屡战，几年下来，仍然立不上项。一位博士生导师说他连续七年申请国家社科基金项目，都没有获得批准，这期间已经撰写并出版了两部学术专著，发表了一批有影响的文章，现在已经没有申请的积极性了。其实，并不是这位教授学术水平不高，而是不了解国家社科基金项目的要求，表达不清晰、不到位，没有说到点子上，通讯评审过不了关。

客观地讲，尽管国家社科基金项目评审工作目前还存在着不科学、不完备的地方，但是，由于有评审制度和评审程序的制约，使评审结果从整体上说还是相对公平公正的。虽然不排除极少数的项目也可能有人情因素，或涉及社会风气、学术风气，但这种情况绝对不可能是主流。因此，获得立项，还得靠自身的学术实力，靠科学设计，靠头脑清醒、思路清晰、表达清楚。提高立项命中率，需要花心思、花气力、花功夫，需要做到或者必须注意六个方面的问题：一是把握宗旨，二是熟悉需求，三是发挥优势，四是精心设计，五是科学论证，六是准确表达。

第一，把握宗旨。宗旨就是目的与要求，就是基本精神和根本性质。把握宗旨，才能明确定位、明确方向、明确目标。国家设立社科基金，与改革开放紧密相连，与国家发展紧密相连，其主要目的在于，通过资助研究现代化建设进程中的重大理论和重大现实问题，推动和促进哲学社会科学的繁荣发展，推动和促进党和国家各项事业的健康发展，推动和促进人类文明的进步发展。在开展工作的过程中培养人才，培养队伍，推出精品力作，推出优秀成果，增强国家的文化软实力和综合竞争力。因此，国家社科基金有着鲜明的国家意志和国家精神，这是国家社科基金项目最突出的特点、最根本的性质、最基本的要求，基金项目设计也必然要体现这个特点，符合这个要求。当然，国家意志和国家精神不是贴标签、喊口号，而是内涵在整个研究过程中，体现着思考问题的角度和高度，表现于具体的观点和内容，这其中既有政治性的色彩，更有学理性的要求。

比如，《社会主义市场中经济周期基本理论和实践研究》，就是在允分把握国家社科基金项目要求的前提下，申请国家项目，获得立项资助。课题组深刻领会中央精神和国家发展需要，坚持以科学发展观为指导，把基础理论、应用理论研究和对策研究结合起来，着力探讨我国社会主义市场经济体制下的经济周期与宏观调控的前沿理论和实际问题，为中央和国务院宏观经济决策提供了有效服务，研究成果得到中央领导同志的多次肯定性批示。

再如，近年来，一批关于科学发展观研究、构建社会主义核心价值体系研究、新农村建设研究、农民工问题研究、和谐社会研究的课题获得立项，也都是基于对国家社科基金项目宗旨的准确把握，根据中央的最新精神和国家发展的需要来申报，获得成功。

总而言之，国家社科基金项目无论是基础理论研究还是应用对策研究，最终都要实现"一个目的"——促发展，就是促进国家科学发展和人类文明进步，使党和国家各项事业积极健康地科学发展，包括经济、政治、文化、社会和生态文明、学术事业、民族素质等方方面面；都要有"四个体现"——出思想、出精品、出人才、出效益；都要实现"三个服务"——服务于政府决策，服务于文化建设，服务于社会进步。这就是国家社科基金项目的实质。所以，必须关注国计民生、关注社会现实、关注科技进步、关注人类文明。

把握宗旨，有一个重要前提，就是必须深化对社会科学本质与作用的认识。这既是一个理论问题，又是一个实践问题。这里不展开讨论，但起码应当明确这样三点：第一，社会科学是人类社会健康发展的思想基础和根本保障；第二，是国家发展、民族兴旺的思想基础和根本保障；第三，是实现人的全面发展的思想基础和根本保障。

其实，古今中外的思想家对此都有深刻的认识。比如，前面提到的宋代文化巨子苏轼为欧阳修文集作序，将大禹治水、孔子修《春秋》、孟子拒杨墨、韩愈为古文、欧阳修著文章相提并论，认为孔、孟、韩、欧与大禹一样"功与天地并"。与大禹治水不同，孔、孟、韩、欧关注的都是以人为中心的社会现象，关心的都是人的行为和社会的健康发展，属于社会科学的范畴，属于社会科学研究。孔、孟、韩、欧提出的思想和主张，都具有强烈的现实性、针对性和鲜明的时代特点，体现出对促进人类健康发展的强烈历史责任感。这些思想和主张，同大禹治水一样都造福人类，都直接关系甚至决定着人类生存、社会发展和文明进步。苏轼将他们在学术和文化上的建树与大禹治水相比并，认为"功与天地并"，形象而切实地说明了社会科学的巨大作用和巨大效能。

宋代著名理学家张载也讲过四句非常精彩的话："为天地立心，为生民立命，为往圣继绝学，为万世开太平"（见《张横渠集》卷12《性理拾遗》）。他认为社会科学应该探索和认识宇宙万物的发展规律，并遵循和利用这些规律造福于人类，应该为人类的生存和发展提供多方面的保障，应该继承和弘扬前人创造的文化精华与思想学说，应该为人类世世代代和平发展考虑思路，提供保障。四句话把社会科学的作用和社会科学研究的任务概括得非常深刻，非常全面。

亚里士多德把人类的知识划分为纯粹科学、技术科学（应用科学）和实践智慧三种类型，"实践智慧"实际上就是现在的社会科学。亚里士多德认为，"实践智慧"是"最高主宰的科学，最有权威的科学"（《尼各马可伦理学》）。马克思、恩格斯就更为典型，他们实际上终生都在研究和探讨人类社会的发展规律。

认识深刻，才能知道意义重大，才能有心劲、有干劲，思考才能深刻，研究才能深入，项目设计才会深思熟虑，避免盲目或草率。基金项目是国家级项目，应当代表或反映国家在社会科学方面的研究水平，必然会高标准、严要求。所有这些，都应当做到胸中有数。

第二，熟悉需求。清楚国家社科基金的宗旨，清楚基金项目的性质，也就清楚了努力的方向。但这只是第一步。以此为前提，还必须做到五点：一是要了解和熟悉国家发展战略。即国家现实发展和长远发展的需求，必须从国家的角度考虑哪些问题最需要研究、最具有意义，能够在推动和促进国家各项事业发展中发挥最大作用。二是要了解和熟悉中央最新精神。如国家的大政方针和相关政策，了解国家的战略部署和发展思路。三是要了解和熟悉重大现实问题。要深切关注现实、关注社会、关注国家的发展态势、关注世界的变化格局，在综合把握这些信息背景的情况下，选择和确定研究的目标，拿出具有重要价值的成果，为国家提供智力支持。四是要了解和熟悉理论前沿动态，高起点、高标准，避免不必要的低水平重复。五是要了解和熟悉世界发展趋势，及时捕捉影响国家发展与社会建设的有用信息。国家社科基金项目说到底，就是集中民智，服务于国家发展，所谓"合天下之智，并天下之谋，理天下之事"。作为专家学者，我们既要熟悉相关领域的研究进展情况，更要知道中央在想什么、国家需要研究什么。

比如，对动漫文化产业的研究就是一个很成功的典型。日本动漫产业对我国多方面的影响，使中央高度关切我国动漫产业的发展。北京大学抓住了这个课题开展了扎实的研究，并提出了积极的建设性的对策建议，得到国家政府决策部门领导同志的高度重视，多次批示。新闻出版总署主要负责同志在《成果要报》（437 期）《关于加快我国动漫产业发展和动漫文化建设的对策建议》上批示："这个'对策建议'抓住了问题的要害，对我们发展动漫产业、建设动漫文化很有指导作用。请总署动漫产业领导小组认真研究，理清思路，加大工作力度，解决实际问题，更好地发展动漫产业。"信息产业部负责同志批示说："感谢对我国动漫事业的关心和支持，专家进行了大量调查研究，对产业发展和文化建设的相互关系进行了分析，提出许多很好的建议。希望与专家沟通、请教，共同推动动漫产业的良好发展。"可以看出，这项课题研究对于推动我国动漫文化产业的发展，发挥了重要作用。

最近，围绕西藏"3·14"骚乱事件、汶川大地震和奥运圣火传递的新闻报道问题，有几项很有价值的研究成果。中国人民大学著名教授主持的重大项目的阶段性成果《北京奥运与中国国家形象战略》，在深入分析当前北京奥运会面临的国际舆论形势的基础上，预测了西方媒介将要使用的五大策略，同时提出了我国应当采取的相应的六条对策建议，为相关决策部门所采纳。

西藏"3·14"骚乱事件发生后，针对西方媒体歪曲报道的情况，全国哲学社会科学规划办公室委托全国高校最著名的八个新闻学院分别撰写一份研究报告，揭露其新闻报道虚假的"客观公正性"，要求一个月完成。这是从维护国家利益和国家形象的角度来策划这件事情的。研究报告完成后，可以说都很认真、很专业，在事实搜集、深入分析等方面下了很大功夫，包括西方媒介的思维方式、中国崛起的影响等等，观点鲜明，也很有说服力。其中有五家把我们国家应当如何应对单独作为一部分，并且提出了具有可操作性的建设性对策和建议，体现出很强的国家意识和历史责任感。

这样的例子很多，其取得成功的最重要的因素，就是根据国家需要，确定研究方向。国家的需要，一方面集中反映在每年的《课题指南》里，同时，也体现在中央文献和高层领导人的重要讲话里。除此之外，更重要的是要善于从现实社会中发现富有重要研究价值的课题。

第三，发挥优势。优势起码包括四大方面：即专业优势、团队优势、资源优势、协作优势。在熟悉国家需求的前提下，更重要的当然是必须清楚自己能做什么，所谓"知己知彼，百战不殆"。学术研究是人类高层次的文化活动，是复杂的综合性劳动过程。国家社科基金项目要求必须具备开展学术研究的多方面的主客观条件。能否充分发挥多方面的学术优势，这是获得成功立项的关键。首先是必须把国家的实际需求与个人的学术优势结合起来，真正发挥个人的知识特长、学科特长。所谓"闻道有先后，术业有专攻"。其次是要有效地整合相关的学术资源，形成竞争强势。然后根据实际情况，选择和确定适合的研究目标。

比如，汤一介先生主持的《儒藏》编纂与研究项目，是国家重大的学术文化工程，要求高、难度大、工作量巨大，课题组充分利用各方面的学术优势和学术资源，协调联合了国内外几十所高等院校和研究机构、300多位专家学者一道开展工作，从获得立项到推出阶段性成果，都取得了很大成功。

再如，任继愈先生主持的《大藏经》和《大藏经续编》，黄楠森先生主编的十卷本《马克思主义哲学史》、苗力田主编的中译本《亚里士多德全集》等等，都是很典型的例子。

第四，精心设计。项目设计是课题研究的重要基础，涉及面很广，包括研究范围、宏观把握、目标设定、角度选择、基本思路、主要内容、总体框架，等等。基本原则是要遵循学术研究的内在规律，综合考虑多方面的研究条件和学术因素，力求达到最佳组合、最佳效果。

精心设计还要综合考虑多方面的因素，尽量避免撞车，不要过于集中。比如说，2008年国家要保证的重点，就是关于十七大报告中的重大理论观点、重大战略思想、重大工作部署方面的课题。比如，关于中国特色社会主义理论体系的研究，贯彻落实科学发展观的研究，经济增长方式转变问题研究，我国经济、政治、文化、社会和党的建设重大现实问题的对策研究，促进民族团结、祖国统一、中国走和平发展道路相关问题的研究，等等。这些都是中央非常关注的问题，也是申请相对集中的问题。申报这类课题，就要考虑个人的实力，包括学术环境。精心设计要从宏观层次上把握一下。自然，考虑国家的需求，就要认真阅读课题指南，仔细琢磨课题指南，尽量贴近课题指南。

五是科学论证，六是准确表达，这两项下面专节论述。

国家社会科学研究课题论证的六点要求

科学论证是申报国家社科基金项目获得成功的重要基础。科学论证就是在科学、严谨、求实、求真、求善、求美的基础上，论证申报课题的意义、内容、观点、价值。评审项目，也就是评审课题论证反映的综合水平，根据选题价值和水平的高低，确定立项与否。科学论证也是申请人学术素养和综合潜质的展现，古人强调学术创新必须具备"德、学、才、识、胆"，这在论证里都应该有着具体的反映。具体来说，科学论证应当把握以下六个要点。

一要"实"。就是题目、内容都要实在、具体，不能空，不能泛，不能虚，尤其不能大而无当。要有明确的目的性、鲜明的针对性、强烈的现实性，应用研究提出的对策、建议要"管用、有用、好用"，具有可操作性。首先是题目一定要鲜明、具体、实在，让专家看了之后，知道你要说什么，研究什么，能看出课题的价值和意义，掂出课题的分量。因为专家评审工作量很大，每天的阅读数量在10万字以上，逐字逐句地细看、认真地看是不可能做到的。题目抓不住，就放过去了，所以一定要"实"。"实"到什么程度，那得自己根据题目去把握。比如，《建立绿色GDP核算制度研究》、《北京奥运会期间反对恐怖活动研究》、《改革我国地下水资源管理制度研究》、《反洗钱立法与务实》、《"中国威胁论"的舆论走向与对策研究》、《农村金融体制改革整体思路及路径选择研究》，这些题目其意义一看就非常明显。其思路、设想也都比较科学、实在。再如，《金融对外开放与监管问题研究》、《西藏开展反分裂斗争所面临的现实环境及对策研究》、《当前影响社会稳定的突出问题和对策建议》、《关于企业"走出去"面临的问题及建议》，这些题目也很实在，很具体。

另外有些大而无当的反面例子也很明显。曾经有个申报者申请了一个属于基础研究的课题，题目是《中西文化交流史》，这个题目对于推进学科建设、探索文化发展的规律很有意义，学术分量也很重。但是一个人承担，在两年到三年之内完成，是不可能的，那就显得大而无当。同时，与此相近的另外一个题目是《近代以来西方传教士在中西文化交流中的作用研究》，有"近代以来"的时间界限，又从"传教士"这个角度切入，梳理起来好做一些。申请者从这个角度来谈中西文化交流，大家觉得在两三年之内能完成。"中西文化交流史"，上下几千年，从秦汉时期的丝绸之路，到唐宋元明清各个历史时期的中西文化交流那么纷繁，收集资料都很困难，一个人的力量不可能在两三年内完成。前者就是属于大而无当。

二要"新"。所谓"新"，就是创新。这是学术研究的生命和灵魂。学术研究没有创新就没有意义。国家一直强调创新意识，强调理论创新、制度创新、观念创新，提出了建设创新型国家，十七大又提出哲学社会科学研究要创新观点、创新体系、创新方法。国家课题尤其强调开创性、开拓性、原创性研究，强调具有填补空白意义的研究。所以课题论证一定要有新意，有创新，有新见，有创见，有新材料；要有新思想、新观点、新发现，或者要有新的视角、新的切入点。实际上所有的研究都应该体现这个"新"字。基础研究要强调理论创新，应用研究也得突出这个"创新"，要有新思路、新招数、新建议。黄庭坚说"文章最忌随人后，自成一家始逼真"，人云亦云，拾人牙慧，低水平重复，根本没有中标的可能。这么多人申请，如果没有大的突破，没有非常重要的学术意义，没有重要的应用价值，怎么能够拿到国家项目呢？所以一定要在"新"上下功夫。基础研究力求提出新学说、新理论，力求有重大推进、重大突破；应用研究力求在解决国家经济建设和社会发展重大现实问题方面，提出符合实际、富有创见、具备可操作性的新思路、新对策，为国家重大决策提供科学依据。

比如，《我国城市就业问题分析及解决思路研究》，中央有关领导同志认为，"对我们全面认识农村劳动力转移提供了一个新的视角，很有深度，就业问题必须城乡统筹考虑。"《网络文化发展及其管理研究》、《电子时代的中国税制研究》、《电子银行法律研究》、《现代生物技术中的伦理问题和道德抉择》，这些课题都是属于开创性的研究。《〈郭店楚墓竹简〉与先秦学术思想研究》则是利用考古发掘的新成果开展研究。

再如，《构建社会主义和谐社会进程中民族关系预警机制和评估体系研究》，通过构建我国民族关系预警机制分析理论框架以及指标体系评价模型，比较全面地评估了我国民族关系的发展变化趋势及其影响，提出了一系列促进民族关系和谐发展的基本思路及其政策建议。其中《20 世纪世界民族问题概述》指出，20 世纪遗留的民族矛盾和种族仇恨短期内难以消除，21 世纪初世界民族问题将呈现新的发展态势；世界范围内普遍存在的跨界民族问题所引发的国际争端和冲突将会增多，处理难度将进一步增大；民族矛盾、种族冲突、部族残杀、种族主义排外势力回潮、全球性土著人问题、移民问题、难民问题等不断出现，使世界民族问题发展更加多元化、多样化。这些观点和见解，对于国家外交政策制定和预案考虑，都具有重要意义。

《"中国威胁论"的舆论走向与对策研究》提出"主动设置议题，形成有利于消除'中国威胁论'的舆论氛围，重视文化的对外渗透作用，潜移默化地化解'中国威胁论'"等七条政策思路。以上这些研究课题，在项目设计上都显示出浓厚的创新意识。

三要"高"。就是要有思想高度，有学术境界。要立足于国家发展，着眼于人类文明发展和进步，去思考问题，课题设计一定要有全局性、战略性，要有前瞻性、前沿性。境界要高，立意要高，角度要高，起点要高，层次要高，品位档次要高。应当充分体现面向世界、面向未来、面向现代化的要求。纯粹的学术研究有它自身的意义，特别是对文化建设、学科建设有意义，但意义有小大之别，国家课题必然是要求具有重大的意义。

比如，《经济周期和反周期宏观调控问题研究》从稳定粮食生产、提高金融调控水平、经济结构优化升级、防范外部经济冲击、正确处理实体经济与虚拟经济关系等方面提出了一系列反周期的调控思路，为中央决策提供了重要的理论参考和依据，申请人就是站在为保障国家经济健康发展的高度，来设计课题，其研究成果也得到国务院总理的多次肯定性批示。

再如，北师大俞敏先生曾经做过一个国家项目，题目是《汉藏语音同源字谱稿》，这是一个学术性、专业性极强的语言学方面的研究课题。申请者选择了600个汉字同藏语进行语音对比研究，结果得出了汉、藏同宗的结论，说明汉族和藏族在数千年前是一个老祖宗。这不仅具有重大的学术意义，而且具有极其重要的政治意义和现实意义。他的最终研究成果不到3万字，但是其学术意义尤其是政治意义是不言而喻的。后来，美国DNA的科学试验室以最先进的技术手段进行测试，其结果与俞敏先生的结论完全相同。

另如，《中医典籍研究与英译工程》是一项跨学科的系统工程，涉及社会科学领域中的哲学、史学、文学、经济学、法学、翻译学及自然科学领域中的中医药学、西医药学、自然科技史等多个学科。为了充实研究队伍，课题组以中国社科院的学者为主，吸收科技部、中国中医科学院、中国科学院、北京中医药大学、广州中医药大学和全国侨联等机构的十多名专家共同参与。其中，来自中国社科院的成员侧重从社会科学的视角，对中医药进行理论及对策研究；来自科技部的成员侧重从发挥中医药科学价值及使用价值等领域进行研究；来自全国侨联的成员侧重从促进中国原创医学发展角度进行研究。

项目设计具有一定高度，从国家的角度去考虑问题、去论证，那么中标的可能性就大；相反，不考虑这些因素，只考虑学术意义，那么竞争力相对可能就弱一些。

"斯文自任"是中国历代学人的优秀传统，体现着强烈的历史使命感和社会责任感，在新的历史时期，我们应当继续发扬光大，切实树立"国家兴亡，匹夫有责"的国家意识、大局意识和责任意识。

四要"重"。"重"就是要有一定的分量，具有重大学术价值、重大理论意义、重大决策参考价值；或者开辟新领域、提出新理论、构建新体系、建设新学科；课题具有战略意义、普遍意义、典型意义或国家和民族意义。不论是应用研究，还是基础研究，都必须要有分量。比如黄楠森先生主编的《马克思主义哲学史》、苗力田先生主编的《亚里士多德全集》都是填补空白的学术巨著。《亚里士多德全集》是第一个中译本全集，在世界上来说，也是最全面的。《网络信息传播的思想意识形态功能及对策研究》、《收入差距与两极分化问题研究》，这些课题的分量不言而知。山东社会科学院的一位同志申请了一个《中国人口史》的研究项目，花了十几年功夫，梳理、挖掘和发现了大量的历史人口资料，好多都是鲜为人知的新材料、新数据，比如关于魏晋南北朝的人口统计问题、西汉时期的人口统计问题，特别是关于宋代人口统计计男不计女的问题；同时，研究者在此基础上进一步探讨、归纳、提炼和概括了中国古代人口发展的特点和规律，并提出了中国当代人口发展应当采取的新对策。这些都使课题研究本身就具有了很重的学术分量和很重的现实意义，受到中央高层领导的高度关注。北京师范大学白寿彝教授主持的国家项目《中国通史》，其成果重大而厚重，得到中央领导的高度赞扬。这些都是比较典型的例子。

《新形势下加强和改善宏观调控问题研究》的阶段性成果《加大宏观调控力度尽快遏制投资过快增长》、《人民币升值对企业的利弊影响和有关政策建议》、《人民币汇率形成机制改革研究》、《当前房地产领域的突出问题及政策建议》等研究报告，先后五次得到总理的重要批示，为党和政府决策发挥了重要咨询参考作用。这些课题，都显示出自身的分量。

五要"广"。"广"就是学术视野要广，知识面要广。近几年一直在强调跨学科研究，提倡交叉学科研究和边缘学科研究，评审立项，也在这方面做了特别的强调，请专家们在评审的时候，把这方面确有水平的课题推上来，就是强调的"广"字。随着经济发展全球化程度越来越高，文化发展和学术研究也向全球化迈进。广博的知识和广阔的视野，是增强创新、增强竞争力的前提和基础。中西对比、古今对比，吸收国内外优秀的研究成果，都是非常有效的方法。

比如，关于研究"三星堆文化"的课题。其中一个是从考古和历史的角度进行研究的，对"三星堆"出土文物研究、考证很细，功底深厚，论证科学严谨，水平很高，质量很高；另一个是通过对"三星堆"出土文物研究、考证，进一步探讨中国历史、中国文化和中华文明的发展，将"三星堆文化"提高到中华文明起源的高度，放到世界文化、人类文明的层面上进行分析对比研究，提出长江文明和黄河文明多元发展、并行发展的观点，而且和神秘消失的玛雅文化进行对比研究，显得学术视野非常开阔。由于后者将"三星堆文化"放到整个世界文化的层面上去审视去研究，显然要优于只研究"三星堆文化"本身。

《工业反哺农业的理论与实践研究》其中的《国内外财政支农政

策的做法、经验与启示》在概述国外财政支农关注的重点、财政支农措施的类型及特点的基础上，重点分析了欧盟、美国、韩国和巴西等四个国家的财政支农情况，总结了这些国家的做法和经验，提出了对加强和完善我国财政支农政策的若干启示，不仅视野开阔，而且提高了科学性和说服力。

六要"深"。"深"就是有深度，思考深，挖掘深，深刻、厚重，有前瞻性、前沿性，应用研究要上升到理论层面，基础研究要探讨规律、总结规律、触及规律，研究视野要上升到哲学、文化的层面。只研究问题本身，意义是有的，但不会是最佳、最高、最大。北京大学人口研究中心承担的《老年健康与社会发展》项目，研究者不局限于研究老年人的保健、提高老年人的生存生活质量，而是通过大量调查得来的科学数据，研究我国目前 1.2 亿老年人的状况及对国家经济建设和社会发展的多方面影响，同时预测 2010 年以及此后一段时期，中国老年人的状况，由此提出了一系列的建议和对策，从而为国家今后制定相关的政策提供了具有重大参考价值的成果，显示出思考的深刻性。

再如，上面曾提到过的案例，既 1962 年，美国杰出生物学家雷切尔·卡森出版了《寂静的春天》，作者通过描述使用农药给人类带来危害的严峻现实，预见了可能出现的生态危机。随后世界上开始制定水法、空气法，也逐渐有了环境保护组织。1972 年，英国经济学家巴巴拉·沃德在瑞典首都斯德哥尔摩第一次人类环境大会上，作了题为《我们只有一个地球》的报告，作者以经济学家的敏锐，在深入研究经济发展过程中生态环境造成巨大破坏的基础上，写成了这个研究报告，提醒世人不能只顾局部的经济发展而破坏了我们的地球。1987 年，挪威前首相布伦特兰夫人在研究报告《我们共同的未来》里，率先提出"可持续发展"的概念，提出既要满足当代人的各项需要，又要保护生态环境，不对后代人的生存和发展构成危害的主张。以上三篇关注人类社会如何健康发展的社会科学文献，都具有划时代的意义，它改变了人类的思维方式，也改变着历史。而共同的特点就是都有独特的视角，都有深入的思考，都有前瞻的眼光和博大的胸怀。

以上谈到的六点，都是相辅相成的，应该全面把握。当然，国家课题要面向世界、面向未来、面向现代化，讲针对性、现实性，这些因素都要把握住。总之，科学论证必须实事求是，要讲科学，要反映研究实力，要体现学术水平。

国家社会科学研究项目论证的准确表达

准确表达主要是指填写项目申请书的活页论证。古人讲"德、学、才、识、胆"，准确表达更多地体现"才"。这实际上是一个内容表达和表现形式的技术性处理问题。但是很重要、很关键，活页论证是决定初评入围的唯一依据，处理不好，将会被淘汰，所以不能轻视、不能小视，更不能忽视。

上面讲的科学论证只是原则性的，这个论证的活页填写则是非常具体实在的。要规范填写，首先要了解设计、设置的初衷，知道为什么要设置这些栏目，因为专家评审也按这个标准评审。论证一共分为三项内容。

第一项内容是选题。要求填写目前该课题国内外研究的现状、述评和选题意义。其实这一项最重要的是"述、评"两个字。申请人应该在浏览阅读大量资料、进行认真梳理的前提下，高度地概括、提炼、升华，用自己的语言表达出来，应该是一段字字斟酌、句句推敲、非常有分量的学术综述。这主要考察申请者对这个问题了解得全面不全面，把握得准确不准确，同时也是考察申请者的表达概括能力。这里的每一个字都应该认真琢磨，不能轻易下笔，尤其是"评"，反映和代表申请人的学术水平，专家研究到这种状态，得出了这种结论，不是简单的评述一个是、对、错，而应该非常公允、非常中肯地指出来目前这种研究程度达到了一个什么水平。然后在这个前提下点出这个选题的意义来，或者是一种补白，或者是有突破、有推进，或者是纠正了前人的错误认识，错误结论，顺笔带出。有人提出课题的意义和后面的价值重复，其实不然。因为角度不同。以往许多被淘汰者，填写这项内容时，往往罗列一些专著、文章目录，这就不符合要求。

第二项是内容。这是整个活页论证中最重要的核心和重心。课题研究的主要内容、基本思路和方法、主要观点和创新处，都应该在这一部分里表达出来，从而说服和打动评审专家，让专家觉得这个课题确实有意义、有新意。申请人应该在这一部分上用力气、用心思、用笔墨。内容方面包括两个小层次。一个是主要的研究思路。要把课题研究的内容和问题，从哪几个方面去研究，告诉评审专家。言简意赅，不能说废话，不能说虚话。以往许多申请人罗列了自己专著的章节、目录，既浪费了篇幅，又没抓到重点，没法考察语言驾驭能力、学术表达能力。规范的写法还是用自己的语言，准确地表达你的研究思路，准确地罗列出你的重要观点来。主要观点要眉目清晰，理出个一、二、三来。2001 年的活页加了一个小括号，本来是提示申请人在行文中写出切入点、研究方法、研究途径和研究目的。结果很多申请书都是单列了四段，实际上 90% 的文字都是废话。研究方法概括起来充其量不过六七种，不外乎实证、推理、历史、逻辑之类，没有多少话要说，单写一段，就浪费笔墨了。

第三项是前期研究成果和主要参考文献。前期成果的设置，主要是看申请人有没有先期研究的基础，能否按时完成研究任务。因为"六五"、"七五"、"八五"、"九五"期间，国家项目的按时结项率很低。究其原因，主要是拿到项目后，才开始启动研究，研究过程拉长了。而社会科学研究又有不可违背的自身规律，强制在规定的时间内完成并结题是不科学的，也不会拿出好成果，所以采取了这个措施，先有前期研究成果，再来申请项目，研究周期相对缩短。在设计论证差不多的情况下，有先期研究成果自然有优先权。这一栏的新变化，就是要求必须填写申请者本人的前期研究成果，而不允许填课题组成员的成果。数量限制在十项内，没有这么多，可以少填，实事求是。

"参考文献"栏目的设置，主要目的是考察申请者的学术眼光和信息掌握情况，看看列出的参考文献，是否具有权威性、前沿性和代表性。同时，也是考察学术规范和治学态度，而不是一个简单的表现形式问题，千万不能轻视、忽视。以往许多申请者随便填几本书名或几篇文章目录，敷衍了事，结果前面花了大量的心血和工夫，在这个环节上被淘汰了。比如，一位申请者将《四库全书》列在参考文献中，大家知道，《四库全书》是中国古代历史上规模最大的丛书，包括经、史、子、集 3500 多种著作，将其作为参考文献显然没有针对性，不科学，也不严谨，反映出态度不认真，结果导致在大组讨论的过程中被淘汰。又有一位申请者所列参考文献是截取了一本著作的参考书目，十本书，连序号都一样，这就是不负责任，实际上也误了自己。所以一定要仔细斟酌。有人问网上的材料，能不能列入参考文献？这就涉及前沿性的问题，答复是肯定的，但有个前提，必须具有权威性、前沿性和代表性。比如说关于"玛雅文化"，网上有一篇文章，作者通过考证和分析，认为玛雅文化同我国古代的殷文化有密切关系，这起码是一家之言，属前沿性成果，当然可以列入参考文献。所以参考书目要斟酌，要反映学术眼光和学术水平。

总之，社会科学研究必须关注社会现实，立足长远发展。要把理论知识与实践结合起来，与现实需要结合起来，同时在现实实践中创新发展和继续丰富社会科学理论。国家设立社会科学基金，资助社会科学研究，就是为了满足国家发展的需要，我们必须牢固树立国家意识，在研究中充分体现国家观念。

社会科学繁荣发展的历史机遇

继 2001 年 7 月 1 日在中国共产党成立八十周年纪念大会上，江泽民同志科学、系统、全面、深入地阐述了"三个代表"重要思想之后，又分别于 2001 年 8 月 7 日在北戴河亲切会见部分国防科技和社会科学专家并与他们座谈时发表重要讲话、于 2002 年 4 月 28 日考察中国人民大学时发表重要讲话、7 月 16 日考察中国社会科学院时发表重要讲话。以上三次讲话虽然因受众对象不同而切入角度有别，却有一个共同的核心和突出的特点，即主要内容都是紧紧围绕社会科学，突出强调重视社会科学和发展社会科学。

2001 年 8 月 7 日讲话从国家发展与人才战略的高度，充分肯定社会科学工作者为两个文明建设、为党和政府决策作出积极贡献，同时指出"加强哲学社会科学研究，对党和人民事业的发展极为重要"，"哲学社会科学的研究能力和成果，也是综合国力的重要组成部分"，进而提出了社会科学与自然科学"四个同样重要"，意在扭转和改变长期以来形成的重理轻文倾向，扭转和改变人们重视自然科学、忽视社会科学的偏颇，重在改变观念。

2002 年 4 月 28 日讲话不仅特别强调了"四个同样重要"、"关键在于落实"，而且进一步提出了"五个高度重视"，要求各级党委和政府以及全社会共同努力，大力促进我国哲学社会科学事业的发展繁荣，同时对社会科学工作者提出"五点希望"，重在营造环境。

2002 年 7 月 16 日讲话从建设有中国特色社会主义的角度，提出"两个不可替代"（哲学社会科学具有不可替代的重要作用，哲学社会科学工作者是一支不可替代的重要力量），要求"三个加强"（理论研究和理论创新、各学科的研究、先进手段的运用），发挥"四个作用"和"五种职能"，并对加强哲学社会科学建设提出了五点要求。

学习这三次讲话，笔者有如下几点体会：

一、这三次讲话，既各自独立又互为一体，侧重点和切入点各有不同，而核心都是重视社会科学、发展社会科学。从"同样重要"到"高度重视"再到"不可替代"，程度越来越深入，内容越来越具体。

二、这三次讲话既是"三个代表"思想的重要组成部分，是"三个代表"重要思想的深化和细化，又是实践"三个代表"重要思想的要求和体现，是实践"三个代表"重要思想的重大措施和具体内容。

三、这三次讲话表明了中央推动社会科学发展的决心和信心，为社会科学的发展指明了方向，提出了要求，树立了目标，为社会科学工作者打足了气，鼓足了劲，振奋人心、鼓舞人心，为社会科学的发展营造了良好的社会氛围，创造了空前的机遇。

四、贯彻落实三次讲话，一方面要认真学习、深刻领会、广泛宣传，一方面要扎扎实实地工作，少说大话，多做实事，思考问题，研究问题，在各自的岗位上发挥作用，发挥效力。

五、重视社会科学、发展社会科学是经济发展、社会进步、文明提高的重要标志，是历史变革和发展文明的必然要求。

六、三次讲话一是都从国家发展与人类文明的高度谈社会科学的地位和作用；二是都强调要始终坚持以马列主义、毛泽东思想、邓小平理论为指导，坚持科学的世界观和方法论；三是都强调理论联系实际，立足国情，面向世界，注重研究全局性、前瞻性、战略性的重大课题；四是都强调促进理论创新；五是都强调中央和各级党委的领导。

党和国家最高领导人在不到一年时间内，连续三次围绕发展社会科学发表长篇重要讲话，这在新中国成立后的历史上极为罕见。这一现象一方面说明党和国家对社会科学的重视提到空前高度，一方面说明我国社会科学发展尚不尽如人意，而目前正面临大发展、大繁荣的绝好机遇。

关于繁荣哲学社会科学的几个问题

哲学社会科学与文化发展繁荣密切关联，相辅相成。哲学社会科学是文化核心层面的基本内容而又引领文化的发展繁荣；文化是哲学社会科学的研究对象同时又是哲学社会科学发展的动力源泉。加强哲学社会科学研究，以科学、务实、管用、有效的优秀成果为文化发展繁荣提供思想保证与理论支撑，这是深入实践科学发展观，推动社会主义文化大发展大繁荣的必然要求，也是哲学社会科学工作者义不容辞的历史责任。

哲学社会科学的繁荣是文化发展的重要表现。改革开放特别是中共十六大以来，党中央高度重视哲学社会科学事业，强调一定要把繁荣发展哲学社会科学作为一项重大而紧迫的战略任务切实抓紧抓好。中央一方面采取有力措施，制定政策，积极引导，并大幅度增加财政投入，一方面充分发挥哲学社会科学的引导作用，推进国家经济、政治、文化、社会全面协调可持续发展，推进生态文明建设和党的建设。继中共十六届三中全会提出"建设哲学社会科学理论创新体系"、中央颁布新中国成立以来第一个《关于进一步繁荣发展哲学社会科学的意见》之后，十七大又明确提出了"繁荣发展哲学社会科学，推进学科体系、学术观点、科研方法创新，鼓励哲学社会科学界为党和人民事业发挥思想库作用，推动我国哲学社会科学优秀成果和优秀人才走向世界"的新要求新任务。这既为哲学社会科学的发展指明了努力方向，又为哲学社会科学推动文化繁荣提供了历史机遇。

哲学社会科学推动文化发展繁荣，要坚定地以马克思主义为指导，深入贯彻和充分体现科学发展观，立足于时代发展和国家建设实际，围绕大局、明确目标，理清思路、把握方向，以自身繁荣促进文化发展。首先，要创新学科体系。学科体系是学术创造发展和民族文化积累的结晶，是开放、变化、动态的知识系统，体现着一个国家的文化建设水平。创新学科体系就是要根据时代发展要求和文化发展实际，开辟新领域、反映新进展、完善新体系。为此，应着力做好三件事。一是遵循巩固发展传统学科、大力扶持新兴学科、鼓励开辟边缘学科的原则，根据文化发展和学科发展实际，实施有效引导，及时调整、补充和完善学科各层面的科目设置，不断提高学科体系的科学化、系统化、合理化水平。二是重点建设一批强化原创能力、推动理论发展的基础学科，一批具有强大对策研究能力、有效引导经济社会健康发展的应用学科，一批立足学术前沿、注重前瞻研究的新兴学科和交叉学科。三是推进哲学社会科学与自然科学、哲学社会科学不同学科之间的交叉渗透，逐步形成特色鲜明、结构合理、科学系统的学科体系。

其次，要创新学术观点。学术观点是深入思考和科学分析的结论性认识，也是特定时代、社会环境、文化基础、思维方式、价值取向、学术实力和研究深度的综合反映。观点创新需要新视野新角度、新思想和新高度，也需要新的材料和新的表述，创新成果将会在不同层面上直接反映学科体系建设的新水平，也直接产生社会效益和文化效应。因此，创新学术观点研究者须"德、学、才、识、胆"兼备，具有良好的思想素质和深厚的学术积累。具体来说，一是要有强烈的社会责任心和历史使命感，深切关注社会现实、时代发展与学术前沿，深刻思考国家发展、社会和谐与人类文明，深入研究全局性、战略性、前瞻性的重大理论和重大现实问题。二是既要敢于创新又要科学严谨，既要注重事实、思路与对策，又要讲究义理、考据与辞章，求真务实，探讨规律。三是要深厚学养、开阔心胸，善于借鉴、精于发明，还要强化问题意识、国家观念、世界视野和前瞻眼光。

第三，要创新科研方法。科研方法是开展有效研究、实现设计目标的重要手段，直接关系学术研究的效率、质量和水平，关系优良学风的培育和弘扬，关系研究成果的科学性和可信性。科研方法既是经验的总结又是智慧的创造，方法科学，事半功倍。方法创新是观点创新和体系创新的关键环节，是提高学术力、实现新突破的重要条件。创新科研方法，一要坚持历史唯物主义和辩证唯物主义、坚持理论密切联系实际，根据具体研究内容敢于创造和科学设计既适用又高效的技术路线。二要开阔学术视野，善于在弘扬本学科传统研究模式的基础上，借鉴和吸收其他学科以及国外一些被实践证明了的科学、有益、管用的研究模式。三要充分运用先进的信息技术和现代化手段，积极探索和勇于创造新方法新模式，将科学研究与提高全民族文化素质和全社会文明程度紧密结合起来。

总之，创新是国家经济社会科学发展的关键，更是提升国家学术力、文化力和影响力的有效手段。哲学社会科学只有创新学科体系、学术观点和科研方法，才能为推动文化发展繁荣作出更大贡献。

哲学社会科学研究还应充分发挥思想库和智能库作用。要紧紧围绕推动社会主义文化大发展大繁荣，创造性地继承中华学人"以天下为己任"、"入世淑世"、"经世治世"的优良传统，善于从历史和现实的信息中捕捉富有重大思想意义与重大学术价值的课题，善于从人类文明发展的高度选择重大理论问题与重大现实问题展开深入研究。要立足于我国社会主义初级阶段和改革开放关键时期的现实，立足于实现十七大提出的新任务新要求，深入研究当今世界特点和未来发展趋势，深入研究国家发展和民族振兴的重大问题，出思想、出思路、出对策，为党和国家科学决策提供理论依据，为开创中国特色社会主义事业新局面提供智力支持。当前，特别要深入研究和深刻阐释中共十七大提出的重大战略思想、重大理论观点和重大工作部署，以及一系列新概念、新概括和新论断，不断丰富和发展马克思主义中国化的最新理论成果。要紧紧围绕实现十七大提出的新目标、新任务与新要求，深入研究事关中国特色社会主义事业发展全局的重大理论与重大实际问题，深入研究中国特色社会主义道路和中国特色社会主义理论体系，深入研究科学发展观以及社会主义核心价值体系建设等重大问题，提出符合马克思主义的有思想高度的学术观点、有学术深度的思想见解，提出科学管用、及时有效、切实可行的对策思路。要注重基础理论研究与应用对策研究相结合，尤其是应用对策研究要体现深厚扎实的理论功底，既突出原创性、科学性和针对性，又突出全局性、战略性和前瞻性。

哲学社会科学优秀成果和优秀人才走向世界也是推动文化发展繁荣的应有之义。伴随 21 世纪经济全球一体化和文化信息网络化进程，全世界两千多个民族、数百个国家的文化相互交流、相互融合，尽管社会制度、价值取向各有不同，而促进人类文明发展的优秀文化成果则为大家所共享。中华民族为人类文明发展作出过杰出贡献，先秦经典《周易》、《道德经》、《论语》、《孙子兵法》等至今享誉海外，鉴真东渡、玄奘西行、郑和南下的故事也广为传播，近代以来的文化大师如鲁迅、郭沫若、钱锺书等也都以厚重的文化成果赢得世界尊重。加强与世界各国的文化交流，让世界人民深入了解中国，增进学术友谊、提升研究水平，这既是增强文化影响力、树立国家文化形象的有效方法，也是适应目前我国国际地位迅速提升与积极推动构建和谐世界的必然要求。让优秀成果和优秀人才走向世界，一是应加强学术交流、成果交流和人才交流，采取各种切实可行的有效措施，创造条件，出台政策，畅通渠道，形成机制。二是可推荐和选拔思想素质高、学术造诣深的专家出国讲学、考察、访问，以多种形式开展学术交流，向海外推介我国的优秀学者，提升他们的国际声望，鼓励优秀学者开展国际间的学术合作，锻炼能力、提高水平、扩大影响。三是积极稳妥、适时适度、有计划有针对性地组织高层国际学术论坛，在搭建学术交流平台的同时，创造推介我国优秀人才的机会，增强我国的学术影响力和引导力，发展以我国为主导的国际学术合作，逐步建立国际间学术交流、友好合作的研究机制，树立我国文明古国、文化大国、人才强国的良好形象。四是可组织不同规模的优秀成果新闻发布会、国际高层论坛研讨会等，并充分利用世界各地的孔子文化学院，扩大优秀成果的影响。五是制定切实可行的优秀成果外译推介规划，组织著名学者精心遴选确能代表我国相关学术领域最高研究水平的优秀成果以及传统文化中的经典著作，精心遴选民族特色鲜明、学术思想深厚的高水平研究成果，特别是要精心遴选马克思主义中国化的最新理论成果和反映我国改革开放与社会主义现代化建设基本经验的优秀成果，在充分运用图书出版市场机制运作的同时，组织优秀成果的外译工作，包括与国外汉学家的合作。六是可充分利用现代传媒和高新科技手段，创造新形式，开辟新渠道，形成系列，形成规模，既营造声势又注重效果，让世界及时了解我国优秀的思想文化成果。

加强哲学社会科学研究，国家社会科学基金肩负重要的引导和示范作用。国家社会科学基金自1986年设立以来，在中央直接领导和关怀下，始终坚持正确的政治方向和学术方向，推出了大批优秀成果，也培养了大批优秀人才，为党和政府科学决策、为繁荣发展哲学社会科学和建设社会主义新文化发挥了重要作用。当前，我国正处于发展改革的关键时期，基金工作更要进一步强化国家意识、责任意识和历史意识，以资助项目研究为抓手，继续实施积极引导，把握正确方向，坚持公平公正，科学有效管理，进一步完善出精品、出人才、出效益的科学机制，更加自觉、更加主动地推进社会主义文化大发展大繁荣。

国家社会科学基金项目管理的发展态势

社会科学研究是一项专业性、思想性和学术性很强的工作，特别是那些现实性、针对性、政策性很强的研究成果，直接与国家的发展战略相联系，在推进国家的经济、政治、社会、文化建设等方面发挥着无可替代的重要作用。但目前不少学者在设计研究课题时，或者开展研究的过程中，国家意识不够强，国家观念不突出，缺乏思想高度和研究深度，研究的意义和价值自然大打折扣。这里，简略介绍一下国家社科基金项目的基本情况，供大家设计研究课题、确定研究角度和提升研究层次时参考。

做好任何一件事情，都必须首先了解情况，把握大势和趋势，做到心中有数、胸有成竹。社会科学研究当然不能例外。目前，国家社科基金项目的基本情况可以概括为以下六句话：

第一，中央重视程度越来越高。改革开放特别是中共十六大以来，党中央高度重视哲学社会科学事业，强调一定要把繁荣发展哲学社会科学作为一项重大而紧迫的战略任务切实抓紧抓好。中央一方面采取有力措施，制定政策，积极引导，并大幅度增加财政投入，一方面充分发挥哲学社会科学的引导作用，推进国家经济、政治、文化、社会全面协调可持续发展，推进生态文明建设和党的建设。继中共十六届三中全会提出"建设哲学社会科学理论创新体系"、中央颁布新中国成立以来第一个《关于进一步繁荣发展哲学社会科学的意见》之后，中共十七大又明确提出了"繁荣发展哲学社会科学，推进学科体系、学术观点、科研方法创新，鼓励哲学社会科学界为党和人民事业发挥思想库作用，推动我国哲学社会科学优秀成果和优秀人才走向世界"的新要求新任务。中央高层领导人相关的讲话和批示就更多了，特别是胡锦涛同志在北大校庆时的讲话，反响强烈，目前已经形成了一个良好的社会舆论氛围。

第二，国家资金投入越来越多。2008年经费投入超过了3亿人民币，比前一年增长近三分之一，增长数额接近于"八五"时期5年的投入总量（1986年成立社科基金时为800万元）。2009年投入4亿人民币，2010年投入6亿人民币，2011年投入8亿人民币，2012年投入12亿人民币。

第三，立项数量越来越大。"八五"时期每年不超过400项，"九五"时期每年不超过600项，"十五"时期每年在800项左右，"十一五"时期每年不超过1000项，而2008年仅年度项目就资助1588项。2009年1750项，加上其他类型的项目近2000项。至2012年，全年各类项目资助总数已达4580项。

第四，资助力度越来越强。"八五"、"九五"时期只有一、两万元，目前重大项目资助50万元；重点项目平均资助15万元，最高可达18万元；一般项目平均资助9万元，最高可达12万元。2010年青年项目10万元，一般项目12万元，重点项目20万元，重大项目50—80万元。至2013年，青年项目与年度项目均达18万元，重点项目30万元。

第五，项目管理越来越规范。以多出精品力作、多出优秀人才为目标，过程管理与目标管理相结合，不断向科学化、制度化、程序化和规范化推进。全国哲学社会科学规划办公室重新修订了管理办法，国家、省区市和责任单位三级相互配合，强化服务意识，提高研究质量，倡导科学严谨的学风，效果明显。《成果要报》为党和政府决策提供了重要参考，《成果文库》扩大了基础理论优秀成果的学术影响。当然，过细、过繁，可能会影响研究的正常开展，这是需要注意的。

第六，制度建设越来越完善。总的目标是努力向科学、公平、公正和适时适度公开推进，形成有利于学术研究健康发展的良好机制。如匿名评审制、复评答辩制、专家回避制、单位回避制；会议评审专家聘任制、轮换制；评审原则、评审标准、评审程序、评审纪律规章化；公示评审立项结果，自觉接受社会监督等等。

此外，全国哲学社会科学规划办公室还在继续开拓新形式。除相继实行的年度项目（包括一般、青年、重点项目）、重大招标项目、西部项目、后期资助项目、特别委托项目以外，将增加优秀成果文库项目、政府咨询项目、优秀成果外译项目等；在学科建设方面，增设了管理学科，把管理学独立为一级学科。这些，都为大家提供了新的申请平台和申请机会。

以上介绍的基本情况，主要是让大家认识当前我国社会科学繁荣发展的历史机遇，让大家看到希望，树立信心，增强信心。

（2009 年 12 月 20 日）

社会科学研究者的素质修养

治学无他，唯勤奋、扎实、大气为要。这是社会科学研究者必须具备的基本素质和修养。

勤奋是基础。勤奋就是有坚强的毅力和不怕吃苦的精神，能够坚持不懈，持之以恒，百折不挠；就是既能充分抓紧时间，有效利用时间，又能刻苦钻研，勤于思考，深入思考，善于思考；既能勤于动脑，善于发现问题，又能勤于动笔，及时形成文字。

天道酬勤，勤能补拙。勤奋是事业有成的前提，是人生成功的保证。勤奋能使平常人的能力超常发挥，能使聪明人的劳动收获更多。"书山有路勤为径，学海无涯苦作舟"；"逝者如斯夫，不舍昼夜"。懒惰做不成学问，也做不了学问。读书要勤奋，手不释卷，笔不离手；思考要勤奋，一题在手，冥思苦想；写作更要勤奋，反复斟酌，反复推敲。司马迁写《史记》从准备到成书前后经过20年；李时珍写《本草纲目》，"采访于四方"，跋涉于穷山深谷，足迹遍及大江南北，三易其稿，历27年始成；马克思《资本论》前后历经40载。

扎实是保证，勤奋是扎实的保证。只有勤奋，才能扎实。扎实主要是学问要扎实，学风要扎实，功底要扎实；就是要搞清事实和史实，科学严谨，求真务实，实事求是；文章要言之成理，言之有据，立论扎实，有征必审，无征不信；就是老老实实做人，老老实实治学，不怕坐冷板凳。不明白的字词典实不放过，不清楚的关系线索不马虎。"古今兴盛皆在于实，天下大事必作于细。"治学亦然。司马迁写《史记》，"年十岁则诵古文。二十而南游江、淮，上会稽，探禹穴，窥九疑，浮于沅、湘；北涉汶、泗，讲业齐、鲁之都，观孔子之遗风，乡射邹、峄；厄困鄱、薛、彭城，过梁、楚以归。""西征巴、蜀以南，南略邛、笮、昆明"，不仅阅尽金匮石室之书，而且亲身实地勘察，遍历名山大川；曹雪芹撰写《红楼梦》"于悼红轩中披阅十载，增删五次"。在国外，近代经济学的奠基人亚当·斯密《国富论》写了 25 年；凯恩斯用 5 年时间写完《货币论》，把资本主义从经济危机中解救出来。这些都是十分典型的案例。

大气是关键。大气就是为人要大气，学问要大气，文章要大气；就是心胸开阔，思路开阔，视野开阔，见解深刻，富有创新精神；就是有中国风格、中国气派、中国特色；既要高瞻远瞩，立意高、境界高，又要勇于开拓，敢于攀登，思考大问题，发掘新思想，探讨新规律；既要找好切入点，小题做大，大题做实，又要厚重有分量、有意义。

从《老子》、《论语》、《孟子》、《孙子兵法》到《史记》、《文心雕龙》，直到小说《三国演义》、《红楼梦》，甚至马克思的《资本论》，如果说这些经典名著有共同特点的话，那就是"大气"。王国维《宋元戏曲史》、鲁迅《中国小说史》无不如是。创作要大气，研究更要大气。可以这样说，凡是在世界上有重大影响的著作，没有一部不具备"大气"特点的，只不过表现"大气"的层面或表现的方式有所不同。

大气是以深厚扎实的学术功底做基础、做支撑。

（2005 年 9 月 27 日）

社会科学研究的"效用性"规律

辩证唯物主义者认为，世界上的一切事物都有其自身发展的规律性。人们只要认识和掌握了这些规律，就能运用这些规律服务于实践，提高效率和效益。当然，认识事物自身发展的规律，需要一个艰苦探索和不断认识的过程。

正如世界上所有的事物一样，社会科学研究也有自身的发展规律。探索、认识和掌握这种规律，需要社会科学界的共同努力。

社会科学研究的"效用性"，是其自身规律的重要表现之一。"效用"就是有用处，有价值，有意义。从古至今，人类的一切自觉行为，都有其目的性。这就是人类自觉活动的"效用"原则。人们付出的劳动要有成效、有效果，要有作用、有表现，要实现或达到行动设计的要求和目标。讲效用、讲效益，成为人类一切自觉活动的共同规律，成为人们做事的核心和基础。任何人都不愿意付出无效劳动或做无用功。

社会科学研究是人类高层次的智力劳动，更不会违背这一自然规律，同样需要遵循"效用"原则，必然也要讲"有用"，讲"效用"，讲"实效"，否则就是浪费时间和精力，浪费宝贵的人力资源。

"效用"不同于"实用"，但有"实用"的因素。社会科学研究特别是学术研究主要是理论方面的研究，或者说是以探讨理论为主，是以探索未知、发现规律、创新理论为主，其目的是指导实践，促进文化的建设和健康发展，促进经济社会的积极健康发展，推动社会的进步和文明的发展。如果研究的成果不符合这样的目的要求，那么，研究也就失去了意义。

"效用"就要有明确的目的和目标，就要对选题的研究意义、研究价值有基本准确的把握和整体性的评估。减少盲目性，防止无效劳动，避免低水平重复。

"用"有不同的层面，不同的角度，不同的效果。社会科学研究大体分为两大类，一是基础研究，属于学科建设方面的成分比较多；二是应用研究，实践层面和操作层面的因素比较多。

实现社会科学的"效用"目标，一般必须具备两个前提：一是要科学。科学研究首先要科学。研究的题目必须有意义、有价值，值得研究、需要研究，要将重大现实问题或重大理论问题作为考虑和选择的主要范围、主要方向、主要目标，关注社会、关切民生，立足现实、着眼长远。既要符合实际需要，又要符合事理逻辑。二是要严谨。题目、论点、论据都要立得住、站得牢，打不烂，驳不倒。逻辑严，材料硬，有出处、有根据。必须要有很强的说服力，有很强的逻辑性，思考周密，表达到位，不留遗憾，不失分寸。

实现社会科学研究的"效用"性，还必须坚持三个原则：一是研究方向正确。其中包括政治方向正确，体现国家观念和大局意识，体现民族特色、民族精神和主流意识；学术方向正确，要体现历史性、前沿性、前瞻性和规律性。二是研究方法正确。方法科学，事半功倍。三是观点正确，结论科学。

（2005 年 10 月 25 日）

中 篇

管理与实践

国家社会科学首次全面调研的智慧结晶

——《哲学社会科学各学科研究状况与发展趋势》简评①

全国哲学社会科学规划办公室编纂的《哲学社会科学各学科研究状况与发展趋势》（以下简称《趋势》）一书已经由学习出版社梓行面世。这部由全国上百位知名专家学者在广泛调查、深入研究的基础上精心结撰的巨著，不仅对广大哲学社会科学工作者开阔视野、启迪思路、全面了解和掌握关注学科的研究状况与发展趋势，选择确定具体研究方向与研究课题，会提供快速简捷而有效的参考与便利，而且将在我国两个文明建设的进程中发挥积极效用。今新书在手，展册而墨香袭人，合帙则装帧精美，快读之余多遐思，此就所见，粗作胪述。

立足于实际，服务于大局，放眼于未来，这是该书的重要特色之一。《趋势》的酝酿策划、指导思想、产生过程和具体内容都充分说明了这一突出特点。一是该书酝酿于国家哲学社会科学"九五"规划的制订和实际工作的需要。党的十四届五中全会与八届全国人大四次会议提出制订国民经济和社会发展"九五"规划及 2010 年远景规

---

① 本文发表在《人民日报》1997 年 7 月 16 日第 5 版，刊发时文字有删节，现恢复原稿。

划目标后，全国哲学社会科学规划办公室策划组织了哲学社会科学各学科研究状况与发展趋势的全面调查，并于 1994 年 10 月开始组织实施。这次规模空前的调查，是社会科学界的一件大事，也是新中国成立以来的第一次。其直接目的是为编制国家哲学社会科学"九五"研究规划打基础、做准备，提供科学依据，以增强规划的科学性和针对性，而《趋势》就是这次调查研究报告的汇编。

二是该书以当代中国社会主义改革开放和现代化建设实际问题为中心，着眼于马克思主义的运用，着眼于新的实践和新的发展。由全国哲学社会科学规划领导小组研究批准的调查方案明确规定：调查要以马克思列宁主义、毛泽东思想和邓小平建设有中国特色社会主义理论为指导，坚持党的基本路线，贯彻理论联系实际的方针，力求准确把握建设有中国特色社会主义实践提出的重大理论问题和重大实际问题，着重反映哲学社会科学研究为建设有中国特色社会主义、为国家经济发展和社会全面进步服务所取得的成绩，以及进一步发展哲学社会科学所必须解决的问题。这些指导思想全部反映在《趋势》中，使该书呈现出鲜明的政治意识、大局意识、战略意识和前瞻意识。

三是该书以研究状况与发展趋势为基本内容，前者是现实的总结，后者是方向的把握，二者都是为促进哲学社会科学研究的发展与繁荣，以便更好地服务于建设有中国特色社会主义现代化事业的大局。如《马克思主义·科学社会主义》学科回顾了毛泽东思想研究全方位深入开展并在 19 个方面取得重大理论成果之后，指出今后将在执政党的思想建设等 7 个方面展开深层研究，以促进现实问题的解决；《应用经济学》的二级学科商业经济学在回顾了党的十一届三中全会以来取得的 8 大进展后，指出今后将重在探讨市场经济条件下商业发展的规律，为我国商业实践提供理论指导。《政治学》关于政治体制改革、政治稳定与政治发展、党风及廉政问题的总结、分析，也都十分典型。

内容广博深厚，资料丰富翔实，既全面系统又重点突出，这是该书的又一重要特色。这主要体现在三个方面：

其一，规模大，涵盖广。全书将《哲学》、《政治学》、《社会学》、《法学》等 23 个一级学科的调查研究总报告汇为一帙（共计73.4 万字），囊括了我国目前哲学社会科学研究的所有学科，而在每个一级学科中，又包含了众多的二级、三级学科，如《应用经济学》有 24 个二级学科，《中国文学》、《艺术学》也都有十几个分支学科。这些不同层次的学科形成了该书庞大的内容体系网络，涵纳丰富而覆盖甚广。

其二，大视角，多层次，系统全面。从历史发展的纵向角度和世界范围内的横向角度，多侧面地审视学科发展和把握未来趋势，是各学科普遍使用的方法。《考古学》从中国在世界文明史上的地位起笔，回顾本学科发展的历史并从十个方面总结了取得的成就；《民族问题研究》则由远古到近代，追溯学科的产生、形成与发展，并分别总结了民族史 6 个分支学科的研究状况；《宗教学》从世界三大宗教的传播谈到"宗教研究我国古已有之"，继而介绍了该学科的发展与 7 个分支学科的研究成就，都堪为典型。研究报告还注意了本学科同相关学科、边缘交叉学科乃至自然科学之间的联系与区别，注意了介绍、比较、分析本学科在国际学术界的研究态势。如《经济理论》学科的分支比较经济学，即是以 19 世纪初叶在国外的滥觞到当代的发展状况为对比；《统计学》也是以国外统计学发展情况为参照，把握本学科今后的研究方向。所有这些，都充分显示了开阔的视野和很强的系统性特点。

其三，密集的信息与丰富的资料。调查获得的大量信息和极为丰富的资料，使每个学科都足以形成一部厚厚的专著。但是，收入这本书的总报告，每个学科限制在 3 万字左右，于是只能在高度归纳概括、压缩提炼的过程中，取精用宏，突出重点，在有限的文字中存贮了大量的信息和珍贵的资料，诸如学科建设始末、重要研究成果、热点问题中的不同观点与流派等等。至于《马克思主义·科学社会主义》学科关于毛泽东思想和邓小平理论研究、关于科学社会主义等方面研究情况的绎理；《法学》学科为读者展示的各分支学科的主要成果；《教育学》大量的珍贵资料；等等。这不但极大地提高了本书的参考价值和实用性，而且也增强了该书的文献性与保存价值。

集现实状况与科学预测于一体，熔知识传播与学术研究于一炉，力求客观、准确、严谨和科学，这是该书的第三个重要特征。

全面总结我国哲学社会科学研究状况并预测未来的发展趋势，是本书的主要任务。这种内容的规定性，使该书具备了知识传播与学术研究的双重功能，呈现出很强的实用性。一方面，可以使读者开拓视野，从宏观的角度较为系统地了解和掌握关注学科乃至整个哲学社会科学研究的状况，并在接受大量信息的同时，实现知识的更新、积累和优化；另一面，又可以为社科研究者把握方向和选择课题提供直接的参考，省去许多翻检、绎理之劳。《党史·党建》对本学科性质、任务、作用的介绍；《中国历史》关于文明起源时间、地域的绎述；《新闻学》概念的阐释与区分等；都很有代表性。另外，在形成文字的过程中，认真严肃地反复核实、修改、推敲、锤炼，无疑又大大加强了内容的严谨性和科学性。有些学科甚至专门组织专家会议进行逐字逐句推敲（如世界历史学科），部分思想性、敏感性较强的内容，付梓前还进行了严格的把关和慎重的处理，从而保证了该书的质量。毋庸讳言，由于该书成于众手，且各学科情况多有不同，故结构体例、内容安排、文字繁简等存在差异，个别交叉学科性质的研究内容不无重复之嫌，把握不准或疏漏之处，也在所难免。

众所周知，哲学社会科学对社会发展和人类文明都具有强大影响力。江泽民总书记指出："社会科学研究的方向正确与否，社会科学发展状况如何，对人们的思想意识和社会的道德风尚，对经济建设，对社会稳定和发展，都会产生巨大而深刻的影响。"党的十四届六中全会《决议》明确提出："哲学社会科学必须坚持以马克思列宁主义、毛泽东思想和邓小平建设有中国特色社会主义理论为指导，坚持理论联系实际，为党和政府决策服务，为两个文明建设服务。"毫无疑问，《哲学社会科学各学科研究状况与发展趋势》这本非同寻常的著作，必将在我国社会科学界、在两个文明建设过程中产生积极影响，发挥重要作用。

（1997 年 6 月）

关于做好国家社科研究规划
工作的思考与建议

　　社会科学的发展直接关系国家兴衰与人类文明。中共十四届六中全会《决议》提出"认真做好哲学社会科学研究的规划工作"。江泽民同志在党的十五大报告中进一步指出："积极发展哲学社会科学，这对于坚持马克思主义在我国意识形态领域的指导地位，对于探索有中国特色社会主义的发展规律，增强我们认识世界、改造世界的能力，有着重要意义。"说明中央对此十分重视。目前，我国的社科研究规划工作在中央的直接领导和关怀下，已经有了较大发展，国家社科规划办、各省（区、市）规划办和在京委托管理单位共同构成了一个组织网络以开展工作，并取得了可喜的成绩。但在改革开放和社会主义市场经济的新条件下，如何高举邓小平理论的伟大旗帜，进一步拓展工作，开创新局面，更上一层楼，则是一个需要认真思考的问题。这里笔者谈谈个人的思考，包括三点认识、三点想法和九点建议。

一、三点认识

　　从事任何工作，都须明确意义和目标，掌握中心和重点，这样工作才会有劲头、有奔头、有干头，才会出质量、出效率、出效益。国家社科规划也不例外。所以，在此首先简略地谈点个人的理解与认识，作为建议的前提和基础。

（一）社会科学是立国治国之本：充分认识社科规划的重要性

如上所言，社会科学事关国家的兴衰存亡。任何社会制度、任何国家都有其存在的社会科学基础。一本《共产党宣言》改变了人类发展的面貌和格局；"实践是检验真理的唯一标准"的理论，成为中国走向快速发展的新起点；戈尔巴乔夫的"新思维"则导致了一个强大社会主义国家苏联的解体。中国历史上，秦用法家、汉尊儒术、唐好佛老、宋尚理学，明清两朝，博采诸家，兼取并用，可见历代安邦定国的大政方针，都有深厚的社会科学基础。近代以来，孙中山、毛泽东、邓小平三位伟人，也都是以深邃的哲思指导革命实践，使中国发生了深刻而巨大的变化。中共十一届三中全会提出"坚持四项基本原则"，十四届六中全会专门制定建设社会主义精神文明的方针和政策，十五大提出高举邓小平理论伟大旗帜和社会主义初级阶段理论，并且把建设有中国特色社会主义的文化作为三大基本纲领之一，而党和国家的高层领导人也反复强调"积极发展哲学社会科学"、"繁荣学术和文化"，所有这些都充分反映了中央对社会科学的高度重视，说明中央也是把社会科学作为立国治国的根本。

（二）确保两个"服务"，确保健康发展：社科规划责任重大

中共中央十四届六中全会《决议》指出："哲学社会科学必须坚持以马克思列宁主义、毛泽东思想和邓小平建设有中国特色社会主义理论为指导，坚持理论联系实际，为党和政府决策服务，为两个文明

建设服务。"同时要求认真做好社会科学研究的规划工作，保证社会科学研究沿着正确的方向发展。

贯彻落实中央和国家关于做好社科规划工作的指示精神，充分利用和发挥我国社会主义制度的优越性，对哲学社会科学的研究与发展实施统一规划与科学管理，协助国家在政策、环境、经费诸方面提供有力的支持与保障，使社科研究沿着正确方向健康发展，更好地实现为党和政府的科学决策服务、为两个文明建设服务的目标，是社科规划的重要职责。可以说，社科规划工作直接关系着我国社会科学的繁荣和发展，关系着建设有中国特色社会主义、建设两个文明的速度与进程。做好社科规划工作，出思想、出成果、出精品、出效益、出人才，为党和国家决策提供智力支持和科学依据，为促进社会科学繁荣发展、推动社会进步与人类文明做贡献，责任重大，意义深远。

作为全国哲学社会科学规划办公室，做好社科规划工作是分内的职责。规划办自 1991 年成立以来，在党中央的领导、支持和关怀下，在中宣部领导的直接策划、指导和大力扶持下，经过社科界专家学者和规划办全体同志的共同努力，现在已经取得了显著成绩，有了较好的基础。目前，在不断发展的新形势下，如何进一步做好工作，开创社科规划工作的新局面，需要冷静思考，深入探索。中宣部领导在百忙中挤出时间，与大家一起研讨今后的工作，让大家谈经验、找问题、出思路、提建议，发扬民主，集思广益，这对今后国家社科规划工作更上一层楼，十分重要。

（三）抓质量、出精品：社科规划工作的轴心

如上所言，国家社科规划工作在党中央的领导、支持和关怀下，由于中宣部领导的直接指导、策划和扶植，经过社科界专家学者和规划战线全体同志的共同努力，现已取得一定成绩，也积累了一些经验与教训。目前，在改革开放和市场经济条件下，如何高举邓小平理论

的伟大旗帜，使社科规划实现高效率、高质量、高效益，这是一个需要迫切解决的问题。

社科规划目的的实现，主要是以成果积极影响社会，从而产生精神或物质效益。成果质量的高低决定影响和效益的大小。因此，提高成果质量、多出精品应该成为规划工作的中心和重心，精品数量和社会效应是衡量规划工作成效的刚性指标。全国哲学社会科学规划领导小组秘书长、中共中央宣传部副部长白克明同志在1998年4月召开的全国项目管理工作会议上提出"抓导向、抓质量、抓宣传"，可以说是深中肯綮。目前，改革开放和市场经济的新形势，对社科研究提出了更高的要求，国家规划课题应出更多的精品。社科规划应为此创造条件，作出努力。

二、三点想法

（一）选好题：制定高水平、高品位的课题指南

好题目才可能出好文章。课题指南是项目申报的重要依据，对课题立项具有导向作用，也是课题产生的基础。因此，认真规划课题指南是保证多出优秀成果的第一步。

目前课题指南的制定，一般是先通过信函向各学科评审组负责人或各地规划办征集，然后予以修订。这种做法的好处是专家熟悉本学科的研究情况，拟题有一定的连续性，也体现了依靠专家的原则。但是这种方式，信息渠道比较单一，缺乏集思广益、充分酝酿的过程，不能发挥学科互补的优势，也难以形成较多的高品位课题。

为提高课题指南的整体质量，可以考虑采取三条措施：一是广泛开辟课题信息征集渠道。诸如向政府决策部门征询、了解当前亟须研

究的重大问题，还可以请有关领导点题；向各大社科科研机构征询、了解其课题立项及研究情况，从中挑选有重要价值的课题纳入指南拟立范围；基础理论研究可多征询学术界意见；有条件地征集和接受国内各大企业集团需要研究的课题；有选择、有条件地征集和接受境外的委托研究课题。二是建立课题规划审议制。召集由多学科专家参加的联合议题会，特别注意邀请那些权威专家、参与国家重大决策的专家以及从事跨学科研究、边缘学科研究的专家讨论拟定课题指南，力求体现出国家级研究课题大视野、多方位、高层次的特点。三是加强各学科国际、国内科研动态的调研和发展趋势的预测，及时掌握各学科研究的热点、难点、焦点问题或研究空白，增强课题指南的针对性和前瞻性。

（二）立好项：形成更为科学、公正、有效的立项机制

课题立项是规划工作最关键的环节。现在全国每年有四五千个申报项目，能否从众多申报项目中遴选出实力雄厚的高质量课题，是多出优秀成果的关键，也是体现规划权威性、公正性从而建立较高社会声誉的主要途径之一。

目前的立项原则是自由申报、公平竞争，评审还采取了匿名措施。但立项机制仍需继续提高科学性、公平性、公正性和严谨性。诸如评审专家长期固定不变，容易产生弊端，有的专家反映递条子的多、各方面的干扰多，等等。由此，少数研究条件相对薄弱的项目可能得以立项，而一些具有形成精品成果基础的优秀课题则可能漏选。

为形成更为科学、公正、有效的立项机制，可考虑三条措施。一是评审专家动态化。即适当增加学科评审专家数量，建立计算机管理的专家库，实行不固定参与制，参加评审的专家名单每年由电脑排定，并采取适当的保密措施。二是邀请各方面的专家和部分研究工作者召开专门会议，听取他们对评审立项工作的意见，在此基础上，进

一步改进、完善目前的立项办法。三是重大项目实行公开招标制，增强竞争性，提高透明度。重大项目从完成周期方面可分为长期课题、中期课题和短期应急课题，按照研究的性质又可区分为应用对策性项目与基础理论性项目两大类。不论哪种课题，招标时都要有文字性的具体要求。此外，还可以根据国家急需和形势发展，设立短、平、快应急课题，在较小范围内竞标。

（三）提高质量：强化项目研究的质量管理

课题立项后如何管理才能有利于多出优秀成果，这是一个值得认真研究的问题。近年来，国家项目管理逐渐加大了力度，并且采取了一系列措施，包括奖惩措施，使项目完成率和结项率明显提高。但是，管理方式和管理重心仍有待于改进和调整。如管理力度不均衡，管理重心不明确，方法、手段、程序欠科学，等等，都不利于多出优秀成果。

项目管理应该以提高课题研究质量为重心。为确保课题研究的政治质量、学术质量和时效质量，项目管理需要更加科学化、规范化、制度化。具体办法一是由事务管理转向质量管理，以经费管理促进项目管理。目前的项目管理侧重于检查研究进度、经费使用和函件批复，而对研究质量关注不够。今后在为研究者提供必要服务的同时，需重点敦促检查其研究质量，对于没有完成预订研究计划或存在明显质量问题的项目，特别是对那些时效性很强、而又不能按时完成的项目，应缓拨、减拨或停拨经费，对于按时或提前完成的高质量的优秀成果，则以适当形式予以鼓励或奖励。二是对重点项目、重大项目和委托项目进行跟踪管理，由规划办委托专人负责，实行联络员制度，参与组织协调和必要的讨论，敦促研究，检查质量。三是教育、艺术、军事三个单列学科的国家项目管理，要参照全国规划办的管理方法，适当纳入统一管理的层面，加强联系和沟通，改变目前只划拨经费的状态。

三、九点建议

这里的九点建议主要是关于开展宣传方面的。讲求效益，加大宣传力度，扩大影响，这应当是全国哲学社会科学规划办的重要工作内容。我个人以为，至少应该包括三方面的内容：一是优秀成果，二是工作情况，三是社会效益。而成果宣传应是工作的重心，由此将研究成果推向社会，或为政府决策提供参考，或为社科研究提供新信息，从而实现规划目标，反映规划工作实绩。

目前的成果宣传主要有两条途径，一是通过《成果要报》将重要成果上报中央及各有关部门，二是通过《光明日报》将部分成果介绍给社会。实践证明，效果良好。但是，目前的宣传还十分有限。"七五"、"八五"项目至 1998 年 7 月 20 日，在《成果要报》和《光明日报》宣传介绍的仅占立项数的 2.7%、结项数的 3.3% 左右。

为加强成果宣传，扩大影响，进一步推动和开展社科研究工作，应当考虑以下几方面的内容：

一是落实刘云山同志 1996 年关于出版《社科文库》的指示；定期组织编写和出版《国家哲学社会科学研究成果概要》（成果简介）；策划编写《21 世纪的国家哲学社会科学》，对各学科的发展前景作出预测和长远规划。

二是加大人力物力投入，多形式、多层次、多渠道地开展成果宣传。在巩固和加强现有宣传窗口的同时，考虑适当利用电视、电台等媒体的有关栏目扩大宣传面。

三是对于有重大突破或具有重大学术价值、重大应用价值、重大理论意义的成果召开新闻发布会、专题研讨会、成果报告会等等，作重点宣传。

四是深入开发和利用现有宣传渠道，在《社科规划通讯》上开辟"立项信息"、"研究动态"、"结项课题"、"成果介绍"、"影响反馈"等栏目，并扩大发放范围。

五是加强成果宣传的时效性，尤其是要及时了解和掌握重大课题、重点课题、委托课题以及重要对策研究课题的研究进展、阶段性成果，对决策有重要参考意义的成果要迅速上报。

六是充分开发研究成果的潜能和效益，将国家社科规划办现有成果的副本赠送北京图书馆，设立全国哲学社会科学规划办成果专架，这样既能为社科研究工作者提供参阅方便，充分开发利用成果潜能，又能利用北京图书馆的微机联网扩大影响，同时还有利于成果的长久保存。

七是加强同宣传媒介、社科学术界的沟通与交流，积极参与社科界举行的重大活动和一些重要的高层学术研讨会，既利于开展工作，又利于扩大影响。

八是征集整理国家社科基金资助项目成果的反响、效益和获奖诸方面的信息，并以适当方式进行宣传。

九是做好国家社科规划工作，需要依靠党的领导、依靠正确的思想路线、依靠国家的经费支持、依靠全国社科界专家学者的共同努力，更需要社科规划战线全体同仁齐心协力，高度投入，勤奋工作。我们坚信，只要高举邓小平理论的伟大旗帜，解放思想，实事求是，立足改革，开拓进取，社科规划工作必定会取得更大成绩。

（1998 年 7 月 30 日初拟，1998 年 9 月 5 日修改）

加强制度建设与内部建设

加强国家社科规划办工作的制度建设和内部管理，是做好社科规划工作的重要基础和根本保证。有制度才能有秩序、有规矩、有依据、有效率。制度靠组织制定、靠人来执行、靠大家共同遵守。这其中，人是根本、是核心。因此，规划办内部队伍建设是重心。高素质的队伍才有可能创造性地开展工作，才有可能取得高水平的业绩。要通过制度建设，努力提高工作人员的政治思想素质和综合业务素质，努力提高工作效率和工作水平；着力在增强法制观念、法律意识和政策意识，增强纪律意识和自律意识，增强事业心和责任心上下功夫，培养团队精神，形成全力，加强团结，促进工作。

国家社会科学基金应该把多出优秀成果作为开展工作的重心和检验成效的标准，以优秀成果为国家科学决策提供有效参考，促进学科建设和文化建设，促进国家综合实力的增强和人才队伍的培养。目前，应当做好以下几件事：

一是要完善工作机制。要树立全室一盘棋的大局意识和集体意识，全室工作全室做，各处工作既要各有侧重，又要紧密配合，建立充分调动和充分发挥大家积极性与创造性的工作机制。

二是提升队伍素质。制定制度、采取措施，鼓励大家多读书、多学习、多思考，强化政治意识和政策意识，强化事业心和责任心，牢固树立想干事、干成事、干大事的战略目光和宽广胸怀，把心思用在开拓工作和推进事业发展上，讲政治、树正气、比奉献。

三是明确目标和任务。把管好基金、用好基金、充分发挥基金效益作为对国家负责的重大原则和努力目标，把项目研究规划和课题研究管理以及项目成果宣传转化，作为重要手段和基本方式，通过多做事促进素质和业务本领的提高，增强责任意识，形成好的工作机制和风气。

四是改善管理手段。要创造条件，争取建立计算机数据处理中心，专门负责项目的申报受理、通讯评审、成果验收和专家信息管理等方面的工作，充分利用高新科学技术和现代化手段开展工作，提高工作效率和工作质量。

五是强化团队合作。充分调动和发挥各省区市社科规划办和在京委托管理单位的积极性，请他们帮助承担部分具体工作任务，如通讯评审、成果鉴定等。

六是加强与学界的交流。既要组织专家学者开展工作，又要为专家学者服务好，充分尊重专家。同时，也可以适时有计划有选择地参加高层学术会议、开展学术调研，发现和组织重大研究课题，变守株待兔为主动出击。

（写于 2006 年 2 月 6 日）

改进指南制定与项目评审

制定课题指南、组织项目评审是国家社科基金管理工作的重要内容和基本任务。这些工作，必须以"三个代表"重要思想为指导，必须遵循社会科学研究规律，必须严格制度、严格管理，在努力推进"公开、公平、公正"评审上下功夫，在干实事、讲实效上下功夫。要努力提高课题研究规划水平、努力提高立项质量，既要充分考虑国家发展和国家建设的需要，又要充分考虑实际效果和学界反应，不断改进和逐步完善课题指南制定和项目评审制度十分关键。

一、改进指南制定

目前制定课题指南，是面向全国征集建议条目，分类整理后，提供给学科评审组参考；学科评审组拟订具体条目，报请领导小组审定，最后发布。这种做法的长处是，信息量大，依靠专家，领导把关，导向正确。弊端是，所征集的条目科学性、严谨性和可用性偏弱，学科组不甚重视，采用率很低（每年征集约 3500 条左右，采用率仅为1%），耗费了大量时间和精力。今后制定指南可作以下三点改进：

一是加强条目征集的科学性。主要向掌握学科研究前沿信息和有雄厚研究实力的单位征集，应用性、现实性较强的学科向国家有关部委和决策部门征集。

二是突出指南条目的导向性。根据学科的不同特点，强化指南条目的指导性因素，除了国家急需的和应用性很强的研究内容可设计具体题目外，指南条目要突出方向性和范围性，条目下增加说明文字，请申报者自由设计题目。

三是取消重点条目。申报时不再区分重点项目和一般项目，评审时由学科评审组从所有申请项目中集体讨论推荐产生。这样做可提高重点项目的质量和水平，也可以改变目前重点项目可获得两次评审机会的状况（重点项目评不上可降为一般项目）。

二、改进项目申报

近几年申报总量猛增，2003 年突破一万项（10663 项）。少数地区和单位，盲目申报，把关不严，使申报总量过大，整体水平下降，不但给材料整理和项目评审造成巨大压力，而且降低了国家项目的严肃性和权威性，同时造成立项率过低。提高申报质量，降低申报数量，需要认真研究、认真对待。

限额申报要慎重，这与当前国家发展繁荣社会科学的政策不协调，也与现行《国家社科基金项目管理办法》中的政策不一致，行政色彩较浓，负面影响较大，容易引起地方规划办和学术界的反感。可考虑采取以下两项措施：

一是积极引导申报者丰厚学术积累，练好内功，在选题、论证方面充分体现个人的最好水平和学术见解，提高学术竞争力。二是请基层科研管理单位严格把关，组织初审，不够成熟或水平较低的课题暂缓上报，继续培育，省区市规划办也要进一步认真把关。

三、改进通讯评审

项目通讯评审制度的建立是向公平、公正推进的重大改革，而且取得积极成果，得到学界的充分肯定。但有些环节尚需完善，部分技术性问题需要改进，进一步提高通讯评审的科学性。

一是要完善同行评议专家库。现有同行评议专家库数据不完备、信息不准确、专家数量不够用。根据国家社科基金工作的实际需要和今后工作的发展要求，要重新制定同行评议专家的选择标准，重新设计信息采集和数据制作，重新采集数据。选择标准既要有统一原则要求，又要根据各学科实际情况有所区别。同时明确入库专家的性质和责权，收入专家库的学者，可以合适的方式通知所在单位和本人，以加强荣誉感和责任感。要根据实际需要，确定专家库规模，并实行动态管理。

二是要积极创造条件，适时实行网上评审。这是通讯评审发展的大方向，也符合国际惯例。网上评审可大大节约评审成本，提高工作效率。随着网络技术的普及和应用，要应对网上评审的技术支持、网络安全、可行性和回收率等方面进行充分的调研和论证，并做好必要的前期准备。

四、改善会议评审

会议评审具有较强的示范性、导向性和权威性，多年来积累了许多好的经验和做法，但也有需要继续完善的地方。

一是加强制度建设，规范评审程序。程序正义是保证公正评审的前提。要制定科学规范的评审细则，将评审原则、评价标准、评审方式、工作程序制度化，切实做到有章可循，规范评审。同时，完善评审过程的回避、监督、复议等制度，建立主审专家负责制和专家信誉档案等。

二是改进重点项目评审办法。重点项目是国家社科基金项目的龙头产品，评出的重点项目一定要有分量、过得硬，能出精品力作或传世之作，宁缺毋滥。每年重点项目可控制在 50 项左右。

五、加强内部建设

改进工作、完善制度，靠的是"人"，因此内部建设十分重要。这是一个需要长期坚持的问题，必须树立发展观念，与时俱进，做长远性、前瞻性的努力和准备，以适应不断发展变化的新形势和规划办实际工作的需要。

一要加强制度建设，强化责任制，制定《工作守则》，既要明确岗位、明确责任、明确分工，又要严格制度、严格纪律、严格程序。团结一致，齐心协力，做好工作。

二要加强学习，提高素质。中央提出提高全民族的素质，把我们的国家变成学习型的社会。中宣部领导也一直鼓励大家多学习、多思考、多写文章，把工作同学习结合起来，不断提高理论素质，强调提高素质学养、政治水平和业务能力，要求大家懂科研、会管理，树正气、讲雅气、有儒气，浓厚学术空气，能够同专家对话交流，把工作做好、做实、做细。围绕做好工作，牢固树立学习与思考的观念，制订切实可行的学习计划，适时组织一定形式的学习交流。结合工作需要，鼓励大家根据个人专业优势，重点关注一两个学科的发展和科研前沿情况，并适当地参与其学术活动。

（2003 年 6 月 8 日）

项目管理与成果管理

管理是科学，有着自身的特点和规律。管理的实施者是"人"，做好管理工作的关键是要有制度、有章法、有秩序、有规矩、有标准。做好管理，是全国哲学社会科学规划办公室最基本的工作职责和最基本的要求，而项目管理与成果管理更是最基本的常规工作。项目管理分为过程管理和目标管理，目前全国哲学社会科学规划办公室的国家项目管理方式是二者的结合；成果管理是目标管理的重心，也是成果处的主要职责，包括成果鉴定、项目验收、结项办理、成果宣传、成果评奖等等。

一、关于成果鉴定

成果鉴定是项目管理的关键环节。鉴定的目的是为了评估研究成果的水平、质量和意义。科学、严谨、客观、公正的鉴定，将有利于培养求实求真的好学风，有利于提高生产精品的比率。以前的成果鉴定，大都委托各省区市社科规划办进行，全国社科规划办很少直接参与。近年来，成果鉴定呈现出评价偏高的情况，优秀率在百分之八

十、九十以上。这同今年（1999）成果评奖通讯评审的优秀率相比，悬殊甚大。1999 年参加全国首届评奖的成果大都获得过省部级奖，为了贯彻科学、客观、公平、公正的原则，当时采取了通讯评审打分的办法，结果 90 分以上的成果只占 4%，85 分以上的成果只占 13%，说明优秀成果总是少数，这是基本符合社会科学研究规律的。

针对目前鉴定存在的问题，初步考虑，2000 年将推出三条改进措施：一是重点项目的结项成果由全国社科规划办成果处负责组织鉴定，为"十五"时期改革积累经验；二是推出《社科成果评价指标体系》，作为成果鉴定的统一标准；三是提高专家鉴定成果的劳务费。具体做法，将在最近下发的通知中详细说明。其他类型项目的最终成果鉴定，明年（2000）仍然执行《鉴定和验收实施办法》（试行）第三章第十七条至二十三条的规定。"十五"时期，成果鉴定将做重大改革，全部由国家社科规划办统一组织实施。主要思路是：采用通讯鉴定法；建立大型同行评议专家库，供选择鉴定专家使用；采用《社科成果评价指标体系》打分与综合文字评估相结合的方法，专家提出等级建议，规划办总体权衡，确定成果等级。《实施细则》将作详细说明。实施新的鉴定办法，不仅将提高成果鉴定的客观性和公正性，而且将会大大减轻各地社科规划办的工作压力与工作量。

二、关于验收和结项

国家社科基金项目最终成果的验收和结项，是目前成果处的主要工作之一。截止到 1999 年，国家社科规划办集中统一管理的基金项目共有 8000 多个，已经办理结项的有 5000 多个课题。"六五"、"七五"时期的项目，只补交最终研究成果，一般不需办理结项手续。要求办理成果验收和课题结项手续的是"八五"、"九五"时期立项的课题。近几年发出的结项通知已经有 2500 多份，每年大约有 500—600 项课题的最终研究成果报送全国社科规划办成果处办理验收结项手续。全国社科规划办公室将各地报送的研究成果和鉴定材料一一审核登记后，经过成果处、分管主任、室主任三级审查验收并签字，确定结项与否，合格者发给结项证书。以前的结项证书只是一张结项通知单，不正规、不规范，从 1999 年起，开始电脑打印规范的结项证书，而且专门制作了硬皮封面，增强了严肃性、权威性和荣誉感。需要特别说明的是，1999 年的结项工作，由于成果处前三个季度全力以赴忙于国家首届社科评奖工作，各地报送到成果处的近 400 项成果被积压下来，没有及时办理，应当向承担项目研究的专家学者表示歉意！现在正抓紧办理，11 月份已经寄出结项证书 100 多份，其他的成果验收将在年前完成，把结项证书寄给项目主持人。另外，凡是将最终成果已经报送到成果处的项目，原则上均视为已经结项，不影响申请 2000 年度国家项目。从 2000 年开始，成果积压、结项不及时的现象将彻底改变，新的鉴定办法，将鉴定、验收和结项联为一体，会大幅度提高工作效率，缩短结项周期。

三、关于优秀成果的宣传

国家社科基金项目优秀成果的宣传，是成果处的又一工作重点。成果宣传是扩大影响、促进转化、实现社会效益的重要途径。目前成果宣传主要通过《成果要报》和《光明日报》的"国家社会科学基金项目成果选介"专栏来进行。

《成果要报》是将国家社科基金项目的重要成果摘要呈报中央领导同志内部参阅，是宣传推广优秀成果并促进其转化的重要窗口，更是中央决策与咨询的重要参考。《成果要报》是由刘云山同志亲自策划设计提出来的一种宣传形式，分为普通级和秘密级两种，秘密级《成果要报》以《增刊》的形式刊发出版，发放范围很小。《成果要报》平均每周出一期，每年出50期左右，每期约3000字左右，摘报一项研究成果。

《成果要报》自1996年元月创刊以来，已经出了200多期，受到中央领导及有关部委领导的重视和好评。例如，1998年编发55期，中央领导及有关部门领导的批示、来函多达43件；1999年已经刊出46期，截至11月底，据不完全统计，中央领导及有关部委的批示、来函等已经达41件次。朱镕基总理和李岚清副总理均有批示，国务院及各部委几乎都有批示。详细内容可参看1999年《社科规划通讯》第1期和第7期以及《成果要报增刊》第1期。

《光明日报》的"国家社会科学基金项目成果选介"专栏，是面向社会科学界宣传介绍和推广国家社科基金项目优秀成果的重要窗口，设在每周五出版的《理论周刊》之"理论与实践"版面中。每期介绍一项课题成果，篇幅在500字左右。自1996年4月创刊以来，已刊出140多期，受到社科界专家学者的普遍关注和好评。另外，全国社科规划办在中央编译局主办的《马克思主义与现实》杂志上开辟了"国家社科基金项目信息"专栏，每年6期，每期3—4篇。

正如经济建设要讲投入、讲产出，讲效率、讲效益一样，社会科学研究同样不能例外。做好研究成果的宣传推广和转化，是实现研究目的的关键环节，也是国家社科基金工作的重要目标，我们一定要齐心协力，积极开拓新途径，共同做好这项工作。

四、关于成果评奖

《国家社科基金管理办法（试行）》规定，国家社科基金每五年举行一次评奖活动，但由于种种原因，直到 1999 年，才开展首届优秀成果评奖活动。这次评奖，以成果处为主，全室参与，依靠社科界的专家学者，依靠全国各省区市社科规划办的大力支持，最终圆满结束，产生了积极广泛的影响。这次评奖，从策划到颁奖，历时一年多，共有 1100 多项成果申请参评，全国 500 多名专家参加了通讯评审，120 多名专家参加了分学科集中评审，然后由专家综合评审组进行复评，产生了建议获奖名单，经全国社科规划领导小组审议，产生了拟奖励成果名单，向社会公布后进入为期一个月的异议期，接受社会审查和监督。对有异议投诉的成果，请权威专家审核、组织专家会议审议，进行严肃认真的负责任的处理，最后经全国哲学社会科学规划领导小组讨论批准，确定了 151 项奖励成果，并决定授予费孝通、雷洁琼同志特别荣誉奖。

1999 年 9 月 23 日下午，在人民大会堂隆重召开颁奖大会。胡锦涛同志在大会上代表党中央和国务院发表了重要讲话。丁关根同志主持了颁奖大会，刘云山同志宣读了颁奖决定和获奖名单。李岚清、李铁映、彭佩云、毛致用和于永波等领导同志出席会议。

颁奖大会引起了社科界的广泛关注和热烈反响。各地纷纷召开座谈会，高度评价评奖活动和评奖意义。大家普遍认为，这次评奖坚持以马克思主义、毛泽东思想和邓小平理论为指导，贯彻了公开、公正、公平的原则，贯彻了政治标准与学术标准统一和质量第一、宁缺毋滥的原则，评出的优秀成果具有较强的政治意义和较高的学术价值，不少成果富有开拓性和创造性。胡锦涛同志的重要讲话，深刻阐述了社会科学的重要地位，明确提出了面向 21 世纪我国社会科学事业发展的战略任务以及必须遵循的方针政策和基本要求，对于进一步推动我国社会科学事业繁荣发展具有重要的指导意义。全国社科规划办将社会科学界对这次评奖的反映，专门编发了一期《社科通讯》（第六期）寄发各地社科规划办及相关单位参阅。

五、几点具体事项

为进一步做好做实工作，这里再强调几点具体事项。

一是自 2000 年始，重点项目鉴定由成果处负责组织实施，课题组需要报送 5 套成果；其他项目继续依照 1996 年 11 月修订的《成果验收鉴定实施办法》的规定认真组织实施，特别是鉴定人员的构成、鉴定程序要认真核实、落实。

二是结项材料的报送既要从简又要从严。从简是说结项的最终成果，由原来的报送 5 套改为报送 2 套存档备用。从严是说鉴定材料一定要齐全，鉴定结论力求实事求是、科学严谨。

三是《国家社科基金项目结项申请书》一定要用新印制的改进版，因为结项证书要填写课题成员的姓名，原来的《结项申请书》没有这一栏。

四是现在的结项证书是用电脑打印的，比较庄重、严肃和规范，封面部分已经请各地规划办带走。今后，全国社科规划办只将证书分别寄各地规划办，请各地规划办配发。

五是全国社科规划办正在筹备编辑《首届国家社会科学基金项目获奖成果简介》一书，这项工作主要由成果处负责，已经于 11 月中旬给获奖专家和有关单位发了函，请各地规划办继续给予支持和配合，帮助落实和敦促，务必于 12 月底将稿件寄给成果处。如有特殊情况，比如获奖者已经仙逝，或者出国在境外，或者健康原因等等，确实无法承担成果简介稿的撰写，务必安排另外的专家撰写。

六是 1999 年的评奖，各省区市社科规划办和军事、教育、艺术三单列学科规划办以及在京委托管理单位做了大量艰苦细致的工作，给全国社科规划办以有力的支持和帮助，很认真、很负责、很辛苦，再次表示衷心感谢！

（1999 年 12 月 3 日于成都）

关切民生是社会科学研究的内在灵魂

关切民生，关注现实，以人为本，促进社会进步和文明发展，这是中华民族的优秀文化传统，更是当今社会科学研究义不容辞的历史责任和学术创新的内在灵魂。河北省社科联自 2007 年始，积极策划并组织实施"保障和改善民生，推进社会建设"的大型调研活动，迄今五度春秋，坚持不懈，不仅取得丰厚成果，产生重要影响，而且积累了可资借鉴的实践经验，给社科研究者和科研管理部门以深刻启迪。认真阅读其调研成果《河北民生报告》，深受教育，启沃良多。

首先，责任意识与大局观念鲜明。"为生民立命"是社会科学的内在本质要求，社会科学研究服务于政府决策，推动民生改善，体现着历史担当的自觉和学术境界的高度。党的十七大提出加快推进以改善民生为重点的社会建设的重大战略任务，河北省委省政府将落实中央要求作为全局性工作重点部署。河北省社科联紧密结合本省实际、工作职责和自身优势，深刻把握研究改善民生问题的战略意义，敏锐抓住研究重大现实问题的历史机遇，立足本省实际，以围绕中心工作、服务政府决策为目标，精心策划，准确定位，根据不断发展变化的新形势、新任务、新部署，科学确定调研题目，深入开展基层调研，及时提供思想成果和对策建议，体现着清醒坚定的政治觉悟和鲜明正确的学术方向，体现着强烈的责任意识和可贵的大局观念。这是民生调研活动获得成功的重要基础。

其次，科学安排与突出重点并举。民生问题繁杂多样，涵盖广泛，开展大型民生调研活动面临的问题多、难度大。社科联立足本省实际，着眼于可行性、科学性和可操作性，全面考虑，统筹协调，集中多方面的智慧和力量，精心制定实施方案。一方面在省委省政府的大力支持下，成立领导小组和专家委员会，确立组织保障，协调工作和筹措经费；另一方面广泛征集调查研究题目，设置议题库，把涉及民生的重大社会问题、热点问题和难点问题作为首先考虑的重点，诸如经济发展、文化建设、社会管理、居民收入、城乡低保、社会稳定、义务教育、环境保护、创业就业、住房保障、困难群体生存状态、医疗卫生服务、食品医药安全等等，既全面系统又突出重点，既有长远的战略规划又有当前的具体目标，既有宏观层面的思考又有微观层面的建议。诸如《河北农村基本公共服务的问题与对策》，省委主要领导同志批示说："如何为农村提供基本公共服务是下一步新农村建设的一项重要工作。此报告提供了一个基本的情况和思路。"要求省农办、财政厅、教育厅、卫生厅、农业厅、文化厅等部门阅研，提出意见（参见2008年度《河北民生报告》，河北大学出版社2009年版，第276页）；《把加快产业集聚作为城镇化建设的重点》，省委领导同志认为"此调查重点突出，分析透彻，建议可行。特别是'五型'作为产业聚集的重点，符合河北实际"（参见2010年度《河北民生报告》，河北大学出版社2009年版，第122页），要求省住建厅吸纳调研报告的建议；《关于开展我省平原河道综合整治的建议》，省委领导同志批示水利厅"认真研究这份建议并组织实施治理工作"（参见2008年度《河北民生报告》，河北大学出版社2009年版，第106页）；《河北金融产业集群发展研究报告》，相关领导认为"报告对当前我省调结构、转方向颇有益处，也符合我们大家一起正在打造的金融产业方向"（参见 2010 年度《河北民生报告》，河北大学出版社 2012 年版，第 9 页），指示省金融办学习吸纳。这些都是很好的例子。

其三，遵循规律与求真务实。社会科学研究有着自身的规律、特点。深刻认识和自觉遵循这些规律，才能保证研究成果的科学性和严谨性。比如，实事求是地客观观察和深刻认识社会现象，科学采集案例和严密数据统计，尊重事实又不为表面现象所迷惑，注意规律探索，等等。河北民生大型调研活动体现着时代责任的学术自觉，体现着求真务实的科学精神，深入基层，深入群众，深入生活，以敏锐的眼光，从纷繁复杂的社会现象中发现和抓取直接影响广大人民群众生活、直接关系当代社会建设的重大现实问题，既深入分析挖掘问题的深层原因，又提出解决问题的思路办法，理论研究与典型调查结合，定性分析与定量分析结合，即时研究与预测研究结合，从应用研究中升华理论，又以理论支持和指导实践，用丰厚的研究成果服务于政府决策，在促进和推动全省工作方面发挥了重要作用。比如，民生调研活动注意发现、总结和宣传好的做法与先进经验。《我省太行山区脱贫致富的一个有效实践》调查研究了河北平山县"万人搬迁扶贫工程"的成功案例，省委领导同志批示"宣传这份典型"，"成功的例子可资全省借鉴"（参见 2008 年度《河北民生报告》，河北大学出版社 2009 年版，第 142 页）。《以企业文化建设推动加快转变经济发展方式的研究》总结了冀东集团企业文化建设的做法和成效，省委领导同志认为"四点启示很有借鉴意义。特别是深刻分析了企业文化建设在转变经济方式中的作用，提出的五条建议很好"，指示省文化厅认真阅研。（参见 2012 年度《河北民生报告》，河北大学出版社 2012 年版，第 369 页）《武强县北大洼现代生态农业示范区调查》"说明要有更加开放的科学发展思维"，"发展就会又好又快"（参见 2012 年度《河北民生报告》，河北大学出版社 2012 年版，第 126

页），也得到省委领导的充分肯定。

第四，注重对策与讲求效果。这是民生调研大型活动最突出、最重要、最具特色的亮点。众所周知，问题意识是开展社会科学研究必须具备的重要前提。发现问题、分析问题、解决问题，更是社会科学研究自身必须经历的基本过程。河北民生大型调研活动坚持深入基层、深入实际，把发现问题和解决问题作为工作的重要目标，着力于提出科学的对策建议，注重研究成果的实用、有用、管用和好用，注重成果转化的效果。社科联把调研设计和成果转化机制作为着眼点，努力争取直接纳入政策制定或积极影响政府决策，一批重要成果成为制定政策的科学依据。仅 2008 年河北省委省政府就有 20 多个部门吸纳了民生调研成果的对策建议。如《畅通信访渠道，健全社会弱势群体利益表达诉求机制》，省委领导同志认为"省社科联这个调研报告很有价值，选题有针对性，分析亦有深度"，提出的建议"很有可行性，与我们正在调研的如何把县委书记大接访活动作为长效机制坚持下去的想法是一致的"（参见 2008 年度《河北民生报告》，河北大学出版社 2009 年版，第 96 页），并批转信访部门认真研究。《建立我省企业职工工资正常增长与支付保障机制对策建议》，省委领导同志批示"企业职工工资收入问题，始终是一个非常重要而又十分敏感的问题，不仅是个经济问题，更是一个政治问题。必须采取有力的政策和措施，解决目前企业职工工资收入低、收入差距过于悬殊的问题。对已经出台的政策措施要落实到位，并研究真正建立起企业职工工资收入稳定的增长机制。省社科联的专题调研分析透彻，意见可行"（参见 2008 年度《河北民生报告》，河北大学出版社 2009 年版，第 26 页），指示财政厅组织研究。《关于改善省会生态环境的对策建议》，省委领导同志认为"对省会生态环境的研究及对策建议很有见解和针对性"，指示相关部门"认真吸纳，推进我市生态环境改善、提升、上水平"（参见 2008 年度《河北民生报告》，河北大学出版社

2009 年版，第 92 页）。《打造省会个性色彩，构建城市品牌形象》的相关建议，省委主要负责同志认为"甚值研究、应用"（参见 2008 年度《河北民生报告》，河北大学出版社 2009 年版，第 83 页），指示相关部门认真研究。

部分调研成果成为省委省政府深入开展和有力推动工作的重要手段。如《部分地区养老保险制度改革实践对我省覆盖城乡养老保险体系建设的启示》，省委领导同志认为"省社科联的专题调研提出的问题和建议应引起重视，并切实解决"（参见 2008 年度《河北民生报告》，河北大学出版社 2009 年版，第 155 页）。《重大决策信访风险评估机制建议的现状与对策》，省委领导同志批示"原则同意。建立重大决策信访稳定风险评估机制十分必要。可进一步吸取先进经验予以完善。"要求"下力气认真搞好"（参见 2009 年度《河北民生报告》，河北大学出版社 2010 年版，第 205 页）。《河北省农业保险现状调查及完善建议》，省委领导同志称赞"这篇调研报告写得很好！我省的农业问题受自然影响很大，如何保护农民的利益，特别是遇到不可抗拒的自然灾害让农民减少损失，农业保险是一项不可缺少的措施；更何况农村保险市场潜力很大，在这方面人保等已经开始尝试，而且效果不错。请你们认真研究，采取措施，引导、支持各保险公司向农村、农业、农民这个大市场延伸，这对保证我省农业这个基础产业，保障农民的利益，进而对全省经济社会发展是十分有益的。"（参见 2009 年度《河北民生报告》，河北大学出版社 2010 年 9 月版，第 220 页）《城市化视角下农民增收的困境与对策建议》，省委领导指示有关部门阅研，"深入解剖几个典型，农民增收事关小康社会和新农村建设全局，确需搞清症结，明确主攻方向。更重要的是结合我省实际，拿出可行性的建设性意见。"（参见 2009 年度《河北民生报告》，河北大学出版社 2010 年版，第 8 页）《我省发展红色旅游带动革命老区社会经济发展的典型调查》，省政府领导同志认为"这份调研报告，深入分析了我省发展红色旅游的优势和存在的问题，并就发展红色旅游带动革命老区经济社会发展提出了可操作性强的建议，很有参考价值"，"调研剖析的五个问题是我省红色旅游存在的突出问题，提出的对策建议有针对性和可行性"（参见2010年度《河北民生报告》，河北大学出版社2010年版，第14页），要求省发改委、交通厅、旅游局在实施红色旅游发展规划中认真采纳这些意见。《提升省会平改坡改造水平之探讨》省委领导同志认为"这份材料就平改坡改造在总结经验基础上，就如何提升水平提出了方向和很好的建议，值得重视和改进"，"此研究对各市、县均有指导意义。请省政府办公厅印发各市县借鉴。"（参见2009年度《河北民生报告》，河北大学出版社2010年版，第105页）以上这些成果都在政府决策和推动全省工作中发挥了重要作用。

第五，队伍培养与学风建设。社会科学发展繁荣，人才是关键；社会科学研究，队伍培养是重点。社会科学人才队伍的培养和严谨扎实的学风建设，不仅是国家文化发展和理论创新的重要基础，而且也是实现国家可持续发展战略的重要保证。河北省民生大型调研活动，积极引导专家学者走出书斋，深入基层，深入群众，深入实际，深入了解人情、世情和国情，掌握原生态的第一手材料，获取原生态的基础数据。这为专家学者提供了了解社情民意、发现研究课题的好机会，提供了历练实际调研真本领、真功夫的好机会，创造了提升分析问题、解决问题、锻炼才干的好机会。因此，调研成果真实地反映了人才培养、学风建设达到的水平和取得的成效。如有关领导称赞《农村土地产权制度研究》"选题紧贴我市农村改革发展实际，问题找得准，改革路径清晰"（参见2009年度《河北民生报告》，河北大学出版社2010年版，第68页）；《河北省农民工就业状况调研报告》"调研深入，资料翔实，分析客观。提出的建议对策能为决策部门制定政策、改善农民工就业状况提供参考依据"（参见2009

年度《河北民生报告》，河北大学出版社 2010 年版，第 276 页）；《推进我省农村村民自治发展调研报告》"内容翔实、分析透彻。所提出的四个问题，均值得重视"（参见 2009 年度《河北民生报告》，河北大学出版社 2010 年版，第 347 页）；《对我省新型农村合作医疗运行效果及可持续发展研究》、《农村卫生服务体系建设中应解决两大问题》"深入细致，有问题、有分析、有建议，真实性、针对性、借鉴性很强"（参见 2008 年度《河北民生报告》，河北大学出版社 2009 年版，第 162 页），都是很有说服力的好例子。另如，《河北省农民工权益保险现状及对策研究》"选题准确，分析深入，意见可行"（参见 2009 年度《河北民生报告》，河北大学出版社 2010 年版，第 214 页），《关于创业带动就业工作的对策与建议》"主题突出、情况清楚、建议可行"（参见 2008 年度《河北民生报告》，河北大学出版社 2009 年版，第 206 页），无不得到充分肯定和赞扬。

　　总之，河北社科联民生大型调研活动，省委省政府高度重视和大力支持，社科联精心组织和科学安排，专家学者不畏艰辛和深入思考，基层组织与广大群众密切配合，所有这些方面的合力，使民生调研获得巨大成功。调研活动走基层、转作风，正学风、改文风，出思想、出成果，出人才、出效益，注重专家学者与决策部门的力量整合，注重实际调研与理论研究的相互融合，注重成果应用与学术积累的有机结合，方向正确，定位准确，目标明确，方法科学，效果显著，为社会科学界提供了可资借鉴的珍贵经验。民生调研的过程，充满着爱国爱民的深厚情感、不畏艰辛的敬业风格和求真求实的科学精神，既有多方面调查研究的实际成果，又有社会科学研究的方法论启示。我们殷切期待，民生调研活动继续爆发出更加强大的学术活力和更加旺盛的生命力，期待建立大型专题数据库，科学设置长期观察点、调研点和数据采集点，提高预测性、预见性和前瞻性，形成开放性、动态性、累积型的权威数据库，既立足河北又着眼全国、面向世界，成为国家民生问题的观测点，为河北省的发展和国家的振兴发挥更大作用，作出更多贡献。

（2013 年 3 月写于国家行政学院）

创新古典文献研究的思考

内容提要：本文从中国古典文献的内涵和性质入手，论述了古典文献研究的文化活力和时代发展的创新要求。作者认为，创新古典文献研究，推动社会主义文化大发展大繁荣，是一种历史责任。文章提出，创新古典文献研究，一要体现时代精神，弘扬传统文化精华；二要服务国家建设，增强民族凝聚力；三要开阔世界视野，提高国际影响力；四要加强规律探索，树立"大文献"理念，推进学科体系建设；五要开拓新领域，不断推出精品力作。

一、古典文献研究活力与新世纪的发展要求

中国古典文献是中华民族五千年文明发展的智慧结晶，是华夏各族人民历史实践和思想创造的珍贵记录，更是中国传统文化的主要载体和人类思想文化的知识宝库。其蕴含的巨大文化活力和强大的民族凝聚力，使中华民族生生不息、团结奋进、绵延数千载，使中国成为目前世界上唯一文化连续发展、文明不曾中断的国家。当人类进入 21 世纪之后，中国古典文献依然是建设中国特色社会主义新文化、提高

国家文化软实力和国际综合竞争力最重要的文化战略资源，依然对促进人类社会和平发展、文明发展具有重要的文化借鉴和思想启迪意义。

由此，党的十七大提出，"要全面认识祖国传统文化，取其精华，去其糟粕，使之与当代社会相适应、与现代文明相协调，保持民族性，体现时代性。加强中华优秀文化传统教育，运用现代科技手段开发利用民族文化丰厚资源。加强对各民族文化的挖掘和保护，重视文物和非物质文化遗产保护，做好文化典籍整理工作。加强对外文化交流，吸收各国优秀文明成果，增强中华文化国际影响力。"（胡锦涛《高举中国特色社会主义伟大旗帜　为夺取全面建设小康社会新胜利而奋斗》，《中国共产党第十七次全国代表大会文件汇编》，人民出版社2007年版）这一重大战略思想和重大战略部署，不仅为创新古典文献研究指出了努力方向，而且提出了"一全面"、"四加强"的具体要求。按照十七大的战略部署和科学发展观的要求，创新古典文献研究，以鲜明的时代意识、国家意识和世界意识，推进学科体系、学术观点和科研方法创新，更加积极有效地保护、研究、开发、利用古典文献这笔巨大而丰厚的文化遗产和思想资源，更加自觉主动地推动社会主义文化大发展大繁荣，已成为文献研究和文化工作者义不容辞的历史责任。

二、以鲜明的时代意识推动古典文献研究创新

鲜明的时代意识是古典文献研究创新的重要前提。文献是历史实践和时代发展的产物，文献研究只有与时俱进，跟上时代步伐，符合发展要求，才能最大程度地激活和焕发内在的思想活力与文化潜力，最大程度地发挥研究成果的社会影响力，并在这一过程中有效地推进学科建设。从历史上看，支撑中国封建社会两千多年稳定发展并始终保持主流文化地位的儒家学说，其创立、发展和不断演进的过程，从

某种意义上说，就是儒家经典研究与时俱进的过程，就是根据时代发展要求，不断对古典文献进行内容新诠释、理论新丰富的过程。从孔子"追迹三代之礼"、"修诗、书、礼、乐"、"序《易》象、系、象、说卦、文言"（《史记·孔子世家》，中华书局 2005 年版）创立儒家学说，到汉代学人讲经注经"独尊儒术"的长足发展、再到宋明理学的繁荣昌盛，儒家学说在每个历史时期的新突破和新成果，都是紧密联系当时社会发展实际进行文献研究和学术创新的结果，由此形成了儒家学说汗牛充栋的文化成果和庞大缜密的思想体系，且深深地打上了时代的烙印。

当今世界，经济全球化、政治多极化、文化多样化和信息电子化的突出特点，特别是我国全面建设小康社会的新要求，为创新古典文献研究创造了发展新机遇、提供了时代大舞台，而当代迅猛发展的高新科学技术又为古典文献研究创新提供了现代化的新手段。这些重要因素，都为文献研究体现时代性创造了优越的条件。体现时代性，一方面要求文献研究的目的和内容符合新时代发展的需要，充分发挥其总结历史、指导现实、引领未来和促进思想、理论、文化创新的积极作用；另一方面，要利用当代最先进的科学技术创新文献研究的方法和手段，使电子图书、智能书库、网络传播等高新科学技术的运用更上一层楼，让阅读、研究和传播更方便、更快捷、更科学。

三、联系社会现实，服务国家发展

鲜明的国家意识是创新古典文献研究的重要保证。文献研究以服务于国家发展为目的。国家发展关系人民福祉、民族兴盛。中国学人向来就有"以天下为己任"的胸襟与品格，所谓"国家兴亡，匹夫有责"，其学术研究也向来就有"经世致用"、"安邦治国"、"务为有补于世"的优良传统。前贤认为，《诗》、《书》、《春秋》之类的古代文献，"皆所以明乎得失之迹，存王道之正，垂鉴戒于后世者也"（《资治通鉴·序》，上海古籍出版社2006年版），至《诗》有"商鉴不远，在夏后之世"之句。宋代宰相赵普"半部《论语》治天下"的传说，实质上就是从古典文献研究中汲取安邦治国智慧的典型案例。王安石立志改变国家"积贫积弱"局面，他精研古代文献，著《三经新义》，成"荆公新学"，为政治改革作思想准备和理论准备，更是众所周知。

发扬光大前人经世治国的文化传统，新世纪的古代文献研究也必然适应国家发展、民族振兴需要。当前就是要按照实践科学发展观的要求，结合国家全面建设小康社会的奋斗目标，结合建设中国特色社会主义新文化与建设中国特色社会主义核心价值体系，结合提高全民族文化素质和全社会文明程度，把弘扬民族精神和增强民族凝聚力作为重要目标，积极开拓研究新领域，深入发掘思想新材料，学术研究与知识普及并行，创新古典文献研究。一方面要为国家基础文化建设继续做贡献，做好诸如《儒藏》、《大藏经》、《续修四库全书》、《中国古籍善本书目》之类的文化发掘和文化整理的基本工作，做好诸如《中国古代诗文名著提要》、《夏商周断代工程研究》之类的文献内容研究和思想发明；一方面要在古典文献研究的过程中，发现、发明和发掘那些对于解决事关国家发展重大现实问题具有重要参考价值的思想元素与内容，如和谐社会思想、精神文明发展之类，以为国家经济、政治、文化、社会建设决策的参考，实现古为今用。

四、开阔世界视野，提高国际影响力

伴随全球经济一体化程度的不断增强和我国国际影响力的迅速提

高，越来越多的国家和人民希望更深入地了解中国、学习中国。目前，在世界范围内兴起的"汉语热"、"汉学热"方兴未艾，学习汉语的外国人已超过1亿，中国同世界各国的文化交流，频率越来越高、平台越来越多、规模越来越大，我们已在100多个国家和地区建立了300多所孔子学院，还有上百家在申请。随着中国文化世界化趋势的不断加强，古典文献研究也要紧紧抓住历史发展机遇，开阔世界视野，积极实施全球传播战略。要广泛建立文化交流和学术对话的国际平台，继续把中国古代博大精深的文化成果介绍给世界人民，让世界人民深入了解古老文明的中国，在进一步树立中国和平发展、文明发展世界形象的同时，密切同世界学术界的联系，扩大中国文化的世界影响。

开阔世界视野，要精心实施"走出去、请进来"战略。一是让我国古典文献研究的优秀专家"走出去"。采取多种切实可行的措施，积极开展国际交流与合作，营造传播中国文化的舆论场，牢牢把握中国文化交流的主动权和话语权。与此同时，把国外可资借鉴的先进科研方法、先进研究手段"带回来"。二是把古典文献的优秀成果"推出去"。既要注意开辟多种渠道，更要注重方式和效果。比如，中国社会科学院哲学研究所罗希文先生花30多年时间研究、整理和英译了中国古代医学宝典《本草纲目》，出版后受到世界关注和好评。在国家相关单位支持下，《黄帝内经》、《伤寒论》、《千金方》等一批战国至清代的中国古代医学经典的整理与研究，也必将受到世界的欢迎。三是通过合适的方式把流落境外的中国古代珍贵典籍"找回来"。这方面，20世纪的学界前辈已经作出了重大贡献。清华大学校友捐赠母校的流落海外的2100枚战国中晚期竹简，其中就有两千三四百年以来无人见过的《尚书》佚篇和乐书。新材料的发现，必然带来研究的新突破。四是以适合的方式把海外卓有建树的汉学家"请进来"，在进行学术交流的同时，让他们深入了解、亲身感受和实地体验博大精深的中国文化，并通过他们进一步扩大中国文化的世界影响。

五、加强规律探索，创新学科体系

中国古典文献浩如烟海，相关研究成果汗牛充栋，历朝历代文人士子，几乎无一例外地学习、接触和运用，可以想象其在文化传播、人们生活、思想创造等方面广泛深刻的巨大影响。同这种情形不协调、不相称的是，古典文献至今没有成为体系强大、理论缜密、形式独立的一级学科。在国家社会科学学科设置中，古典文献研究大都散见于相关的二、三级学科，即使是理论性和专业性极强的"文献学"，也合并在"图书馆·情报与文献学"中。这种尴尬，有学科设置待完善的因素，更有体系发展不完善的原因。以研究创新推进学科建设，实现体系创新，是中国古典文献研究的重要目标。

学科体系创新的关键在于本学科理论的系统和成熟，加强规律探索至关重要。目前，文献整理如目录、版本、校勘诸方面理论体系日臻完善，而文献研究的规律性探讨相对薄弱，诸如文献研究与文化发展、与国家建设、与社会文明之间的关系等等，都亟待研究。众所周知，文献研究伴随文献产生而滥觞，伴随历史发展而深入，与文献如影随形，对于文献保存、管理、运用、开发和传播发挥了无可替代的巨大作用。与此同时，文献研究开发激活了文献蕴含着的巨大文化活力，也开发激活了学科自身的发展潜力，对于历代文化的创新发展同样发挥了无可替代的巨大作用。中国古代的经典著述、学术流派、学术思潮的形成以及重大学术观点的创新，无不始于文献研究。可以说，中国古典文献的研究史，就是传承弘扬民族文化的传播史，就是中国古代文化的发展史，也是历代杰出俊彦的成长史。从学在官府、典在巫史的远古，到名家辈出、学派纷呈的近代，文献研究不仅文化成果汗牛充栋，而且实践经验丰厚扎实，理论探索和理论总结时有所见。从孔子"思存前圣之业"（《史记·孔子世家》，中华书局校点本）整理三代文献，到汉刘向刘歆校书"条其篇目、撮其指意"（《汉书·艺文志》，中华书局校点本）撰《别录》《七略》、唐杜佑"征诸人事，将施有政"（《通典·自序》）作《通典》、宋郑樵尽"百代之宪章、学者之能事"为《通志》、元马端临"有志于经邦稽古"（《文献通考·自序》，黄山书社1997年版）成《文献通考》，直到近代王国维《周末以后学术之流变》、余嘉锡《目录学发微》，乃至当代学人如孙钦善《中国古文献学史》，其中都富含深刻的认识和独到的创见。深入探索、科学总结古典文献研究的发展历史和内在规律，无疑会有效、有力地促进学科理论的成熟。

树立"大文献"理念也是体系创新需要探讨的重要问题。传统"文献"概念，多指有文字内容的载体，这当然是最重要、最主要、最基本的形式。但"文献"最根本的性质在于它的文化性，从中国古代文化发展的实际情况来看，把"文献"之"文"理解为"文化"之"文"而不以"文字"为限，则更合乎中国古典文献的实际。随着文化遗迹和文化材料的不断发现，很多古代岩画、图画、图形等成为文献研究的重要内容，成为研究和探索人类文明发生发展的重要方面，这无疑是在学理观念上的思想解放和与时俱进。其实，中国古代文献本来就有图画、图形之类的内容，很少有人怀疑"河图、洛书"、"太极、八卦"的文献性，更不用说由此衍生的众多文化成果，郑樵《通志》甚至专门设有"图谱略"。近年来有些优秀的文献研究成果正是突破了文字文献的范畴而取得了学术上的重大突破，如国家哲学社会科学基金项目优秀成果文库中，沙武田先生的《敦煌画稿研究》就是典型的例子。尤其是自然科学方面的文献或综合性较强的跨学科文献，整理研究的潜力和空间更大。有了"大文献"理念，文献学将不会囿于目录、版本、校勘等基本内容而有新开拓和新发展。

六、开辟新境界，推出新成果

创新是民族兴盛的灵魂，更是学术发展的生命。中国古典文献研究只有适应时代发展，不断开辟新境界，不断推出新成果，才能充分发挥文化活力，为人类发展作更大贡献。作为中国古代文化的爱好者和研究者，作为国家哲学社会科学研究规划工作的参与者，笔者对于中国古典文献虽无深入系统的专门研究，而在长期求学、问学、治学过程中时有切身感受。1979 年金秋，山东大学聘请程千帆先生讲授《版本目录学》，笔者有幸聆听，且遵先生之命，与罗青同志一起将授课录音整理成文字。此后攻读硕士、博士，又先后聆听王绍曾先生、陈尚君先生讲授古典文献专业课。20 世纪 80、90 年代，笔者校注《晁氏琴趣外篇晁叔用词》、校点《古文辞类纂》和《全唐文》、编纂《中国历代文话》以及从事古代文化研究的实践，深化了认识和体会。尤其是工作中笔者发现，社会科学基础理论研究、古代文化研究方面具有重大创新、重大突破、重大建树的优秀成果，几乎无一例外地都得益于古典文献的开发、利用和发明。这时常引人深思，感觉古典文献学科建设尚有很大潜力。随着时代的进步和国家的发展，随着民族"国学热"和全球"汉学热"的兴起，相信中国古典文献研究必将迎来一个精品涌现、人才辈出的辉煌时代！

（2008 年 11 月 2 日）

书法艺术发展与国家文化建设

——关于汉字书法艺术的三点认识

党的十七大提出，要全面认识祖国传统文化，取其精华，去其糟粕，使之与当代社会相适应、与现代文明相协调，保持民族性，体现时代性；要加强对外文化交流，增强中华文化国际影响力；要推动学科体系、学术观点和科研方法创新，推动优秀成果和优秀人才走向世界。这些关于国家文化建设的重大战略思想和重大战略部署，为书法艺术的发展指明了方向。以鲜明的时代意识、国家意识和世界意识，深刻认识书法艺术在国家文化建设中的重要作用，积极开展书法艺术的创新研究，推进学科体系建设，更加自觉地推动文化的发展繁荣，更加主动地促进人类社会的文明进步，已经成为书法文化工作者义不容辞的历史责任。

一、关于书法文化的认识

任何文化都是人类社会实践与精神创造的智慧结晶，都是具体经验和精神认知的历史积累。中国汉字书法文化更具典型性。作为华夏民族文明发展和文化实践的智慧创造，书法文化是中国传统文化极富生命活力的艺术精华，充满着历久弥新的艺术魅力和薪火相传的文化活力。书法艺术实践性强、艺术性高、要求严、功夫深。优秀书法家不仅品德好、学问广、智慧高，而且有识见、敢创新，所谓"德、学、才、识、胆"兼备；而优秀的书法作品，则"意、趣、情、韵、气、势、形、神、章法、结构"俱佳，借用苏轼评文论画之语，可谓或"如行云流水，初无定质，但常行于所当行，常止于不可不止。文理自然，姿态横生"（《答谢民师书》），或"出新意于法度之中，寄妙理于豪放之外"（《书吴道子画后》），的确令人回味无穷。正因如此，书法艺术不仅成为中国传统文化的重要组成部分和最具民族特色的艺术表现形式，而且成为人类文化宝库中深受人们喜爱的艺苑奇葩。

当代著名书法家、教育家欧阳中石先生认为，"书法"是"关于书写的学问"。笔者非常赞同这种定位。中国"书法"的历史内涵实在太丰厚、文化内涵实在太丰富。"书写的学问"实际上就把"书法"定位在学科层面上，可以包含相关的所有内容，从而避免片面性。这门学问伴随汉字的产生而出现，随着历史的演进而发展。汉字书法因其书写表达的实用功能，成为我国文化创造、文化传承和文化积累不可或缺的重要条件与手段，中国成为目前世界上唯一文明连续发展数千年不曾中断的国家，汉字书法有着一份重要的贡献。同时，由于汉字与书法自身蕴含的浓厚艺术因子被不断开发、不断丰富，逐渐形成了特色鲜明的艺术门类，而与绘画、诗文等众多艺术形式相通相融、相辅相成，相互促进、并行发展。所谓"书如诗，字如画"、"书画一体"、"诗文书画一理"，都是揭示了这方面的特质。在悠久的历史发展过程中，书法艺术彰显着突出的民族特色，得到历代学人仕子的激赏和青睐，形成了中国文明发展史上独有的"书法文化"并产生了广泛深远的影响。

改革开放以来，随着国家经济持续迅速地发展和人民生活水平的不断改善，特别是人们对于精神文化需求的日益高涨，书法艺术已经悄然走进寻常百姓家，书房、客厅乃至卧室裱装精美的作品熏陶着人们的高雅情趣，练习书法也成为许多人陶冶情操、修身养性与提高素养的重要手段。不仅如此，随着"汉学热"的不断升温，国外对于汉字书法艺术的兴趣也日益浓厚。这些无疑都是令国人兴奋的文化现象。与此同时，当今世界的经济全球化、信息数字化、文化多样化和传播网络化，使书法艺术既面临时代的严峻挑战，又面临难得的发展机遇。计算机的迅速普及与键盘输入法的快捷便利，使以笔书写特别是用毛笔书写汉字的人越来越少，毛笔作为普遍的汉字书写工具已经成为历史！与此同时，高新科技支撑的现代化传播手段，又为书法艺术知识的普及和大批书法爱好者的培养创造了优越的条件，更为书法艺术学科建设和书法艺术走向世界提供了极大的方便。

二、关于学科建设的认识

书法艺术的学科建设是一个既老且新的时代课题。加强学科建设，将会有力地推动书法艺术大发展；而书法艺术的大发展又将有力地推动学科的自身建设，二者相互促进。学科建设主要靠本学科的研究成果和发展实力来体现。一般说来，学科成熟的标志首先反映在理论的成熟上，而成熟的理论则需要雄厚的研究成果为基础。近些年来，学界对于书法这门古老艺术的研究有了长足发展，并取得了丰硕成果，如《中国书法史鉴》、《书学导论》、《书法与中国文化》等著作的出版面世，即是实例。但在理论的系统化、体系化以及研究的深度和广度等方面，则有待进一步加强。

其实，早在20世纪80年代，书法学界部分德高望重的老前辈就为书法艺术学科建设积极呼吁，作着不懈的努力，并取得了突破性进展。如创办书法专科、本科到研究生的教育，形成完整的体系；编撰书法教材；根据专家建议，国务院学位办于 1993 年批准在首都师范大学设立了第一个书法艺术博士学位授予点，等等。在这方面，欧阳中石先生作出了很大贡献。先生还明确提出，书法"必须进入理论的研究"，"要把这门学问树立起来，建立一个比较完备的学科"。由此，先生提出了三方面的设计规划：一是明确提出了重点研究的内容，如字体、书体的研究，书论的研究，书法与古史的研究、书法与中国文化关系的研究、书法与国家文化建设关系的研究等等；二是明确提出了书法研究的方法、角度和高度，如主张把中国的书法放在大文化背景中来研究，要求站在历史的高度运用唯物主义的方法来研究，把书法历史变成书法论、书法史论来研究，对于历史上或者现实中许多问题，要分析、比较其渊源、结晶，比较不同点，寻求相同点等等；三是指出了开展研究的最终目的是完善高层次的文化、高层次的艺术、高层次的生活。这些主张，目前仍然具有学科建设的现实指导意义。

自然，书法艺术学科建设必须与时俱进。要适应时代发展，适应国家需要，借鉴中国传统儒学立足时代、联系现实，入世、淑世、经世、治世和"借势发展"的经验，科学梳理书法艺术在中国文化发展中的衍变轨迹，深刻认识其承载的历史责任和发挥的重要作用，深入探索学科自身发展的客观规律，特别是要紧密结合国家文化发展战略深入研究现实问题。如认真思考如何发掘书法艺术的自身优势，在传播和弘扬民族精神与传统文化精华，增强民族自信心和凝聚力，提高全民族文化素养和审美情趣，促进社会主义文化大发展大繁荣，促进社会主义核心价值体系构建，满足人们日益增长的精神文化需求，实施走向世界战略，树立国家文化形象，扩大国际影响等方面，发挥更大的作用。经过书法学界和各方面的共同努力，能在不长的时期里使学科设置有明显提升。

三、关于走向世界的认识

伴随全球经济一体化程度的不断增强和我国国际影响力的迅速提高，越来越多的国家和人民希望更深入地了解中国、学习中国。目前，在世界范围内兴起的"汉语热"、"汉学热"方兴未艾，学习汉语的外国人已超过 1 亿，中国同世界各国的文化交流，频率越来越高、规模越来越大，100 多个国家和地区建立了 300 多所孔子文化学院。中国文化世界化趋势的不断加强，为书法艺术走向世界创造了很好的机会。

书法艺术走向世界，就要精心实施"走出去、请进来"战略。一是让我国优秀的书法家"走出去"，积极开展国际间的交流与合作，利用国外的讲坛论坛，现场演讲介绍、现场创作演示，畅通传播中国文化的渠道，把握书法文化交流的主动权和话语权。二是把书法艺术的优秀作品"推出去"。利用书法展览、媒体介绍等多种途径，开辟影视、网络、报刊等多种方式，让世界人民欣赏和分享中国书法艺术的优秀成果，吸引他们的兴趣，传播中国文化精华。三是把国外确有造诣的书法家请进来，让他们到中国来亲身体验书法艺术本土的文化环境和艺术氛围，加强感情交流，深化文化友谊，并通过他们向世界介绍书法艺术，介绍中国文化。总之，要想方设法，广泛建立书法文化交流和学术对话的国际平台，把中国的书法艺术和博大精深的中国文化介绍给世界人民，让世界人民深入了解古老文明的中国，在进一步树立中国和平发展、文明发展世界形象的同时，密切同世界文化界的联系，扩大中国文化的世界影响。

其实，中国书法在国外特别是国外汉学界早已有着深广的影响，有些汉学家对于中国书法艺术的爱好与研究甚至走在了我们前面，如日本、法国关于汉字书法艺术博士学位的设置就比我们早得多。值得注意的是，他们的关注点一般只是书法艺术的形式，而我们的责任则是在研究书法艺术的同时把中国文化的思想精华介绍给世界人民。因此，应当充分运用书法自身的艺术魅力和内在的文化活力，发挥其吸引力和影响力，让更多的外国朋友在自觉接受书法艺术的同时，接受中国文化的思想精华。以书法作品为例。因为优秀书法家无不具有深厚的文化素养，其优秀作品书写的文、辞、字、句，无不经过精心选择和斟酌，无不具有深刻的思想内容和丰富的文化内涵。诸如，一个"和"字斗方就传达了中国文化的思想精髓，"和谐"一词就表达了华夏民族追求的理想境界；"自强不息，厚德载物"表现出中华民族精神伟大；"天人合一"体现了中国古圣先贤理性思维的先进。当诸如此类的书法作品悬挂于厅室，长期的朝见夕赏，其滴水穿石、潜移默化的力量对主人的影响不言而喻。因此，书法艺术走向世界，其在有意与无意之间、自然与自觉之际产生的文化影响，或者是其他形式所不能替代的。

（2008 年 11 月 30 日）

书法艺术与思想境界

怀天下者，天下怀之；重万民者，万民重之。验之古今中外，不论是思想家、政治家还是艺术家，无不信然。诸如中国的老子、孔子、孟子，印度的释迦牟尼，德国的马克思、恩格斯，乃至"忧以天下"、"乐以天下"的屈原、杜甫，都很典型。

高度决定视野，视野决定境界。"天下为怀"、"以民为本"自古以来就是中华民族的优良传统，"文化天下"、"天下和谐"更是华夏先贤致力追求的理想目标。在中华民族数千年文明发展的历史长河中，"斯文自任"、"以天下为己任"的使命意识和宽阔胸怀，成为备受世人敬仰的崇高品德；想天下事、写天下情，造福人类、惠及生民，铸就了"厚德载物"的民族精魂和志士仁人承传千载的优秀品质。在现代文明高度发达的当今世界，在传统文化成为国家综合实力重要组成部分的现实社会，众多的思想家、政治家、科学家、艺术家，依然表现出强烈的历史使命感和社会责任心，被誉为"德艺双馨"的著名艺术家都本基先生即是其中的代表。

都本基是徐悲鸿先生的再传弟子，陈墨先生门生。他秉承师训，苦学精进，厚德重艺，集诗、书、画、印于一身，尤以题写独具创意的"天下"书法作品而饮誉海内外。都先生性情笃深，善良忠厚，对祖国、对人民、对艺术充满深情、充满激情、充满赤诚，尤其热心弘扬民族精神，热心世界文化交流，热心推动公益事业，其艺术造诣和思想境界备受世人称扬。笔者与本基先生虽然交往不多，但对其学养造诣、创新精神和思想境界深为敬佩。

初晤本基先生是在己丑金秋季节。那是一个周日，北京天蓝气爽，笔者偕友来到琉璃厂，走进了字画盈室溢彩、墨香沁人肺腑的饮墨斋，受到都先生与夫人一凡女士的热情接待。饮墨斋左壁的巨幅书法作品——苏轼《赤壁怀古》词，透出磁铁般的吸引力。这幅气势磅礴、酣畅淋漓、浑厚典雅的艺术精品，粗看神姿风韵似曾相识，细品则艺术风格新奇独到，其中蕴含的艺术冲击力，令人即刻想到东坡书法的"端庄杂流丽，刚健含婀娜"（苏轼《和子由论书》）与山谷书法的遒劲雅重、飘逸灵动，而字里行间渲泻奔腾的豪放激情与横扫千军的气势力量，不能不让人油然而生赞叹。正是这幅出自都先生之手的墨宝，成为宾主交流的话头。据说，本基先生平时喜欢思考而话语无多，这次却谈锋甚健，深情地讲起他对苏词内容的理解和把握，介绍创作这幅书法作品时的构思运意、谋篇布局、前后关联、呼应安排，以及如何运用书法艺术的表现特点，来传达、再现和丰富苏轼词作深厚的思想内容，甚至还谈到了他对苏词不同版本的取舍，体现出都先生深厚的国学功底、文化素养和独到见解。品茗论艺之间，苏轼与黄庭坚的书法理论、创作特点和师承渊源，以及苏、黄之间的深厚友谊、深广影响等等，都是当时议论的重要内容。

都本基先生对苏轼、黄庭坚的书法特点与理论主张不仅有深刻的理解与把握，而且在自己的创作实践中有着创造性的发挥。苏、黄冠亚宋代书法四大家，超轶绝尘而各有独创。其笔势风貌虽然有别，而宗法为一，意韵相近，皆刚柔相济，姿媚隽逸。他们又都是宋代主流文化思潮的重要代表，积极倡导"文道并重"。反映在书法创作上，明确提出"技、道两进"，主张艺术与思想融为一体，审美与化育完美结合。这不仅提高了书法艺术的文化品位，而且丰厚了书法作品的

154

文化内涵，强化了书法艺术的社会功能。本基先生正是遵循这样的艺术思路进行了开拓性的创造与实践。

都本基先生书法始于习苏，成于新创，博采百家之长而学苏用力尤深。他中学时代即以喜爱绘画而显露艺术禀赋，并为追求款识字体的完美而励志习字，苏轼书写的《醉翁亭记》成为他起步临习的字帖而被奉为圭臬。众所周知，书法作为专门的艺术门类，有着独特的表现方法和艺术规律，学习"技"法、讲究"技"法、创新"技"法，自然是题内应有之义。苏轼"少日学兰亭"，"中年喜临写颜尚书真、行，造次为之，便欲穷本；晚乃喜李北海，其豪放多似之"（黄庭坚《山谷集·山谷题跋》），可谓博采众家之长。苏轼还通过总结自身的实践体验，来概括书法形体风神和气势结构等方面的要求与特点。他认为书法作品必须要有"神、气、骨、肉、血，五者阙一，不为成书"（《论书》），认为"真书难于飘扬，草书难于严重，大字难于结密而无间，小字难于宽绰而有余"（《跋王晋卿所藏莲华经》）。苏轼曾自称"余书如绵裹铁"，"平时作字，骨撑肉，肉没骨"。今传苏字体势多为扁方，源于隶法而取其风神，用笔厚重劲健，多取颜真卿笔意，兼得五代杨凝式之韵，故气魄雄伟，笔势隽逸，瘦健与丰腴浑然一体，姿媚神秀，圆劲有韵，内刚而外柔，自创一体，令人景仰！

苏轼不唯讲究"技"，而且尤其看重"道"。他特别注重书法作品的教化功能与社会影响，强调创作主体的道德涵养与文化素养，强调"人品"与"书品"的统一，提高了书法艺术审美的境界与层次。苏轼认为，"凡书像其为人"，"苟非其人，虽工不贵"，认为"心正则笔正"，"世之小人，书字虽工，而其神情终有睢盱侧媚之态"（《书唐氏六家书后》）。苏轼还特别强调以继承为基础的创新独造，要求"出新意，求变态"，"逸于绳墨之外"（《跋叶致远所藏永禅师千文》），自谓"吾书虽不甚佳，然自出新意，不践古人，是一快也"

（《评草书》）。正是苏轼独树一帜的艺术风格和重技、重道、重创新的书学思想，对都本基先生书法艺术之路产生了直接的重大影响。

都本基对苏轼的门生黄庭坚更是神交而心仪，尤其是对于黄庭坚书法理论与艺术创作的理解把握更深入、更准确、更细致，创造性的吸收和发挥也更多。黄庭坚书法师承苏轼而自成一家，以劲健奔逸、雄放瑰奇、飘洒飞动、变化无际著称。黄庭坚对苏轼书法推崇备至，以为"东坡书如华岳三峰，卓立参昂，虽造物之炉锤，不自知其妙也。中年书圆劲而有韵，大似徐会稽，晚年沉着痛快，乃似李北海。此公盖天资解书，比之诗人是李白之流"，其字"笔圆而韵胜，挟以文章妙天下，忠义贯日月之气，本朝善书，自当推为第一"（《跋东坡墨迹》）。黄氏还进一步阐释和发挥苏轼书法理论，并结合亲身实践的心得体会，把"技、道两进"的思想推向新境界。

黄庭坚精研前代诸家书艺奥妙而尤喜颜书，且颇得真髓，自称"极喜颜鲁公书，时时意想为之，笔下似有风气"。他主张"凡书要拙多于巧"，字要"肥不剩肉，瘦不露骨"，"肥字要须有骨，瘦字要须有肉"；强调书法必须严谨，"失一点如美人眇一目，失一戈如壮士折一臂"。黄氏论书还提出了"笔、意、韵"诸说，认为"字中有笔，如禅家句中有眼"（《李致尧乞书书卷后》）、"锋在笔中，意在笔前"，"凡书画当观韵"，"此与文章同一关纽"（《题摹郭尚书图》）。他还指出，"用笔不知擒纵"，则"字中无笔"（《自评元祐间字》），"若使胸中有书数千卷，不随世碌碌，则书不病韵"（《跋周子发帖》），"书字虽工拙在人，要须年高手硬，心意闲淡，乃入微耳"。黄氏所言之"笔"，即是书法表现之"技"，而"意"与"韵"说，则是书法作品内含的思想与外溢的效果。

与苏轼一样，黄庭坚特别注重书法艺术的独创性。其《论写字法》云："随人学人终旧人"，《题乐毅论后》谓"随人作计终后人，自成一家始逼真"。他认为，学古人书，应该"萧然出于绳墨之外而卒与之合"（《题彦鲁公帖》）。正因如此，黄庭坚在"技、道两进"之"道"的要求方面，有着更为开阔的要求。他特别强调人格、学问、修养和性情的统一："学书要须胸中有道义，又广之以圣哲之学，书乃可贵。若其灵府无程政，使笔墨不减常逸少，只是俗人耳。"其《跋东坡书远景楼赋后》说："东坡书，学问文章之气，郁郁芊芊发于笔墨之间，此所以他人终莫能及尔。"《跋范文正公帖》云："今士大夫喜书，当不但学其笔法，观其所以教戒故旧亲戚，皆天下长者之言也。深爱其书，则深味其意，推而涉世，不为古人志士，吾不信也。"至《题王观复书后》则要求"无秋毫俗气"、"不随俗低昂"。他在《论写字法》中还教导后学"要须得一佳士与游，养其忠厚之源，此最为先务也"。都本基先生创造性地继承和发扬了苏轼与黄庭坚"技、道两进"的书学思想，并将其融于书法创作的实践中，从而形成既有苏、黄书法元素，又有独创特色的艺术风格。

都本基先生不仅善于师法前贤，而且善于创新境界。他特别强调艺术创作必须反映时代发展、体现民族精神，必须立足于时代发展，着眼于人类未来，把书法作品作为传播民族义化、推进社会文明的重要载体，赋予作品更丰厚、更深广的内涵。他常常把爱国心、民族情融入翰墨、凝聚笔锋、形于创作。如果说巨幅书法作品《赤壁怀古》词已略窥一斑的话，那么，都本基先生饱含激情历时数月精心创作的行书长卷《道德经》，更是充满打动人心的艺术力量。这幅题材内容与书法艺术珠联璧合的长篇巨帙，创意新、寓意深，更能体现都先生对中国传统文化精华的深刻把握，更能体现其书法创作的艺术造诣，更能见出令人敬佩的思想境界。

众所周知，《道德经》是中国古代思想家、哲学家李耳公元前6世纪的经典著作。全书虽然只有5000多字，但内容丰富多彩、思想博大精深，诸如宇宙、自然、社会、人生及其相互关系、物事情理等等，无所不包。这部反映和体现当时中华民族文化发展、文明发展和思想智慧的巅峰之作，采用韵文形式，讲"德"论"道"，分章划节，易读、易记、易传，其俯拾即是的格言警句，无一不是关切现实、关注社会、关心民生、关爱人类的智慧总结与理论升华，无一不是立足华夏民族历史实践和人类文明发展的规律探讨与经验概括，无一不是富有深厚思想启迪与深刻方法启示的理性结晶。正因如此，《道德经》在中国和世界上产生了巨大影响，被誉为"东方圣经"、"万经之王"。其注者如云，前后相望，阐释著述，汗牛充栋。历代学人乃至帝王公卿，推崇备至，如唐玄宗不仅亲为注解，而且诏告天下，必家藏一册。《道德经》至晚在唐代即流播海外，迄今各种外文版本已逾千种，是《圣经》而外世界上被译成外国文字发行最多的文化名著。黑格尔说"《道德经》最受世人崇仰"；尼采也说"《道德经》像一个永不枯竭的井泉，满载宝藏，放下汲桶，唾手可得"。世界著名哲人尚且如此，其影响之深远广泛，可以想见。

都本基先生选择这样一部经典著述作为书法创作的题材，可谓独具慧眼。都先生国学根底深厚，谙熟中华民族传统文化精华，他以书法艺术的形式来表达对《道德经》的深刻理解，表达艺术家深厚的民族感情和"大爱"之心，让这部反映中国古代文化发展水平和中华民族智慧的经典著作不仅能够继续广为传播，而且因为增添了浓厚的书法艺术因素更受珍视，为世界人民深入了解博大精深的中国文化，共享中华民族为人类文明发展创造的思想成果，深入了解中国这个文明古国、文化大国，搭建起一条充满艺术活力的新桥梁，其重大的现实意义与深远的文化影响不言而喻。

尤其难能可贵的是，都先生选择行书创作《道德经》，更是独运匠心，将艺术审美与思想熏陶融为一体。行书的最大优势在于能兼顾创作主体与受众群体的需求，既能给书法家以充分展示艺术才能的空间，又能给不同层次的受众以阅读与欣赏的便利。众所周知，审美与实用的关系，始终是人类文化发展中的基本问题之一。审美与实用融合一体，是中国传统文化特别是艺术发展的一大规律。古代先贤主张"治世修文，化育天下"，倡导"文以载道"、"文道并重"，要求文章"易读、易懂、易记、易传"，无不考虑受众群体和社会效果。中国汉字书法的发展情形与文学大致相似。汉字书法的主流一直沿着"书以载道"、"书以传道"、"书、道并重"、"以书化人"的路子走，考察由大篆、小篆到隶体、楷体的衍变过程，正可见出向"易认、易记、易写、易传"逐步推进、方便受众的特点。而"书以记事记言"、"书以怡情励志"，"书以传道明心"、"书以警世省心"的内容特点，以及由"朴、拙、重"不断向"意、境、韵"提升的风格变化，也体现了书法艺术在审美与实用结合方面的发展轨迹。都本基书法发扬光大了中国文化"审美与实用"融合一体的优良传统，如果说奥运会上各个国家和地区的引导牌是一次集中展示的话，那么，手书《道德经》长卷则是又一次文化内涵更加深厚的实践。作者选择既庄重平实又飘逸流动的行书精心创作，不仅点画丝连，字携意牵，大小相间，而且虚实并用，疏密有致，浑然成篇，或顾盼呼应，或跌扑纵跃，可谓急缓有度，动静相宜，其节奏旋律、气势风韵，可以令人想到"龙跳天门，虎卧凤阁"的《兰亭序》与"流畅通达、丰腴圆润"的《麓山寺碑》，淋漓尽致地表现了《道德经》的智慧内涵，淋漓尽致地展现了对苏、黄用墨特点、侧锋运笔等技法的创造性发挥，也淋漓尽致地体现出对黄庭坚书法点如"高山坠石"、竖如"树梢挂蛇"的精到理解、深刻体会与创新实践。概而言之，手书《道德经》长卷体现着创作者强烈的文化意识和国家观念。这种文化意识和国家观念，还反映在努力推动国家文化遗产保护上。

都本基先生曾强烈地多方呼吁，立即采取措施保护《泰山经石峪金刚经》。这幅刻于泰山东南麓龙泉山谷溪床之上的摩崖巨制，据清代学者称为北齐作品。内容为佛教经典《金刚般若波罗蜜经》，书法精良，字大径尺，以隶为主，间糅篆、楷、行草意，书体雄浑，古拙朴茂，境象高古，有"云鹤海鸥"之态，被尊为"大字鼻祖"和"榜书之宗"，具有极高的艺术美学价值和深远浓厚的时代文化意义。刻石南北长 56 米，东西宽 36 米，气势磅礴。先生极其珍爱，多次徜徉其下，长时间地瞻仰揣摩。由于石刻特殊的地理位置，水冲风蚀上千年，损坏残重，据说原刻 3000 多字，而今存不足 1000 字，令人深感痛惜。都先生面对此景，常常扼腕疾首，如裂肺腑，誓为保护这份珍贵的人类文化遗产而尽绵薄之力。他呼吁各方，加强保护，并亲自设计方案，提出具体建议，但由于种种复杂原因，至今未能实现这一夙愿。先生谈起此事，即动情、动容，情绪激动，其对文化遗产的深厚感情，溢于言表。

都本基先生的国家观念和时代意识，使他的书法蕴含着丰厚的传统文化精华，充满了积极健康、鼓舞人心的力量。他为奥运会撰写的"同一个世界，同一个梦想"，表达着全世界善良人们的美好期待；他创作的《泰山颂》不仅体现着中华民族的伟大气魄，而且洋溢着热爱祖国、感动人心的浓浓深情；他在海南题写的"凤舞天涯"，更是一改"天涯海角"的荒凉感伤色彩，而呈现欢乐祥和、热烈红火的气氛。都先生创作的"天下和谐"，更能反映创作者的思想境界，更能反映创意的独到和寓意的深远。"天下和谐"是全世界一切善良人们的愿望和期待。都先生以独特的书法创意和可以利用的一切机会，宣传和倡导这种愿望和期待。"天下和谐"曾是我国神七航天飞船遨游太空携带的唯一书法作品，也曾作为国礼赠送给美国前副总统戈尔、新加坡总统纳丹等诸多国家政要。庚寅初春，以"展示中华文化、弘扬民族精神"为主旨的上海世博会美术创作展览分展馆大型展览活动启动仪式在北京钓鱼台国宾馆举行。笔者有幸应邀参加了这次新闻发布会。作为组委会的艺术形象大使，都本基先生满怀激情，现场泼墨，书写"天下和谐"，不仅让大家目睹先生凝聚精、气、神、力，进行艺术创作的动人情景，而且也让大家领略了先生对民族文化的深刻理解、对世界和谐的深情期待。先生的现场创作，是又一次的深情表达和真情呼唤！

上海世博会正式开幕，都本基先生接受了中国残疾人联合会、中国关爱生命共享阳光组委会联合邀请，担任"爱心大使"。他高度赞赏生命阳光馆"消除歧视、摆脱贫穷、关爱生命、共享阳光；城市让残疾人生活更美好"的鲜明主题，高度赞赏主题馆对地球、城市、人三者之间生存相依、"共生""共赢"关系的精妙阐释，不仅现场题写馆名，而且题写嵌名联句如"主题明确大业共耀，细节清楚伟绩同辉"、"联世界精英共铸安泰，合诸国伟力共创谐平"、"生命宝贵众人同也"、"阳光普照万物共乎"等等，同时为残疾人志愿者代表签字留念，并与残疾人艺术家联袂创作，充分表达了对人类生存和社会环境的关爱，充分体现了都先生的博爱襟怀。中国残联副主席、组委会秘书长吕世明先生为都本基颁发了"爱心大使"证书，奥运火炬手金晶代表残疾人向都先生赠送纪念品，上海市胡延照副市长握手致谢。

笔者曾听一凡女士讲述先生倾力奉献奥运、法兰克福巡展、慷慨义捐赈灾、免费指导后学等一系列感动人心的故事，也听先生讲过放下手头工作，帮助残疾人募捐，并亲自高价买下残疾人创作的扇面作品，还为购买者签名鼓励。这些，不仅反映了都先生的胸怀和境界，而且表现了他关注现实、关注社会，关切民生、关切未来的品德！总之，都先生书法体现着浓厚的以爱国主义为核心的民族精神，体现着浓厚的以改革创新为核心的时代精神，体现着刚劲独特的艺术风格和令人敬佩的人品。美国《世界日报》曾有文章评价都氏书法外有霸气，而内有大气、骨气、神气和锐气，看上去既有极强的视觉冲击力，又蕴含种种变化，令人回味无穷，是很有见地的。思想深刻而敏锐的著名艺术大家张艺谋，能从众多名家书法作品中选定都氏字体制作奥运引导牌，也的确独具法眼。中央电视台著名主持人崔永元同志在《作品与人品》一文中不无谦虚地说："学不来都先生的书画技艺,却可以跟他学习好好做人。"这既是对都先生人品的高度认同,也是正直善良人们的心声。

关于都本基先生的人品、书品有许多许多的评论,其中有两条至为确切、精辟和中肯。其一是"情系中华"。这是全国人大副委员长周铁农同志专门为都本基先生撰写的题赠条幅,其隐含的对句应是"胸怀世界",可以说这是对都先生人格境界和思想品质的概括与评价,所以蒋一成先生称"都本基大师"是"书写世界之人"。其二是"师古不泥古,求新更创新"。这是已故国学大师季羡林先生专门为都本基题写的对联,凝练概括了其艺术成就的突出特点。在中华民族文明发展的历史上,人们常常以"德、才、学、识、胆"来全面评价一位思想家或艺术家的道德品质、聪明才智、知识结构、观点见解、创新魄力等方面的整体素质,而都本基先生在这些方面无疑有着鲜明的表现。

庚寅岁初,拙著《诗词品鉴》付梓,先生亲题书名并赠贺联,笔者深敬先生思想艺术之境界,乃述以见闻,谈以感受,又与先生助理崔俊丽女士切磋再三,草成此稿,聊以引玉!

《儒藏·〈论语〉》专辑的学术启示

北京大学汤一介先生任首席专家并主持编纂的《儒藏》，是我国新时期文化建设的重大基础工程，也是国家社科基金支持资助的重大学术项目。《论语》专辑，是这项重大工程的又一重大阶段性成果。是书出版，是学术界的又一件值得庆贺的喜事！在表示祝贺的同时，也衷心感谢汤一介先生和所有参与编纂的同志，感谢北京大学和北京大学出版社！他们为此呕心沥血，付出了艰苦细致的劳动和坚忍不拔的努力！

《论语》专辑的出版，首先是对全国哲学社会科学规划办公室工作的有力支持。这个项目，得到全国哲学社会科学规划领导小组和中央宣传部领导的高度重视。中央政治局委员、中宣部部长、领导小组组长刘云山，中宣部相关的领导同志都十分关心，不仅多次批示，特立为重大项目，给予资助，而且一直关切研究进展，仔细阅读课题组报送的每一期工作简报。

作为国家项目规划与管理工作的参与者，重大课题的立项与联络是我的职责，这使我有机会向各位专家学习请教；作为中国古代文化特别是儒家文化的爱好者和研究者，我对这个课题又有着一份深厚的学术感情。两天前，我捧着这部沉甸甸的新书，浏览部分内容之后，敬佩和感动油然而生。课题组扎扎实实的苦干精神和科学严谨的治学态度，深深感动了我。同时，我也深知这部书的学术价值、学术分量和文化意义，深知其中的艰辛和问世的不易。

课题组勇于承担这样高难度的重大项目，学术气魄、学术胆识和学术眼光令人钦佩，斯文自任的使命意识、弘扬民族文化的责任意识，更是令人敬仰。特别是在立项后仅一年多的时间里，就拿出了如此厚重的阶段性成果，可喜可贺，可钦可敬！毫无疑问，课题成果既是对国家文化建设的重要贡献，又是对全国哲学社会科学规划办工作的最好支持！

《论语》专辑的出版具有重要的学术意义和文化意义。《论语》是儒家经典的代表，影响之深广，世罕其匹。中国古代典籍，汗牛充栋，浩如烟海，能够达到广泛传播、广泛普及，深入人心、深入生活，既备受百姓欢迎，又备受学林关注的著作，可以说没有一部能与《论语》并肩媲美。有人说《论语》是东方的《圣经》，但《论语》的入世和淑世精神，《论语》对现实和生活的思考，又远非《圣经》所能比，所以17世纪法国的著名经济学家魁奈认为，《论语》"胜过希腊七圣之语"，一些当代的诺贝尔奖获得者也认为，人类要生存下去，就必须汲取孔子的智慧。

尤其是，正当我们向全世界推出构建和谐社会战略的时候，正当国家大力推进以人为本的科学发展观的时候，《论语》专辑的面世，更具特殊意义。众所周知，学术研究只有符合历史进步和文明发展的需要，只有符合社会现实与人民生活的需要，只有符合自身发展的科学规律，才能有意义，才能出精品，才能惠及当代，泽被后人。儒学经典都是关注社会、关注现实、关注民生的结晶，经典研究也都是与时俱进和时代发展的产物。《论语》专辑以及将陆续出版的儒藏精华，顺应了时代发展的需要，是对中国古代文化资源的重大开发、有效利用和有力保护。这使广大学者看到了平常难以见到的珍本、善本和孤本书的内容，为开展研究提供了极大的方便。

作为《儒藏精华编》的开篇，《论语》专辑又是范本和样板。内容把握精到，体例设计精严，版本选择精心，校勘比对精细。我们由此不仅可以看到严谨的学风和严格的规范，而且可以窥见精华编的整体风格。

期待《儒藏精华编》成为精品工程。苏轼为欧阳修文集作序，起笔写下了"夫言有大而非夸，达者信之"，然后笔锋陡转，将大禹治水、孔子修《春秋》、孟子拒杨墨、韩愈为古文、欧阳修著文章相提并论，提出孔、孟、韩、欧阳与大禹一样，"功与天地并"，揭示文化对于人类生存和发展的重大作用。博大精深的儒家文化，不仅是中华民族的骄傲，而且也是人类共同的文化资源和文明成果。一方面，它纵贯中华文明发展数千年，一直是中国古代社会的主流文化；另一方面，又远播海外，不同程度地影响着亚洲文化圈和欧美思想界。直到科学技术飞速发展的今天，依然在世界范围内产生着越来越大的影响，展示着中华民族文化的辉煌。

北京大学承担的《儒藏》工程，实际上已经成为国家文化建设的重要组成部分，课题成果的积极影响，不可估量。现在，课题组已经做了大量艰苦细致的组织协调，工作卓有成效，课题研究有了一个良好的开端。我们期盼着更多优秀成果的问世。要继续把这个项目做好、做精、做大，既出精品，又出人才。要通过这个工程，推进儒学研究的系统化、科学化、体系化，争取在不长的时期内，成为一个重要的分支学科。这就需要我们在开展工作时，既进行科学严谨的整理，又进行深入细致的研究；既进行知识、思想、学术等层面的梳理，又进行学术发展、文化发展、社会发展、文明发展等规律层面的探讨。

当然，实现这样的目标，既需要学术界的艰苦努力，又需要全社会的支持。相信在汤老的主持下，大家同心协力，共同推进，将会不断取得新进展，更多高质量高水平的研究成果也会不断呈现在世人面前！

（2005 年 9 月 22 日）

反本开新与学术自觉

——《中国儒学史》（九卷本）出版记言

北京大学著名学者汤一介先生主编的九卷本《中国儒学史》出版，这是值得学界庆贺的喜事和大事。这部 450 多万字的学术巨著，全面系统地阐述了中国儒学发生发展及其演变的历史过程，不仅资料翔实，内容丰富，而且体大思精，创见甚多。著者以科学严谨的治学态度，反本开新，努力从儒学的内在思想中发掘其"特殊价值"和"普遍价值"，发掘其丰富深厚的当代意义，是文化传承的典型和学术自觉的典范，具有重要的学术价值和深远的文化意义。

九卷本《中国儒学史》是国家社科基金后期资助项目成果，其付梓出版，标志着课题组呕心沥血的结晶，开始走向社会、沾溉读者，开始发挥学术影响力和文化影响力。国家哲学社会科学规划办公室谨向汤一介先生、李中华教授及课题组全体成员，向北京大学出版社、北京大学社科部表示真诚祝贺！衷心感谢大家为此付出的辛勤劳动，感谢对国家社科规划办工作的鼎力支持！

众所周知，中国儒学对中华民族的发展和人类文明的进步，产生了重大而深远的影响。中国儒学的发展历史，更是当代学人关注和研究的热点。九卷本《中国儒学史》是当前最具代表性的成果。这部数百万字的皇皇巨著，是国家社科基金后期资助项目中规模宏大的标志性成果。其恢宏严密和清晰完整的思想架构，深厚扎实的学术功底与深刻独到的学术见解，纵横开阔的学术视野与审慎严谨的治学风格，得到众多评审专家的一致认同。尤其是立足现实、着眼长远的问题意识，民族振兴的国家观念和人类文明的世界视野，有征必引、无征不信和求真求实、勇于创新的治学精神，既集中体现了著作人"德、学、才、识、胆"的综合素质，又为当今的传统文化研究提供了方法论启示。汤一介先生撰写的序言体现得很充分、很鲜明，可以说有思想、有境界、有高度。

"加强对优秀传统文化思想价值的挖掘和阐发，维护民族文化基本元素，使优秀传统文化成为新时代鼓舞人民前进的精神力量"（《中国共产党十七届六中全会决定》），这既是国家发展和民族振兴的时代需要，又是学界义不容辞的历史责任。理论创新、文化强国、学术探索是基础。深入研究中国儒学，"反本开新"，是创造新思想、建设新文化的必然要求，也是实现文化自觉、文化自信、文化自强的必由之路。九卷本《中国儒学史》体现了高度的文化自觉和学术担当，具有典型性和示范性意义。该书出版以来，得到学术界的充分肯定，认为"是一部学术精品，可与《儒藏》相映成辉"，说明其学术价值和文化意义正在逐步为人们所认识。相信这次座谈会会有更深入、更具体、更全面的认识与评价。

最后，希望课题组不断推出更多高水平、高质量的新成果，也希望北京大学出版社推荐更多的优秀学术著作，让我们一起把国家社科基金后期资助项目做成名牌、形成品牌，为学术发展和文化繁荣作出新贡献。

（2012 年 6 月 30 日）

欧洲文明进程研究的新开拓

学术乃天下之公器，世界各国各民族创造的文化成果和文明成果，都是全人类的共同精神财富。共同拥有、共同保护、共同开发和利用这些宝贵的资源，继续推进人类文明向更高水平、更高层次健康发展，既是专家的责任，也是学者的义务。欧洲文明进程研究当属此种学术境界的典型案例。

2012 年度国家社会科学基金第一批重大招标项目《欧洲文明进程研究》，经过匿名通讯评审和会议答辩角逐，最后由天津师范大学获得，首席专家是中国"世界中世纪史学会"理事长，欧洲文明研究的著名学者。

欧洲文明，主要是西欧文明。研究西方用地理位置来界定更科学、更准确，因为传统观念中的西方还包括美国、日本，发达国家一般都叫西方。美国是从西欧移植出去的，实际上精神是相联系的，把西欧说清楚了，欧洲就说清楚了，西方也说清楚了。

西欧历史进程研究，是一个很有意义的大题目。现在的国际大趋势就是经济全球化越来越明显，伴随着文化的多元化、文明的多极化，世界走向多极，尽管力量不平衡，但是这是一个大格局。这个世界大格局特别需要对文明深入研究。文明的研究成为国家战略决策参考的重要课题。苏东解体以后，世界格局发生很大变化，关于这方面，亨廷顿提出了一些观点，但他的观点过分强调冲突，过分强调文明一个方面，其实还有如政治、经济等其他方面的联系。亨廷顿提出文明的不同个性在今后的世界走向当中起非常重大的作用，这是正确的。这就是为什么中国几次出现文化热、文明热，它的出现还是有深厚的历史背景的。从我们国家来讲，也应该有这种战略的思想准备，有一种深厚的研究做基础，而不是一个简单的对策研究。现在中国的发展面临各种问题，其实说到底就是面临着对西方文化的认识。对策研究能解决眼前问题，只有文明、文化研究才能解决基础问题、长期的问题。根据这样一些考虑，研究欧洲文明进程，无疑是一个明智的选择。课题组成员大都是从事英国、法国、德国的研究，而且中世纪史研究是强项。懂得中世纪再搞近现代研究不是太难，但是如果只懂得当代，想解释中世纪，就很难。这样的学科结构，就有能力俯瞰欧洲文明。课题组还联合了国内最专业的、做得最好的一线教授。做学术，不能是纯学术，研究要为社会服务、为政府决策服务，提供学术资源和思想资源。所以这个题目有针对性、更有现实意义。

这个题目现在国内外的研究都存在弱点。国外研究过于专深，分工很细。国内近 20—30 年来，世界史研究有长足发展和突破，推翻了原来的许多观点，比如以前的中世纪黑暗说。中世纪如果黑暗就不会产生近代的光明，历史不是割裂的，而是相互衔接的。西方的历史没有被打乱，自己一直走下来，而不像中国文明，鸦片战争之后搞洋务、效法西方。此外，国内世界史研究成果很多，但零碎化，不系统。而我们现在最需要的不是某个事件研究得专深，中国人最需要了解的是整体概貌，了解西方文明的脉络，需要一部中国人自己写成的欧洲文明史。要准确，实实在在，从学术上说清楚它是怎么回事。

欧洲文明进程研究采取专题式结构，而不是从古代、近代到现代。比如，农村、农民是怎么变过来的，城市化怎么形成的，大学是怎么发展的，社会保障体系是怎么建立的，国民教育体系是怎么建立的，市场经济是怎么运作过来的。把这些题目说清楚了，欧洲是什么就不再虚无缥缈。

欧洲文明进程研究是一个很有价值、很有意义的题目，意义大、价值高，难度也大，富有挑战性。这个课题有五个突出特点：第一个特点是选题分量厚重。着眼于西欧，立足于中国，既有学术高度，也有思想高度。研究目的明确，以史为鉴，对研究现状的梳理，突出了当前研究的必要性、重要性和紧迫性。以往的研究薄弱，系统性不强，整体性不强，大多是有点无面，进行整体研究，突出了课题研究的重要性。第二个特点是课题组实力雄厚。课题组成员都是属于相关领域的处于前沿水平的一流专家，很难得。加入这个队伍，是对课题研究价值的认可，是对天津师大凝聚力的认可，是对策划、组织、协调工作的认可。这为课题的开展和最后拿出一个高水平成果提供了基本保障。而且学科优势也很明显，90 年代初就开始起步，首席专家学术积累丰厚，学术地位也足以带领大家来承担这样的任务。团队的知识结构也有突出优势，中国史专家与世界史专家形成了优化，形成一种合力。第三个特点是，学术积累丰厚。研究起步早，阶段性成果很丰富。首席专家已经做过四个国家课题，还完成了教育部的三个研究课题。这些前期成果，将为最后形成高水平、高质量的学术成果提供坚实的基础和保证。同时学院还创办了《欧洲研究》刊物，坚持每年都要出刊，这种积累非常重要，对人才培养、队伍形成有着直接关系。这不是阶段性的，不是做完一件事情就结束。刊物编委，基本上把顶尖级专家都请进来了。第四个特点是，研究思路清晰明确。这是一个高层次、有水平的研究思路。沿着这样一条思路，就可以保证研究成果的高水平、高层次。第五个特点，是结构科学、架构合理。课题设计体现出一种学术气魄，有一条学术研究的主导思想贯穿始终，不是大拼盘。目前有些研究项目，尤其是重大项目研究，拼盘式较多，规模似乎是有了，但结构往往松散，缺少鲜明的主线。架构的科学合理，体现出严谨的学风和科学的精神，体现出策划组织的科学性，也体现了学术研究的大思路。以上五个特色，是保证课题研究顺利进行的重要基础。

做好这一课题，有了很好的基础，当然也还有进一步提高的空间，以下几方面即是笔者的思考建议。

第一，要科学、准确地定位、定性、定界、定目标、定规则。笔者以为，关于西欧文明进程研究的课题，非常大气，其中也包含着历史演进线索的发掘。进程是一个过程，必须既要体现史的发展元素，又要明确时间界限。关于定位，西欧文明是人类文明的重要组成部分，这已经给出了一个恰当的定位了，但是学术方面的着眼点定位应该再细一些。比如，研究西欧文明进程的目的是什么，要有一个定位；在人类文明发展中的定位，在学术研究史上的定位。定位准了，在展开研究的时候才能准确地把握，下笔措辞、用意才能有个指南针一样的东西。关于定性，就是这项研究的性质是什么必须明确，学术研究要和政治有一定的距离的想法其实是一种误导。定性的最好的提法就是学术要做有思想的学术，比如，研究课题服务于国家建设和国家发展，就是一种定性，研究是为了什么，要有明确的目的。不是为了学术而学术，而是要以史为鉴，把西欧文明进程的得失、成功、经验都揭示出来、提炼出来，为目前的国家建设提供经验。关于定界限，欧洲有中欧、东欧、西欧，是从地域的概念来确定研究的界限，这个是可行的。同时还要进一步明确研究的重点，否则只说是中世纪，这个行内的专家都明白，但是形成的成果未必只是给专家看，也要考虑对学子们的需要，初步接触，需要明确时间的界限。如西欧文明的时间上限、区域范围都要明确。关于定目标，出版十几本书只是一个浅层的目标，最后的成果还只是一种形式，还要有不同层次的目标设计。社会科学研究，尤其是国家项目，既要出精品、出人才，通过研究的过程，形成高质量的成果，培养出高水平的人才，又要出思想、出效益，一方面是出经济效益，更重要的是出社会效益，通过研究成果影响社会。研究成果既是学术精品，同时又能提高民族的文化素养，开阔大家的眼界和知识面。现在很多中国人到了欧洲，看到生态环境很好，人们生活舒适，实际上内含着一种文化。最后，还要定规则，这是团队研究必须要做的一件事。课题研究既要百花齐放，充分发挥大家的创造力，同时又要有一定的规则，有一个统一的原则，保证最后的成果不偏离最初的设计。从材料使用，到学术规范，从政治思想敏感性的把握，如宗教问题，不能回避，也不能轻易否定，要实事求是地研究。不能过分，也不能不及。要把握好度、掌握好度，不能等到书稿完成了再统一。

第二，要进一步做到三个明确：一要明确目的，二要明确意义，三要明确价值。有明确的目的，大家才有信心。目的是为了出版几本著作，还是推出权威性、高水平、高质量的传世精品，来影响社会、影响决策？当然是后者。明确这个目的，就把研究提升到一个新的高层次。意义也要明确，这项研究不仅仅是为了改变欧洲文明研究比较薄弱、有点无面、有专题而不系统的局面，而且改换角度，从宏观角度来研究，服务于现实。关于价值，现实意义、学术意义、政治意义，都要说充分。另外，学科建设、学校发展的意义也不能忽视，更高层面上的是对国家建设的意义。

第三，要提升研究层次。目前的课题设计已经具备了一定水平，包括对决策的影响，目标的确定，层次都比较高。首先在方法和角度上有突破，这种突破必然带来研究成果的创新。这其实是对中国传统治学方法的现代弘扬和发展。中国古代的治学其实就是整体的宏观的元素多，包括哲学、宇宙观、中医，等等，都是一个整体的系统。老子讲"道"，《易经》讲循环、变化，汉代经学、宋元理学，都是整体的把握。我们对西欧文明进程的研究采用宏观的审视，恰恰就是发扬中国古代文化的优良成果，这本身就是有新意的。一定要从促进人类文明发展的高度去认识这个问题的意义。为什么孔子对人类影响这么大，他思考的不仅仅是当时的局势，而是从人类健康发展的角度去思考，怎么样管理社会，怎么样使人类往好的方向发展。管理就是一个秩序、有序的问题，所以孔子提出恢复周代社会的有序性，提出君君臣臣父父子子，提出儒家的伦理纲常，提出正心、诚意，修身、齐家、治国、平天下。有了秩序，社会稳定，才能发展。现在强调花钱买稳定，其实只是临时堵漏的方法，不解决根本的问题。中国的文明，是唯一连续发展5000多年不曾中断的文明，有很深刻的文化背景。研究世界其他地区的文明来说明中华的文明，是很重要的。为什么那么多获得诺贝尔奖的自然科学家，提出21世纪人类需要从孔子那里吸收智慧。孔子的智慧是什么？其中有国家的治理和管理，有人类文明发展的重要思想在里面，所以欧洲文明进程研究一定要提升层次，一定要从人类文明的角度去分析、提炼、概括，研究成果才有长期的意义。钱乘旦先生据说很少参加别人的课题组，这次积极承担任务，参加项目研究，本身就是对课题意义的认同。全国还有很多著名专家都积极参与，不讲任何报酬，不提经费，就是认识到了这个课题研究的重要意义。所以一定要提高层次，更容易凝聚人心。因为最终成果可望成为传世经典，成为影响世界的权威版本，大家付出的心血也会得到应有的回报。提升层次还要树立国家观念，有了国家观念，就会提升研究的视角和高度。世界史研究应该有一支庞大的队伍，应该有一批丰厚的成果，可以增强国家的软实力、综合国力。文化如水，最柔软的是它，最坚硬的也是它。有了国家观念，研究成果就会为国家建设、国家发展服务，包括直接可以用于外交。对别的国家的历史都不了解，没有共同语言，沟通很难。只有了解别国的文化和历史，才能交流，才能对接，才能采取有效管用的对策。中东地区多少年来这么乱，如果把中东深厚的历史渊源梳理清楚，就可以判断、预测今后的发展趋势，提前为国家提供决策参考。我们周边国家都是汉文化圈的，研究不够，应对挑战就不能得心应手。这不是倡导实用主义，中国的文化传统就是经世致用，研究西欧文明也要保持这样的传统，不是为学术而学术，学术也在其中了。

第四，要扩展学术视野。课题组的队伍结构和知识结构都很好，也凝聚和吸收了全国这方面的著名专家。这对扩展学术视野是有益的。以西欧文明为轴线、为基点，可以对比同时代其他地区文明的发展。开阔视野，也包括借鉴目前世界上已有的研究成果，对于不同的方法和观点都要参考。吸收前人的研究成果，吸引读者的关注，用最新的研究成果影响人们的思想。要从现实的借鉴来研究古代的历史，比如拉动内需的问题，生产、消费是一个整体的系统，在西欧文明进程中，消费和生产是不可分割的，研究这些，同样可以对现在制定政策提供借鉴。现在城市化建设总是出问题，看看西方走过的路，会给人以启发。

第五，要在探讨规律方面下功夫。学术研究，不论是自然科学还是社会科学，认识规律、探索规律是其重要任务。不在这方面下功夫，课题研究就不深刻，研究成果的学术意义就会打折扣。研究西欧文明进程，也要从大量社会现象中发现文明发展的规律。人与自然的关系，人与社会的关系，人与人的关系，都有规律性，要在研究当中抓住重点，抓住要点，逐步探索和接近规律。要把认识到的规律总结出来，整理出来。只有规律性的东西才会启发人们深入思考，给人以深刻启发和创造的激情。违背规律就要受到惩罚，符合规律才能成功。人定胜天，在个别具体的微观的点上，可能不错，但在宏观规律上，人是胜不了天的，尤其在客观条件受到限制的情况下更不会"胜天"。所以要从认识规律、发现规律和运用规律的角度出发，研究才能更有深度，更有高度。

第六，要发挥团队优势。像欧洲文明进程研究这样规模的大课题，需要有研究团队来承担、来完成，一个人或几个人是难以完成的。少数的几个人，研究结构受限制，形成不了规模，达不到一定的深度。厚重是需要一定规模来体现的。文明包括哪些方面，要界定，不能笼统地说。文明有着多方面、多层次的内涵，非常丰富。仅"文化"概念的定义，就有几百种。有了内涵的界定，就有了标准、依据和前提，研究就有了侧重点，有了具体的角度。团队的优势恰恰能够运用每个人的知识优势、资源优势，从不同的角度来进行深入研究，形成一种合力，形成相对科学的整体结构，所以一定的团队规模是完成大课题研究的保证。一个人的时间、精力和能力，都是十分有限的。

总而言之，课题思路和队伍结构都很好，期望拿出精品来，拿出传世的、权威的精品来，形成一定规模，培养一支队伍，形成一种学风。不但要出成果、出人才，还要出思想、出效益，提出对于促进国家发展和推进人类文明有用的思路来。国家重大课题，要经过严格的评审程序，国家社科基金就是支持和资助肯干事、能做事、做成事的研究团队。扎扎实实做研究，定会取得经得起历史检验的丰厚成果。

（2012 年 12 月 30 日初稿、2013 年 3 月 26 日修改于国家行政学院 3 号公寓）

《子海特辑》首发与古籍整理新期待

山东大学儒学高等研究院承担的国家社会科学基金 2010 年度特别重大委托项目"《子海》整理与研究",是国家文化建设基础工程的重要组成部分。

立项一年来,学校和课题组围绕项目实施,在组织建构、经费保障、规章制定、专家选聘、研究开展等方面,做了大量艰苦细致、卓有成效的工作。给人的总体感觉:很重视、很用心、很投入,也很有成效,起步扎实,开局良好。项目运行既目标明确、组织有序,又保障有力、措施得当。学校重视程度如此之高、支持力度如此之大,领导班子与课题组以高度的责任心,精心组织、多方协调、通力合作,仅一年时间就推出了《子海特辑》这样的阶段性成果,充分体现了学校承担国家重大项目的组织协调能力,充分体现了课题组勤奋刻苦、有序高效的扎实作风。

作为项目研究的首批成果,《子海特辑》将前辈著名学者高亨、丁山、栾调甫、王献唐四位先生"子学"研究的十九种未刊稿,影印为三大册。四位先生都是学界卓有建树的著名专家,高亨先生更是著述等身,享誉海内外,可以肯定,未刊稿的影印出版,必将产生重要学术影响。

古籍整理与研究集文化整理、开发、运用于一体,既是发掘与传承优秀民族文化的重要方式，也是建设新文化、创造新文化的重要基础。同时，这又是一项艰苦细致、难度高、强度大、富有学术含金量的创造性劳动。研究主体不仅需要知识储备厚、文化素养深、专业技能好，而且需要奉献精神强，受得了辛苦，耐得住寂寞。承担国家重大项目，更需要足够的学术勇气和担当精神。以郑杰文教授为首席专家的课题组，积极申请并承担了国家社科基金重大委托项目，现在又推出了首批成果，令人钦佩，值得祝贺。

《子海特辑》的出版，标志着项目研究有了一个很好的开端。希望课题组继续保持良好的工作状态和精神状态，发扬对项目负责、对国家负责、对历史负责、对读者负责、对自己负责的精神，把项目做细、做实、做深、做大。前贤治学，讲求"德、学、才、识、胆"。"德"就是思想境界，要有"斯文自任"、"以天下为己任"的社会责任心和历史使命感；"学"就是刻苦勤奋、博览群书，丰富文化积累，深厚学术功底，强调的是文化传承；"才"就是才气、灵气和悟性，华彩英发，富有创造力；"识"就是敏于发现、勤于思考、富于新见；"胆"就是勇于突破陈规，勇于超越前人，敢于表达独立见解，敢于开辟新的境界。五者相辅相成，反映了科学研究必须具备的基本素养和内在条件，我们应当自觉遵循。据此，笔者对项目研究谈点个人的建议与想法。

一要高境界。对于《〈子海〉整理与研究》项目的重大意义，要从促进国家文化建设和人类文明发展的高度去认识，从弘扬和传播中华民族优秀文化的高度去把握，突出国家观念和国家意识，而不仅仅是作为一个平常的学术项目来对待。

二要大气魄。要有宽阔的学术视野和学术胸怀，充分调动和运用全校、全国乃至海外的学术资源，汇集和凝聚多方面的研究力量，为弘扬和传播优秀民族文化、推进学术创新作出新的贡献。

三要高标准。要严格学术规范，树立良好学风，做到持之有据，言之成理，有征必引，无征不信，力求科学严谨，力争不出舛误、不出疏漏，推出传世精品，形成权威版本。

四要出思想。重大项目特别是重大文化项目，不仅要出精品、出人才，更要出思想。要通过项目研究，深入发掘前人智慧，为当今的国家建设、民族发展和推进人类文明提供启迪和借鉴。

五要重创新。要开拓思路，充分利用现代科技手段，运用新的研究方法，创新成果形式、创新管理模式、创新人才培养机制、创新传播渠道，积极探索古籍整理和研究的新路子。

最后，希望课题组继续保持务实、扎实、高效的势头，不负众望，不断推出高水平、高质量的新成果，力争在古籍整理研究、重大项目管理、人才队伍培养等方面创造出可资借鉴的成功经验。

（2011 年 6 月 25 日）

"经济特区与中国道路"研究的世界意义

众所周知，"经济特区"是人类文明进程中的重要历史现象。仅从1547年意大利创设自由港算起，迄今已近500年。20世纪70年代末，中国实行改革开放时，全世界近80个国家设立了各类特区，总数达300多个。

深圳是中国根据当时的世情与国情，创立的第一个经济特区，成为中国改革开放的重要窗口和试验基地，为探索中国特色发展道路和推动经济快速发展作出了重要贡献。特区创造了改革开放的辉煌亮点，谱写了中华民族复兴的光彩篇章，也探索了人类文明发展的新途径，培育形成了弥足珍贵的深圳精神，如"十大观念"等等。深圳特区是中国道路的形象诠释和历史缩影，既具典型示范意义，又有内在必然规律。

深圳特区，是中国的，也是世界的。深圳大学以深刻敏锐的学术眼光，抓住这一重大课题，充分利用特有的资源优势，创建了中国经济特区研究中心，体现出高度的文化自觉和责任担当。这是中国目前专门研究经济特区问题的唯一学术机构，也是教育部重点支持的研究基地。现在，"中心"推出的一批重要成果，已经引起中央相关部委和学界的高度重视，引起海外专家学者的密切关注。

比如，陶一桃教授的《中国经济特区史论》不仅荣获广东省优秀成果一等奖，而且被中宣部、国家新闻出版总署列为"纪念改革开放30周年"的35部重点图书之一。尤其是，这项成果经过专家组严格评审，立为国家"中华学术外译项目"在国外出版。其他如《深圳经济特区年谱》、《经济特区蓝皮书》和《中国经济特区研究》等成果，为记录经济特区发展史，深入探讨中国特色发展道路与制度变迁，都具有重要学术价值与文化意义。

2010年，研究中心又承担了国家社科规划重点项目《经济特区与中国道路》。这个题目是国际普遍关注的热门话题，具有重要现实意义与学术价值，研究的开展，将会深化经济特区历史经验的总结，推进国际社会对中国特色发展道路的深刻认识，丰富人类文明和科学发展的理论。

结合课题研究，"中心"策划组织的这次高规格高层次的国际学术研讨会，加强了同国际学术界的交流，将会有力推进研究的深入。

期待会议之后，进一步深入研究特区创造的奇迹和经验，进一步深入探讨特区的基本内涵、历史渊源、发展演变、突出特点、经验教训和普遍规律，进一步深入发掘中国道路的实践意义、世界意义与文化意义，出思想、出精品、出人才、出效益，为深化理论研究和促进文化繁荣，为推动社会进步和人类文明作出新贡献！

（2011 年 11 月 5 日）

日本馆藏近代中国留日
美术家文献整理与研究

《日本馆藏近代以来中国留日美术家文献资料整理与研究》获得国家社科基金 2011 年度重大招标项目立项资助，这是学校推进社会科学研究方面的重大突破，值得自豪，也值得祝贺！首席专家王学仲先生是中国当代造诣精深、卓有影响的著名艺术家，曾获得世界和平文化金奖、中国书法"兰亭"终身成就奖。

该校对这个课题高度重视，课题组做了大量艰苦细致和周密的前期准备工作，可以说，在没有承担国家社科基金年度项目的情况下，获得这样一个重大招标课题，实现了申报国家社科基金项目的大跨越，这是他们综合实力与集体智慧的必然结果，是多方面努力与多方面合力的必然结果。

笔者认为，这个项目有六个突出特点：

一是选题好。课题角度新、价值高、意义大，创新性鲜明，具有一定填补空白的意义。目前学术界关于这方面的研究，除少数单篇零碎的介绍性成果外，没有系统的整理或研究成果。

二是境界高。课题研究放在国家发展战略、中国文化发展、中日文化交流、中日外交关系等层面来认识、来思考，体现了一定的思想高度，尤其是适应当前国家文化建设的需要。

三是思路清。可以概括为"五个明确"：课题的研究目标明确；研究对象的界限明确；时间界限和内容范围明确；研究成果的整体架构明确；切入点、着眼点、落脚点也都十分明确。

四是基础厚。前期成果丰厚、研究实力雄厚、队伍整合强干。首席专家王学仲教授是德高望重、享誉海外的文化名家，尤其是课题组吸收日本学者参加，提高了项目研究特别是资料收集便利的程度，保证了课题研究能够按计划进行。

五是可行性强。这主要体现在研究范围界定适度，时间是近代以来，对象是留日艺术家；思路框架适当，六个子课题设计较好；队伍组成合理，既有名家又有中青年学人；计划明确，分工负责、责任到人，考虑周密；研究的方法途径也都有明确的设想，体现出较好的科学合理性。

六是跨学科设计。课题充分发掘和利用学校优势资源，高科技手段的运用，显示了发挥学校理工科优势的突出特点。信息化数字化技术的运用，先进影像技术的运用，不仅会让资料更形象、更生动、更直观，信息更原始、更丰富，而且也会让成果更吸引人，增强说服力，提升学术价值与文化意义。

总之，项目有了一个较好的设计思路和队伍基础，这是争取到了课题的基本保证。相信课题组一定会珍惜这个平台，把课题做实、做好、做精，创造学术研究的品牌。当然，其中也还有需要进一步完善的空间，笔者建议：

第一，资料收集尽量全面。收集资料是一项难度很大的艰苦工作，馆藏之外，还有大量私人收藏，流传日本或海外的大都是精品珍品，只要看到的，就收进来，可以作为今后开拓研究的储存，不要局限于目前的课题设计。

第二，研究开展突出重点。要紧紧围绕六个子课题，抓住重点展开研究，创新观点，形成亮点，达到既厚重又扎实。

第三，学术视野力求开阔。比如，不要局限于中国与日本文化的影响，也可以把欧、美同时代的艺术审美和文化思潮引入对比参照，体现世界视野。

第四，内容思考力求深入。要注重探索艺术发展和文化发展的内在规律，探讨不同族群文化和国别文化的相互影响与相互关系，探讨艺术在提高民族素质和推进人类文明发展中的重要作用。

第五，充分体现严谨学风。艺术方面的研究有其一定的特殊性，但人文社会科学研究更要严格遵守学术规范，材料运用必须严谨，有征必引，无征不信，增强研究的科学性、可信性和权威性。

第六，成果设计力求多样。不必局限于文本著作，音像也是重要形式，尤其要建设和开发动态、开放的数据库，大量收集和储备这方面的资料信息和研究信息，不断充实，不断完善，逐渐形成这方面有广泛重大影响的研究重镇和权威基地。

第七，开发传播力求广泛。课题收集资料、整理研究，其重要目的之一，就是让人们了解这段艺术发展的真实历史，有助于认识艺术发展和文化发展的规律，有助于提高人们的文化素养和文明素质，所以课题要充分考虑成果的宣传推广和转化。除了出版发表纸质著述之外，要充分利用现代高新技术，充分运用影像和传媒工具，进行深度开发，广泛宣传，扩大影响。

胡适在20世纪中期办《国学季刊》提出"历史眼光、系统整理、比较研究"的总体原则，对课题研究的开展不无启发意义。课题组一定要集中力量，确保策划好、实施好，分阶段、抓重点、重原创；要广泛搜集资料、分门别类整理、深入细致研究、努力探索规律、积极升华理论、发挥知往鉴来作用。真正出思想、出精品、出人才、出效益。

（2011 年 12 月 11 日）

学术精神与文化气魄

杨义先生新著《老子还原》、《庄子还原》、《墨子还原》和《韩非子还原》四书出版后，笔者有幸先睹为快。敬佩之余，很受感动，深受教益，也多有感触。这四种书的出版面世，为学术界和社科界提供了新成果，为文明传承和文化建设增添了新亮色！中华书局精心地组织出版，充分反映了出版者学术眼光、文化眼光的敏锐和远大，也表现出一种令人敬佩的文化胸怀与学术境界！毫无疑问，四书必将引起海内外学者的广泛关注，必将产生积极深广的文化影响。

笔者以为，成功的学术著述，总会有创新，有突破，有建树，能够给读者提供智慧营养，为社会发展提供有益帮助，古今中外，无不如是。"老、庄、墨、韩"，都是先秦时期的著名文化经典，产生、传播、诠释、研究的历史已有数千年，其历久弥新的强大文化生命力，正在于其丰富深厚的文化内涵。研究这样的经典著作，资料之多、难度之大，不言而喻。著者付出的心血汗水、凝聚的才学胆识和体现的学术境界，同样不难想见。在学习浏览这四本书的过程中，时常感受到一种学术的躁动和思维的冲击，时常被吸引、被感动、被折服！其中，感受最深的有如下四点：

首先是著作内含的学术精神。

学术精神是治学风格的集中体现，是传统文化、民族精神与时代气息高度融合的结晶，也是反映学术追求的思想境界。"还原"四书以"求真求实"为根本，以创作个体为主线，以经典作品为主题，以创新观点为基础，以方法创新为手段，搜罗剔择，精审细辨，正本清源，体现着多方面的突破与创新。在方法上，不仅明确提出了"还原"概念，返回诸子生活的年代与环境，考问诸子的生活状态和生命历程，与诸子进行跨越时空的对话与交流，而且将撰写的研究文字与搜集的历史资料组合成一种新的学术表达方式，即前有正文论述、后有资料长编，二者有主有从、互动互释，结合为有机的整体。在内容上，对诸子文本作"全息"的研究、考证和阐释，深入探索了老、庄、墨、韩研究中的 38 大问题，硬是"从丰厚的资料中'拱'出来"超越前人的创新性成果。其治学的刻苦与勤奋，更是令人感动。著者"大量阅读先秦两汉文献，以及相关的考古材料，对于有关老子其人其书的疑难问题进行逐一清理"，"出入于浩如烟海的上古文献和出土简帛之间，反复体味《老子》五千年的深层意味"（《老子还原》后记）；写《韩非子还原》前，作者把各种版本的《韩非子》读了五遍，才开始整理动笔。凡此种种，均可见出著者的执着与全身心的投入。

其次是著作体现的文化气魄。

"还原"四书从历史发展和社会变化的广阔背景中审视、考察和研究经典著作，从事物发展变化的复杂联系中寻绎和探索内在的规律与关联，跨学科、多层面、多维度地诠释和解决历史上长期留存的疑难问题，不囿成见，度越前贤，体现出大视野、大视角、大胸怀、大气势、雄视古今的文化气魄。

正如著者所概括的那样，以往"由于历史与现实的原因，学界对诸子的研究主要集中在考证、辑佚、订补、校勘等文献领域，以及义理性的专题研究。而透过文献'还原'诸子的生命和文化基因，又从文学、文化角度对诸子文本进行系统'生命还原'式解读的文章，似乎还比较匮乏"（《庄子还原》序）。"还原"四书以世界性的和现代性的学术视野，进行宏观的文化比较、生命分析，从而进入到新的学理深度。

例如，著者认为，清人在"辑佚、校勘、训诂等文献方面的研究，下了很多硬功夫，留下了坚实的基础"，但大抵侧重版本和章句，绝大多数回避或轻视民族和民间问题。作者在借鉴考据、义理合理成分的基础上，"以充分的现代意识，开拓人文地理学、文化人类学、民族学、考古学、民间口头传统等等丰富的研究维度，对诸子的生命和文化基因的过程性和整体性，进行全息的还原研究"。又以"考证的方法综合了人文地理学、民俗人类学、口头传统、家族姓氏制度、文献与训诂、考古与文物、历史编年学等诸多领域，不拘一隅，各用所宜，在交叉为用中指向诸子的生命深处"（《老子还原》序）。

对于《墨子》，著者指出，墨学的草根性质和东夷色彩是解决问题的关键。"史前时期的东夷部落的文明发展程度，并不低于华夏族，只不过华夏族统一中原，掌握了话语权，就把别人看作蛮夷了。墨学的不少文化基因都与东夷相关，只不过墨子活动于鲁、齐、宋、楚诸地，鉴于当时的主流意识形态，不好亮出东夷的旗帜。然而二千余年后，我们再来反省中华民族共同体的形成过程，就不应回避华夷之辨和华夷互动的问题。没有华夏与四夷的互争互斗、互动互补、互渗互融，中华民族是不可能有后来的大气浩然、生气勃勃的发展的。""墨辩的科学思维方式，竟然随着墨学的中绝，而长期受到压抑并边缘化的对待，这也是关系到中华民族的文化性格和历史命运的超级命题，值得整个民族都来深思。"作者还特别指出，"华夏与四夷在漫长的历史中的对峙、互动和融合，乃是中华民族共同体形成和发展的一个至关紧要的大命题。这个命题在先秦诸子争鸣的时代已经存在了，将它引进思想文化史领域深入讨论，既是文化史观念的深刻变革，也是一个现代大国全面清理自己的思想构成和文化进程所应该重视的问题。"因此，作者站在当今时代变化和国家发展需要的高度，"采用了许多文献及出土材料，运用了包括人文地理学在内的全息研究方法"，进行深入探讨。

著者把《韩非子》全书看作韩非的生命痕迹，在全息式透视和考证基础上，把春秋战国的文献以及诸子嬗变的源流，进行文献学的校勘、比对，人文地理学的发掘、阐释，对历史资料进行综合的编年学的处理，建立韩非生命运行轨迹真实的社会文化语境。

第三是著作丰富的启迪元素。

"还原"四书在学术研究的课题选择、明确的问题意识、强烈的国家观念、浓厚的时代气息、宽广的文化视野、深厚的学术功力、严谨的治学态度等方面，都给人以深刻的启示。恰如作者所说："做精深的人文学术，需要有宁静澄澈的心境和高远深邃的眼光，辅以长期积累的厚实知识，以及处理千姿百态的研究对象、历史文化疑难的能力。"杨义先生乃当代学术名家，著述极其丰厚，而且贯通古今，融汇中外。他的《中国古代小说史》三卷、《中国现代文学图志》、《中国古典小说史论》、《中国叙事学》、《重绘中国文学地图》、《中国古典文学图志》、《楚辞诗学》、《李杜诗学》等等著作，均以深厚的功力、新颖的视角和独特的见解，为人称道。"还原"四书的面世，无疑又展示了一个全新的境界。其搜集史料要全、审查史料要真、了解史料要透、选择史料要精的"全、真、透、精"四字要诀（《老子还原》编者前识）；著者的勤奋刻苦、敏锐发现、善于思考，"斯文自任"的历史使命感和社会责任心，等等，都富有引导示范意义。

第四是著作激发的敬畏之心。

"还原"四书重在学术，而且是"有思想的学术"。众所周知，"学术乃天下之公器"，人类的进步看文化，文化的核心是理论，理论的发展靠学术。学术事关文化的传承与理论的创新，事关人才的培养和民族的振兴，事关社会的进步与人类的文明。学术研究需要具有崇高的学术品德与思想境界。需要投入大量精力，付出辛勤劳动，更需要甘愿奉献的牺牲精神，不怕艰苦，耐得住寂寞，坐得住冷板凳，不为五彩缤纷的物质世界所诱惑。既要有"独上高楼，望尽天涯路"（晏殊《蝶恋花》）的学术渴望与思想追求，又要有"衣带渐宽终不悔，为伊消得人憔悴"（《柳永《凤栖梧》》）的顽强毅力和探索精神。"众里寻他千百度，蓦然回首，那人却在灯火阑珊处"（辛弃疾《青玉案》）的惊喜，乃是经过千辛万苦、艰难探索历程之后的收获。因此，我们要敬畏学术研究的神圣，敬畏学人品格的崇高，敬畏学术成果的来之不易。

目前，社会科学研究的总体氛围越来越好，中央重视，国家支持，财政投入越来越多，研究队伍越来越大，研究平台越来越广。但是，传世精品甚少。所谓"马作的卢飞快，弓如霹雳弦惊"（辛弃疾《破阵子》），课题、论文、著作，铺天盖地，表面上轰轰烈烈，而实际上是"凄凄惨惨戚戚"，"为稻粱谋"者众，沉潜治学者寡。这些除了体制机制的社会原因之外，与研究队伍自身素质有着直接关系。比如说，学术研究的深度不够，忽视规律探讨；厚度不够，学术分量单薄；高度不够，思想境界偏低；热度不够，精力投入不多；广度不够，学术视野较窄；气度不够，融汇百家者少；力度不够，问题意识不强……如此等等。"还原"四书的出版面世，给后学树立了一个好的榜样。笔者坚信，在前辈学者的指导引领下，学术研究一定会出现新的面貌，涌现一批批优秀学者。我们期待更加精彩的诸子还原新著面世，期待更多文化经典研究的新著面世！

（2011 年 4 月 22 日）

文化境界与科学精神

　　国外汉学研究既是中国文化走向世界的重要体现，又是继续扩大世界影响的有效方式。改革开放以来，伴随经济全球化程度的不断提高和信息电子化技术的迅速发展，伴随中国综合实力的不断增强和国际威望的大幅提升，学术界"西学东渐"兴盛而汉学外播乏力的局面大有改观，"汉学热"、"孔子学院"方兴未艾，国外汉学研究新成果不断涌现。最近，德国著名汉学家顾彬教授主编的十卷本《中国文学史》中文版陆续面世，其中的《二十世纪中国文学史》由华东师范大学出版社出版，引起学界的广泛关注。

　　这部汉学研究著作的问世，不仅是国外汉学界的大事喜事，而且也是中外文化交流史上值得庆贺的盛事！作为中国本土的一位古代文学的爱好者和研究者，更是在深怀敬佩的同时，享受着中国文化走向世界的自豪感！由于个人专业研究和学术关注点、兴奋点的缘故，笔者尤其对顾彬《中国文学史》第四卷《中国古典散文——从中世纪到近代的散文、游记、笔者和书信》充满兴趣和期待。与近些年来国内研究中国古典散文专著如郭预衡《中国散文史》、谭家健《中国古代散文史稿》及各种断代散文史竞相面世的情形有所不同，国外汉学界鲜见这方面厚重的研究成果，顾彬教授的这部著作更具吸引力和影响力。虽然目前因未见该书而无从认识具体观点，但从中文版

《序》中已略可窥见其文化境界与科学精神。

众所周知，文化境界与科学精神决定着学术研究的价值和生命，它既是学术研究必需的基本素养，又是衡鉴学术研究成果的重要尺度。在这方面，顾彬教授的著作表现出宽阔开放的文化境界和实事求是的科学精神。这至少体现在两大方面：

其一是著作中的人类文化整体性理念。著作选题本身说明，作者是在遵循人类文化多样化和民族文化独特性并存原则的同时，摒弃了狭隘的民族主义而将中国文学放在了人类发展和世界文化的层面上来研究，恰如《序》中所言，是"超越了中国文化的界限"。作者特别指出，"从《诗经》到鲁迅，中国文学传统无疑属于世界文学，是世界文化遗产坚实的组成部分"。作为德籍学人，作者依据文化发展的历史实际强调指出："早在第一批德国诗人开始创作前的两千年，中国诗人就已经开始写作了。在经历了几个世纪之后，德国才有诗人可以真正同中国诗人抗衡。"从而突出了中国文学创作的历史之久远。这种从人类发展高度和世界文化视野来分析中国文学创作和本国文学发展实际的方法，不仅充分体现出学术视野的开阔，更表现出实事求是的科学精神。这对于深入探讨世界文化发展的内在规律，对于促进世界各民族文化相互借鉴、共同发展，无疑具有积极意义。

其二是著者执着严谨的治学态度。顾彬先生对中国文化有着深厚的感情，从 1967 年的大学时代就把中国的抒情诗作为自己的"最爱"，至顾彬教授著作面世，40 年如一日，如其所言，"将自己所有的爱都倾注到了中国文学之中"。正是这种对中国文化的执着热爱，奠定了其学术研究的坚实基础并不断提供着强大的思想动力。著者辩证地分析评论历史文学现象和文化现象，认为当今德国没有"敢跟歌德相提并论"的作家，眼下中国也没有"敢跟苏东坡叫板"的作家；提出不能"期待每一个时代都产生屈原或李白这样的文学家"；认为"一些文学家的产生是人类的机遇"，"一个杜甫只可能并且只可以在我们中间驻足一次"。这些见解和观点，都在告诉读者，任何伟大作家的出现都是历史发展的产物，都具有时代性和唯一性的特点。著者还在借鉴王国维"意境"与刘若愚"境界"说的基础上，通过描述中国思想的发展，即通过"对中国思想的深度和历史之探求"，来深入研究中国文学的发展规律，力求学术观点的创新和突破。这些无不给人以启迪。

20世纪初，德国著名汉学家威廉·格鲁贝撰写了《中国文学史》，曾对中国文化的世界传播产生了重要影响；百年之后，顾彬教授主编的《中国文学史》以其创新的思路和见解，使著作具有的文化意义、时代意义和学术思想的方法启示更深刻、更丰富，我们也期待其影响更广泛、更久远。

（2008年11月9日）

营造学术研究的良好氛围

国家新闻出版总署于 2012 年 6 月初在宁夏银川举办第 22 届全国图书交易博览会。全国哲学社会科学规划办公室以近几年评选出、并组织出版的国家社科基金成果文库、后期资助项目成果等数百种学术研究的精品著作参加博览会，受到学界和出版界的高度关注，也得到了有关领导的高度评价。会后，国家社科规划办将参展图书全部赠送宁夏大学，为学校的社科研究专家学者提供阅读参考的便利。

宁夏大学是宁夏回族自治区的最高学府，也是国家重点建设的高等院校。长期以来，学校以"沙枣树"精神，艰苦创业，恪尽职守，奋力拼搏，不仅为自治区建设和国家发展培养了大批优秀人才，而且在学术研究领域取得了骄人成绩，西夏学、民族学研究都蜚声海外。

这次赠书，是全国社科规划办首次向高等院校赠书。这是按照刘云山同志指示和中宣部领导要求，贯彻落实十七届六中全会精神，发挥国家社科基金示范引导作用的具体行动。赠送的图书，都是国家社科基金资助的优秀成果。这些成果，是从已经完成或基本完成的众多书稿中，经过了严格的评审程序遴选出来，又吸收了评审专家的意见和建议，进行了认真修改和完善，然后由国家社科规划办组织国家级出版社统一印制出版。可以说，这些书，是社科界集体智慧的结晶，代表着相关研究领域的前沿水平，堪称当前学术著作的精品。

学术著作是文化传承与思想表述的重要载体。人类文明发展史上的伟大思想家，从孔子、亚里士多德到马克思，古今中外，无不以学术研究为支撑。而华夏民族又有着优良的学术传统，从先秦诸子、两汉经学，到宋明理学、乾嘉考据，承传衍变，递相祖述。世界四大文明古国中，唯有中国文明不曾中断，其中重视学术研究的优秀传统是重要原因之一。

这次赠书数量虽然不多，但表达着一种深厚的情感和期待。相信学校会管理好、运用好、保护好捐赠的这批学术著作，在提高教学与科研水平方面发挥作用，在优化知识结构、开阔研究思路、扩大学术视野方面发挥作用，营造学术研究的良好氛围。我们也殷切期待宁夏大学学术研究更上一层楼，推出更多优秀成果，培养更多优秀人才，为促进和推动国家哲学社会科学繁荣发展，为实现文化强国战略和中华民族复兴作出新贡献！

（2012 年 6 月 2 日）

中篇

管理与实践

与时俱进与打造辉煌

——写在湖南省社会科学大会①

社会科学是立国治国之本，历代有所作为的执政者都特别重视社会科学。关心支持和繁荣发展社会科学，更是我们党和国家的一贯方针。尤其是改革开放以来，中央将社会科学的发展提到空前的高度，1978 年小平同志首倡发展社会科学；1980 年中央拨专款支持；1983 年成立全国哲学社会科学规划领导小组并增拨经费；1986 年设立中华社会科学基金会，以 800 万元启动，以后每年都有增长；1991 年成立全国哲学社会科学规划办公室，独立编制；今年（2002）国家社会科学基金已经增长到一亿人民币。迄今（2002）为止，国家社会科学基金已经资助了近 8000 个项目，验收结项约 6000 个。这些项目研究在加速人才培养和推进学科建设方面发挥了巨大作用，尤其是很多研究成果成为党和国家决策的重要参考依据，有的直接转变为国家政策，在我国的经济建设和社会发展中发挥了巨大作用。

近几年，国家对社会科学的重视程度、支持力度空前加强。江泽民同志去年（2001）在北戴河发表"八·七"讲话，提出四个"同

① 这是 2002 年 6 月在湖南社会科学大会上的即席发言摘要，收入湖南省社会科学规划办公室编《湖南省 2002 年国家社科基金课题集》（湖南人民出版社 2002 年版）。

样重要"；今年（2002）又在中国人民大学发表了"四·二八"讲话，提出五个"高度重视"和"五点希望"，并特别强调"关键在落实"。国家的重视，形势的发展，对社科界来说，鼓舞人心，振奋人心。在江泽民同志"四·二八"讲话发表仅隔一个多月，湖南就组织召开了一个规模盛大的社会科学规划与管理工作会议，实实在在地总结和规划湖南社会科学事业的持续发展，奖励为湖南社会科学事业作出重要贡献的先进集体、先进个人和优秀的科研成果，使人充分感受到落实中央精神的及时、得力、有力。省委省政府的高度重视，省规划办和各基层管理单位的敬业精神、专家学者们的治学精神、创新勇气和出色成就，也使笔者充分感受到湖南旺盛的"人气"和"文气"。

在工作接触中，我们觉得，湖南省社科规划和管理工作同其他省市区相比，变化大、进步大、影响大，特点突出，成绩突出。湖南对发展社科事业的重视程度高，投入力度大，有思路，有眼光，有气魄，积极主动，努力开拓，抓得紧，抓得实，抓得细，抓得及时，方向正确，措施有力，效果良好。社会科学研究和社会科学事业生机盎然，充满活力。仅就国家社科基金项目立项而言，湖南连续两年大幅度增长，破纪录，创纪录，这在全国都是绝无仅有的。2002年又创下三个第一：申报总量全国第一、初选入围总量全国第一、立项增长量全国第一。这说明，湖南社科研究有实力，有能力，有潜力。当然，这个结果来之不易，应当珍惜。省规划办和基层管理单位做了大量艰苦细致的工作，组织到位，工作到位。我们一定要保持这个好势头，保护大家的积极性，鼓励大家练内功、上质量、上水平，提高中标率，再上一层楼。不以申报数量胜，而以申报质量胜。今后的国家社科基金项目将扩大通讯评审范围，进一步提高评审立项的科学性和公平、公正性，这对确有研究实力的申请者来说，无疑是个好消息。

获得国家社科基金项目只是学术研究和继续奋进的一个新起点，

不是最终目的，我们的目标在于出成果、出精品、出上品，出人才、出大家、出名家，为国家的经济建设和文化建设、为社会发展和文明进步作贡献。因此，一定要自觉遵守社会科学研究的规律，抓好项目研究的质量管理，为专家学者服好务、搞好后勤，认真贯彻落实江泽民同志"四·二八"讲话精神，这也是全国社科规划办今后的工作重点之一。祝愿湖南在这方面率先垂范，作出成绩，作出榜样。我个人认为，湖南有条件、有能力、有基础。因为省委高度重视，大力支持，学术环境优越，专家实力雄厚，尤其是湖南有善于学习、勤于思考、勇于创新的历史传统。仅从公元 10 世纪以来，理学创始人周敦颐、湖湘学派代表人物张栻、湘乡古文派创立者曾国藩，还有魏源、谭嗣同……这些湖南的先贤圣哲，都是学殖深厚、有胆有识、勇于探索、善于创新的名家、大家，更不用说现当代众多的思想家和革命家如毛泽东、刘少奇等。

中国古代文化有两次大发展、大变化，一是战国时代儒学的创立，一是两宋时期理学的兴起，而理学开山就是周敦颐。他的《太极图·易说》不足 300 字，从宇宙本源讲到人性善恶，论述了一个完整的思想体系，《爱莲说》援佛入儒，文字优美生动，更是脍炙人口；谭嗣同融儒、佛、西学为一体，探求新学，创造理论，宣扬科学与民主；魏源提出"以夷攻夷"、"以夷款夷"、"师夷长技以制夷"，其战略思维和前瞻眼光至今给人启迪。这些名家、大家虽然时代不同，建树有别，而与时俱进、勇于创新的精神是一致的、共同的。湖南深厚的历史文化底蕴和优秀的治学传统，将是发展繁荣当今社会科学的宝贵财富。发扬光大先贤的创新精神，有各级领导的高度重视和大力支持，有广大专家学者的高度智慧和沉潜研究，湖南社会科学发展将大有作为。

社会科学研究是一项伟大的事业，党中央越来越重视，经费投入也越来越大。其重要性和巨大意义，中央领导论述甚多，已经为大家所熟知。宋代理学家张载所言"为天地立心，为生民立命，为往圣继绝学，为万世开太平"（《张横渠集》卷12），正是社会科学巨大作用的高度概括。宋代的大文学家苏轼为欧阳修文集作序，将孔子修春秋、孟子拒杨墨、韩愈为古文、欧阳修领导诗文革新运动，同大禹治水相提并论，认为"功与天地并"。大禹治水在人类生存和社会发展中所起的巨大作用人所共知，孔、孟、韩、欧从事的文化事业属于社会科学的重要组成部分，其对人类生存和社会发展所起的作用同样不容低估。就个体而言，我们从事的工作虽然不可同大禹相比并，也不可同孔、孟、韩、欧相比并，但就整体来说，意义是相近的。因此，我们一定要珍惜、珍视我们所从事的社科工作。

祝愿湖南社会科学界在学习和实践"三个代表"重要思想的过程中，与时俱进，创造辉煌，铸造辉煌。

（2002 年 6 月）

淡泊名利与严谨治学

在西子湖畔参加庆祝徐朔方教授从事教学科研55周年暨明代文学国际研讨会，有这么一个聆教、学习、交流、交友的机会，笔者十分高兴，十分荣幸。

徐朔方教授德高望重，知识渊博，治学严谨，造诣精深，学术视野广阔，尤其对明代文学有着精湛的研究和独到的见解，学界钦慕，后学景仰。徐先生不仅专力治学，著述丰富，而且热心培养和提携晚辈后学，为国家的教育事业和文化建设作出了很大贡献。先生承担的国家社会科学基金"九五"重大项目《明代文学史》，将是学术界和广大学子期盼久已、渴望拜读的填补朱明断代文学史空白的力作。

中华民族有着优良的文化传统，欧阳修是杰出的代表。欧阳修曾经为古代文化的发展和人类文明的进步作出过重要贡献，其主要表现，一是在文化的众多领域都有创造性的建树，著作丰富，写了大批"切于事实"、"超然独骛、众莫能及"的优秀文章；二是培养和提拔了一大批优秀的人才，所谓"嘉祐末号称多士，欧阳子之功为多"。苏轼为欧阳修文集作序，将大禹、孔子、孟子、韩愈、欧阳修相提并论，认为孔、孟、韩、欧与大禹一样"功与天地并"。

大禹以治水闻名于世，历代传颂，妇孺皆知。地球冰川末期的世界大洪水，使人类生存面临绝境。大禹亲操橐耜，率众"导川夷岩"，"堙洪水，决江河"（《庄子·天下》），"劳身焦思以行，七年闻乐不听，过门不入"（《吴越春秋·越王无余外传》），最后终于征服洪水，使人民继续生存下来。其盖世功德，万世颂扬，李白有"大禹理百川，儿啼不窥家。杀湍堙洪水，九州始桑麻"（《公无渡河》）的著名诗篇，歌颂大禹功劳。

孔、孟时代，"世衰道微，邪说暴行有作"（《孟子·滕文公下》），诸侯征伐，社会动荡，人类残杀，道德沦丧，所谓"弑君三十六，亡国五十二，诸侯奔走不得保其社稷者，不可胜数"（《史记·太史公自序》）。前代创造的文明惨遭破坏，人们生存受到严重威胁。孔子修《春秋》"惩恶而劝善"，借助历史和舆论力量，规范社会道德和社会行为；孟子则通过批评与抵制杨朱的为己说、墨翟泯灭是非的兼爱论，弘扬和发展孔子仁学思想并提出王道学说。孔、孟称扬唐虞社会安定统一、文明有序，反映了人民对和平、稳定、有序发展的普遍愿望，反映了时代发展和社会进步的要求。"自《春秋》作而乱臣贼子惧，孟子之言行而杨、墨之道废"（《六一居士集叙》），其社会的积极影响不言而喻。

唐代韩愈于佛道盛行、道德日衰、文风浮艳之时，光大孔孟学说，发动古文运动，倡导"文以载道"，极言"仁义道德"，辟佛兴儒，"文起八代之衰，而道济天下之溺"。宋代欧阳修继韩愈而承孔、孟，于北宋社会矛盾日见突出、世风日下、文风日坏的情况下，要求文章"切于事实"、"不为空言而期于有用"，"著礼乐仁义之实，以合于大道"，提出"文道并重"，且奖掖、提携和培养了包括苏轼在内的一大批文化名人，成为领袖群英、树立一代文风、推进社会文明的一世宗师。

与大禹治水不同，孔、孟、韩、欧的伟大功绩都是表现在文化层面。文化是人类在自身发展的历史进程中所创造的一切物质财富和精神财富的反映与表现，人类的一切实践活动和理性总结，最终都以文化的形式表现出来并形成相对稳定的文化形态。孔、孟、韩、欧提出的思想和主张，都具有强烈的现实性、针对性和鲜明的时代特点，都是当时社会科学研究的优秀成果，体现出对促进人类健康发展的强烈历史责任感，是当时先进文化的代表。这些思想和主张同大禹治水一样都造福人类，都直接关系甚至决定着人类生存、社会发展和文明进步。苏轼将其与大禹治水相比并，认为"功与天地并"，形象而切实地说明了先进文化的巨大作用和巨大效能，所谓"言有大而非夸，达者信之"。

徐朔方教授长期从事教学、科研工作，与社会科学研究界的所有同人一样，虽然术业有专攻，成就有小大，难与孔、孟、韩、欧相比并，但在以往的工作中，都为人类的文化事业和文明的发展作出了积极贡献，所谓"为天地立心，为生民立命，为往圣继绝学，为万世开太平"。培育人才乃千秋之大业，科学研究事关民族之兴亡，我们从事的文化事业，就整体意义而言，也是"功与天地并"，不可轻视、不能小视、更不容忽视。明代文学不仅是中国文学发展史上的一大亮点，而且也是世界汉学家关注的热点。相信这次会议，将会促进明代文学研究的深入，百尺竿头，更进一步，为当今的文学发展和文化建设提供借鉴。我们将以徐朔方教授为楷模，淡泊名利，严谨治学，求真求实，开拓创新，为繁荣发展学术研究多做贡献。

（2001 年 10 月 29 日）

基层调研与典型宣传

——中央新闻采访团赴河南安阳采访许东仓先进事迹

按语：新闻传播学是国家社科基金项目的一级学科，新闻传播研究是国家社科基金支持和资助的重点方面。本文侧重于新闻采访的实践和典型宣传的具体要求，真实地记录和反映了中央新闻采访团赴河南安阳采访的一次活动情况，是一个很好的典型案例。

河南省委先进性教育活动办公室和安阳市委深刻简练地介绍了许东仓同志的事迹，很感人、很突出，十分典型，采访好、开发好、宣传好、学习好许东仓同志的先进事迹，意义重大。

根据中央组织部、中央宣传部和中央先进办的工作安排，由中央主要媒体 13 家新闻单位组成采访团，来河南采访许东仓同志的先进事迹。河南省委宣传部、组织部和先进办，安阳市委、市政府以及林州市的各级领导对这次采访都非常重视，特别是安阳市委、市政府多次召开会议，专门研究，精心准备，精心安排，成立了接待组和协调组，为采访团开展工作创造了良好的条件。

大力宣传党员和党员领导干部中的先进典型，是中央确定的搞好先进性教育活动的重要内容，也是坚持正面教育、实施积极引导的重要途径。胡锦涛、曾庆红等中央领导同志对此有过多次重要讲话、作过多次重要批示，并多次接见先进事迹报告团的同志们。自从开展先进性教育活动以来，已经宣传过各种先进典型人物90多名，其中14位是重大先进典型，牛玉儒、许振超、张云泉、宋鱼水、王顺友、周国知、杨业功、丁晓兵、侯祥麟、王书田、金桂兰等等，这些典型在全党、全社会反响强烈，网上好评如潮，甚至引起了世界的关注，如王顺友被邀请出席在瑞典举行的国际邮联大会，整个先进性教育活动的典型宣传取得了很好的社会效果，中央领导也多次给予表扬鼓励和充分肯定。

自第三批先进性教育活动在广大农村开展以来，先后推出了江苏吴仁宝、山东王乐义、山西李鸿海、浙江郑九万、内蒙古乌日塔白乙等五位重大典型，这五位同志都是农村基层村党支部书记。许东仓同志是我们即将推出的第六位重大典型，也是第三批先进性教育活动中推出的最后一位重大典型，所以从中央到地方的各级领导都非常重视，采访团的同志们更要珍视，更要重视，更要看到做好这项工作的重要性。

采访好、宣传好许东仓同志的先进事迹，可以说既是一项光荣而艰巨的政治任务，又是我们应尽的职责和义务，意义重大，责任重大。中央领导和中组部、中宣部、中央先进办领导都特别重视。中央政治局常委李长春专门作出重要批示，中央政治局委员、书记处书记、中宣部部长刘云山也作了重要批示，中宣部、中组部、中央先进性教育活动领导小组等相关领导同志，都分别指示认真落实，把这项工作做实做细做好。为贯彻落实中央领导同志的指示，中央先进办宣传组专门召开全体会议，研究工作方案，把许东仓同志作为第三批先进性教育活动的重大典型进行宣传。在这次先进性教育活动中，宣传过河南的村支书王在富、县委书记陈新庄、洛阳的赖越江三位先进典型，当然，还有一位任长霞，也是重大先进典型，但任长霞同志先进事迹的宣传是在开展先进性教育活动之前进行的。所以，许东仓同志是河南的第一位重大先进典型，这不仅是安阳的骄傲、林州的骄傲，也是河南的光荣。大家一定要齐心协力，做好、做漂亮。

这次采访，各新闻单位派出的都是精兵强将，有的曾经多次参加过先进人物事迹的采访，在业务方面都是经验丰富的行家里手，"铁肩担道义，妙手著文章"是诸位的强项。在这里，仅从这次采访对象和采访任务的特殊性方面，综合以往的采访经验和教训，有针对性地谈几点意见和建议。可简单概括为"一个原则、两个确保、三个紧扣、四个注意、两个按时"五方面。

1. 一个原则。就是：全面了解，重点把握，选好角度，突出亮点，注重效果。这个原则五句话五层意思，简单明了，没有必要展开。从目前安阳领导同志的介绍和录像资料看，许东仓同志的先进事迹表现在各个方面，思想丰富，比较全面，现在的资料已经有了一个很好的基础，当然，也还有很多可以深入挖掘的空间。

2. 两个确保。就是：确保采访到位，确保稿件质量。从目前了解到的部分情况看，许东仓同志的事迹十分突出，十分感人。他的思想、行事、所处的环境和生活工作的条件，以及当地习俗和时代精神等等，都很有特点，都很典型，都有发掘的积极意义。现在的关键是要如何充分发挥各自的眼光和功力，充分发挥各自的智慧和才干，从大量原生态的素材中去发掘、去汰选、去挖掘出最需要、最有价值的东西。虽然现有的录像资料、文字材料已经很生动、很实在，但是在思想、精神方面还有待进一步深入发掘。

首先，要确保采访到位。采访中，要充分发挥新闻工作者眼光敏锐、思维敏锐的优势，善于发现、善于开凿、善于思考，在有限时间内多跑、多看、多问、多想，广泛搜罗素材，做细心人和有心人，深入发掘原生态典型事例，包括工作和生活细节，比如录像中村民讲的一些话，表达非常朴实，感情非常深刻，我们要在细节上做足文章，采访好了，才能为创造高水平、高质量的作品打下坚实的基础。一定要全身心地投入，精心设计好的采访思路，努力发现好的素材，最后写出好的作品。

其次，要确保稿件质量。要有精品意识，带着感情、饱含激情、发挥才情，下功夫、花气力，写好许东仓。第一，要努力做到构思新、立意高、内容实、文风好，有冲击力，不仅能打动人、感染人、鼓舞人，而且还要能启发人，要有思想深度。第二，要努力做到以鲜活的语言写鲜活的事例，反映人物鲜活的思想，使人物形象血肉丰满，个性鲜明，把人物的精神风貌和思想品格传达给受众。许东仓同志的先进事迹是在开展先进性教育活动的过程中发现的，这个典型对中国如何在中西部地区建设社会主义新农村、特别是在贫困山村建设社会主义新农村，意义重大，给人的启发非常丰富，要在这方面多动脑筋。第三，要努力做到深入发掘人物的现实意义和时代精神。时代精神是历史精神的弘扬和发展。在采访和写稿时，要注意这一点。许东仓精神是红旗渠精神的延续和发扬，也是红旗渠精神的具体体现，我们一定要把人物精神、时代精神和民族精神结合起来，把点、面、线联系起来思考，开阔思路、开阔视野，不能只见点、不见线、不见面，不能"只见树木不见森林"，要把人物放在时代的坐标中来思考，放在具体的环境中去表现，特别是要善于概括、提炼和升华。第四，要努力做到以事感人，以情动人，以理服人，以文传人，不能空泛地讲道理、讲哲学、讲概念，要寓理于事，因事见情，既要自然朴实又要有文采，既要平易通俗又要讲究艺术性，切实达到事、理、情、文四者并茂，既真实严谨，又入情入理，真正把闪光出彩的作品奉献给读者，奉献给社会。

3. 三个紧扣。就是：一要紧扣许东仓同志农村基层党支部书记的身份。许东仓首先是一名共产党员，是一名山村的党支部书记。要结合实践党章和党的宗旨，实践"三个代表"重要思想、实践科学发展观和社会主义荣辱观，发掘他的思想和精神的闪光点。比如，荣辱观是体现在具体行动中的，所谓"举手投足，荣辱在焉"。材料里提到许东仓同志曾说，老百姓过不上好日子，他心里不安。我理解，"心安"与"不安"就是他的荣辱观。他作为一名党支部书记，整个村子经济搞不上去，老百姓生活不富裕，他觉得是耻辱；整个村子经济搞上去了，乡亲们生活富裕了，他就觉得光荣；我们大家要认识到这一点。要突出他发挥先锋模范作用，带领群众艰苦创业奔小康的苦干实干精神，突出他强烈的责任心、事业心、使命感和一心想着群众、无私奉献的高尚品格，突出他既重视解决眼前群众关心的急迫问题，又重视考虑长远发展的实际问题，比如说办小学、修公路、架电线、搞旅游开发、种植经济林和药材，等等，都表现了他的战略眼光。有同志用"胆识"这两个字概括许东仓的做法，我觉得很贴切，概括得好。总之，我们要在这方面多挖掘，要把他的淳朴、善良、公平、正义和正气，同他的党员意识和党性观念结合起来。二要紧扣农村先进性教育活动，从加强基层党组织建设、选好配强农村党支部书记的角度，深入挖掘许东仓同志先进事迹给人们的重要启示。怎么样把一个贫穷落后的深山村改变成为一个相对富裕的新农村、怎么样做好农村党支部书记、怎么样在如此恶劣的环境中建设社会主义新农村，许东仓为我们提供了一个生动的教材和样本。为什么他能有胆有识？为什么他敢为天下先？就在于他保持了先进性，坚持学习新知识，思考新问题，在发展思路上保持了先进性，在工作行动上体现了先进性。三要紧扣社会主义新农村建设与和谐社会建设。中央就建设社会主义新农村提出了"生产发展、生活宽裕、乡风文明、村容整洁、管理民主"的目标要求，刚才看过的录像中许东仓同志的许多事例都与这20字的目标要求有着密切联系。我们要结合"生产发展、生活宽裕、乡风文明、村容整洁、管理民主"的目标要求，结合密切农村党群干群关系和社会主义和谐社会建设，深入发掘许东仓同志先进事迹的现实意义和重要启示。那些村民为什么对许东仓同志有这样深的感情？这不是一个现象问题，在这个现象背后说明了什么？大家在采访时要注意这些细节。特别是建设社会主义和谐社会，是党中央提出的一项重大战略思想和重大战略任务，在今后一个相当长的时期内都是宣传的重点，也是我们全社会努力的目标，因此，在宣传许东仓同志先进事迹时要有充分的体现。

4. 四个注意。一是要注意挖掘和反映许东仓同志先进事迹的文化背景和现实基础。从近处来说，许东仓同志是红旗渠精神的延续、弘扬和体现，林州市是红旗渠精神的发生地、培育地和生长地，这种精神必然对许东仓同志产生影响。事实上，在艰苦创业、无私奉献、拼搏实干、团队精神等方面，许东仓同志的精神与红旗渠精神是相通的，红旗渠精神实际上是一种民族精神和民族文化。从历史上来说，3000多年前的殷商文化是中华文明的重要源头之一，时代精神是历史的延续和发展，许东仓同志的精神就是时代精神和民族精神的体现。二是要注意处理好许东仓同志与党支部一班人的关系，不能只突出许东仓同志一个人，要包括村党支部一班人，包括上级领导的关心和支持。三是要注意反映当地人们对许东仓同志精神的学习与弘扬。录像中有一个镜头，村民们在许东仓墓前表示，要沿着他的足迹继续努力，继续奋斗，让他放心，这充分表明许东仓同志的精神在家乡得到了学习和弘扬。四是要注意避免脱离实际、生拉硬扯、牵强附会和故意拔高。

5. 两个按时。一是按时完成采访。这次采访时间紧、任务重、要求高，大家务必自觉遵守采访纪律，听从招呼，主动配合，相互关照，加强联络，加强沟通，不私自行动，不提前离开，集中全部精力，集中全部心思，深入采访，做足"诗外功夫"，在两天多的时间内高效率、高质量地完成采访任务。二是按时报送稿件。所有稿件务必于4月12日下午6点之前报送或传真到中央先进办宣传组，新闻联播和焦点访谈制作的节目包括文字材料，12 日下午在中央先进办由宣传组全体同志审定。

采访结束后，只有四天的时间写稿，任务很重，我们一定要胸中有数，科学安排，高度重视，高度投入，现在就要制定好写作计划。稿件要努力反映出作者最高的思想水平和最好的文字功力。所有稿件，都由中央先进办统一审定后才能签发，我们将把采访情况和稿件质量反馈各新闻单位领导；第三批教育活动结束前，还将举行优秀作品评奖和颁奖。

古人说，"合抱之木，不生于步仞之丘"（苏轼《仁宗皇帝御飞白记》）。安阳是殷商文化的繁荣地，林州是红旗渠精神的创造地，安阳以经济建设为中心，立足于长远发展，在把殷商文化推向世界的同时，又培育出了许东仓这样的先进典型。这次采访，是一次难得的学习机会，也是一次充分展示诸位才华和能力的机会，我们一定要怀着对先进典型的深厚感情，深入采访先进典型的事迹，在采访的过程中学习先进典型，以先进典型的精神宣传好先进典型。相信在河南先进办和安阳市委、市政府的鼎力支持下，在各位勤奋智慧的艰苦努力下，将会打一个漂亮仗。

（2006 年 4 月 6 日）

媒体宣传与国家形象

　　一个时期以来，宣传思想战线对"三个代表"重要思想的宣传，对党的十六大精神和十六届三中、四中全会精神的宣传，2005 年对先进性教育活动的宣传，对树立和落实科学发展观的宣传，对加强党的先进性建设的宣传，对加强社会主义精神文明建设的宣传，对构建社会主义和谐社会的宣传，特别是最近对十六届五中全会精神的宣传，等等，都坚持用生动的事实、鲜活的语言、严密的逻辑、丰富的形象、多样的形式，有声有色，效果良好，深受群众欢迎，社会反响强烈，国际高度关注。诸如中央主要报刊对党的先进性建设的理论宣传，中央主要媒体《时代先锋》栏目对"勤政为民、鞠躬尽瘁"的好干部牛玉儒、信访局长的好榜样张云泉、为民模范周国知、新型法官宋鱼水、石油赤子侯祥林等一大批先进典型人物事迹的宣传，《永远的丰碑》栏目对党的历史上英雄模范人物的宣传，都震撼人心，激励人心，振奋人心，取得了很好的社会效果。这对于树立党在人民心目中的形象和增强党的凝聚力，对于弘扬社会正气和增强民族自信心自豪感，作用不可小视。尤其是近年的思想宣传走向世界，让全世界了解我们党和国家事业的发展，了解我们党的执政理念，了解我国改革开放以来取得的巨大成就，在国际上树立了我们党的良好形象和威望，功不可没。

2004 年 9 月 7 日《苏维埃俄罗斯报》发表文章《第三届亚洲政党国际会议：中国奇迹背景下的风云对话》，盛赞 2004 年 9 月在北京召开的第三届亚洲政党国际会议，说"中国共产党作为会议的组织者，在亚洲享有极高的威信"，来自世界 35 个国家 81 个政党、政治组织的领导人和代表团，都对中国共产党的工作"赞不绝口"。文章说："与会者都承认，中国共产党所建立的经济模式比资本主义经济模式更为有效，其与邻国的意识形态之争也早已消弭。人们所看到的是中国奇迹。"文章还特别指出："这绝非礼仪客套，这些政党衷心称赞中国近二十年来在共产党领导下取得的巨大成就。中国的经济奇迹、人民生活水平的提高并非从天而降，也并非来自某些国际组织的建议，而是源自中国共产党的英明决策。"俄罗斯远东研究所所长米赫耶夫认为，中国改革开放以来取得的成就堪称世界"奇迹"，保持政治稳定是中国创造"奇迹"的重要原因；罗马尼亚著名汉学家维利什库教授认为，中国共产党实事求是的方针政策使中国找到了正确的前进方向，"没有中国共产党，就没有中国繁荣昌盛的今天"；英国的《战略评论》杂志主编亚当·沃德甚至希望我们总结推广中国共产党几十年成功领导中国建设取得巨大成就的经验。各国政党也都十分关注我们党的先进性教育活动，认为这是加强执政能力建设、提高执政水平的重要举措；德国驻华使馆甚至专门到中央先进性教育活动办公室了解先进性教育活动的具体做法。目前，我们党与世界上160 多个国家和地区的 400 多个政党或组织保持着不同形式的友好关系。十六大召开前后我们收到 50 多位国家元首或政府首脑、140 多个国家的 300 多个政党或组织以及友好人士的 700 多件贺电（函），数量之多、层次之高、范围之广、内容之丰富，都是前所未有的，其中还包括一些与我们没有外交关系或党际关系的国家的领导人和政党。所有这些都充分说明，我们宣传思想战线的工作收到了可喜的成效。要认真总结经验，使新时期宣传工作"百尺竿头更进一步"。

用好用活文化资源

文化资源是我们搞好党的先进性建设的优势条件。文化是民族的根，文化是民族的魂；发达的文化标志着民族的进步，而党的先进性就是民族沃土生长的花。它接受人类文化优秀成果的雨露阳光，却更多地依靠吸收民族沃土的养分来培育艳丽和光华，即便是人类文化的雨露阳光，也必须通过民族土壤的媒介才能实现根系的滋润与绿叶的光合作用。因此，党的先进性首先从思想理论上体现为民族文化的先进性。从某种意义上说，党的先进性就是爱国主义和民族精神的高度凝结和集中反映，我们党的先进性必然地涵纳着中华民族的思想精华，也体现着中华民族的优秀传统。古人说，"合抱之木，不生于步仞之丘"（苏轼《仁宗皇帝御飞白记》）。没有深厚的民族文化做底蕴，就产生不了真正的先进性；没有高度的爱国精神和民族精神，也就代表不了最广大人民群众的根本利益。

中国共产党浴血奋战、艰苦创业的发展历史以及由此创造和形成的革命文化，就是一笔巨大的文化资源和政治资源。新时期宣传思想战线只有充分开发和充分运用这项宝贵的资源，才能为加强党的先进性建设作出更大成绩。比如，我们党的基本理论、基本路线、基本纲领、基本经验，党在不同历史时期根据当时的形势、任务所制定的各项方针政策，党在推进各项事业发展中的奋斗历程和创造的光辉业绩，党的解放思想、实事求是、与时俱进的思想路线，党在长期革命建设实践中探索和形成的理论联系实际、密切联系群众、批评与自我批评的三大优良作风，党的民主集中制原则，毛泽东提出的"两个务必"，中国共产党人创造的"井冈山精神"、"长征精神"、"延安精神"、"西柏坡精神"、"铁人精神"、"两弹一星精神"等，还有诸如革命斗争纪念馆、近年来建立的爱国主义教育基地……所有这些，都是加强党的先进性建设的不可多得的重要资源。

文化资源当然也包括传统文化和现当代文化。中华民族五千年的文明，创造了辉煌灿烂的文化，孕育了优秀的民族传统。世界上越来越多的有识之士认识到了中国文化的巨大价值和现代意义。比如，据1988年1月24日澳大利亚《堪培拉时报》发自巴黎的一篇报道称，第一届诺贝尔奖获得者国际大会的70多位专家，"经过四天的讨论所得出的结论之一"是"人类要生存下去，就必须回到25个世纪以前，去汲取孔子的智慧"；俄罗斯著名的汉学家列·佩列洛莫夫认为，中国正在建设"孔子式的社会主义"；近些年在国际上兴起的《易经》热、《老子》热、《孔子》热、儒学热等等，都典型地说明了中国文化的思想精华不但引起了世界的关注，而且也得到了世界的认同。实际上，关于人类和平发展的思想，关于以人为本的思想，关于构建和谐社会的思想，都是我国传统文化的思想精华在当今时代的创新发展。因此，加强党的先进性建设，一定要充分运用好我国的文化资源。这些年，宣传思想战线在促进建设有中国特色、中国风格、中国气派的先进文化方面以及把中国文化推向世界方面做了很多很有意义的事情，不仅体现了我们党确实能够代表先进文化的前进方向，而且在促进党的先进性建设方面发挥了作用。

发挥模范作用与铸造民族精神

"好雨知时节，当春乃发生。"正值先进性教育活动顺利开展并初见成效的时候，又一位模范共产党员的优秀典型、又一位中华民族优秀儿女的杰出代表——张云泉同志的名字震荡着神州大地。这位江苏泰州信访局局长，身体力行执政为民的生动事迹震撼了全国人民的心，体贴人民无私奉献的伟大精神感染了千千千万万的人。

张云泉与任长霞、郑培民、牛玉儒、周国知、宋鱼水等一大批模范共产党员一样，都立足于本职岗位，用朴实无华而又感人至深的实际行动，实践着"三个代表"重要思想，展示着共产党人的伟大胸襟，为广大党员和党员领导干部作出了榜样，也吸引和感动了广大的人民群众。他们创造性地发挥着共产党员的先锋模范作用，不仅体现着新时期共产党人的蓬勃朝气、昂扬锐气和浩然正气，体现着共产党人的本质和主流，而且也反映着新时期博大深厚的民族精神。正是这种精神，震撼着人们的心灵，激励人们奋发向上，鼓舞人们积极进取；也正是这种精神，在逐渐凝聚着构建和谐社会的人心和全面建设小康社会的力量。

发挥先锋模范作用，是共产党员应尽的责任，是我们党的优良传统，同时也是我们党对中华民族奉献精神和中华民族优良传统的继承与弘扬。中华民族勤劳善良、求真务实、厚德载物、勇于奉献，每个时代都产生了一批引领时代潮流、反映时代精神，具有巨大创造力、影响力、凝聚力和感召力的模范人物。在中国古代历史和传说中，治理洪水造福人类的大禹、秉公执法为民除害的包拯、浩然正气的文天祥、收复台湾的郑成功等等，家喻户晓，历代传诵，都是不断铸造中华民族伟大精神的典型。近现代以来，中国共产党逐渐成为中华民族的脊梁。革命战争年代，方志敏、刘胡兰、张思德、黄继光、董存瑞等，成千上万的革命烈士，用鲜血和生命表达了一个普通共产党员对共产主义理想的坚定信念；社会主义建设时期，邢燕子、王进喜、雷锋、焦裕禄、欧阳海等大量先进模范，怀着对党、对祖国、对人民的深厚感情，献身于社会主义建设，实践了自己的入党誓言。这些共产党员的优秀代表，为人民解放、国家富强和民族振兴作出了巨大贡献。他们用行动、用生命，展示了共产党员的先进性，展示了先进典型巨大的感召力、创造力和凝聚力，在人民群众中产生了广泛而深刻的影响，成为号召和激励全国各族人民团结奋斗的旗帜。

在改革开放和社会主义现代化建设进程中，又涌现出孔繁森、许振超、任长霞、郑培民、马祖光、牛玉儒、周国知、宋鱼水、张云泉等一大批共产党员的先进楷模。作为新时期实践"三个代表"重要思想的模范和优秀党员的杰出代表，他们牢记共产党员的历史责任与光荣义务，牢记党的为人民服务的根本宗旨，努力实践"三个代表"重要思想，为弘扬党的优良传统，为推动党的事业发展，为构建社会主义和谐社会，作出了积极贡献。他们用实际行动，创造性地发挥着共产党员的先锋模范作用，在广大人民群众心目中，树立和维护着共产党人的良好形象，生动地展现了共产党员的先进性，展现了党的先进性。他们在新的历史条件下，铸造着新时期中华民族勤劳务实、勇于奉献的伟大精神，成为社会主义现代化建设进程中民族精神和民族文化的铸造者和弘扬者，展现了中华民族的博大襟怀，赢得了广大人民群众的敬佩和爱戴。他们不愧是新时期的优秀党员，不愧是保持共产党员先进性的表率。人民感谢他们，历史感谢他们！

　　时势造英雄。新时代创造新精神，新时期创造新典型。全面建设小康社会的宏伟目标和构建社会主义和谐社会的艰巨任务，为广大党员充分发挥模范作用提供了广阔天地，也为铸造新的民族精神创造了良好条件。目前在全党开展的以实践"三个代表"重要思想为主要内容的保持共产党员先进性教育活动，必将涌现更多先进模范和时代先锋，为铸造新时期的民族精神和实现中华民族振兴作出贡献。

下　篇

学习与思考

创造绚丽多彩的中国特色新文化

党的十五大报告《高举邓小平理论伟大旗帜，把建设有中国特色社会主义事业全面推向二十一世纪》，将建设有中国特色社会主义的文化作为我国社会主义初级阶段基本纲领的重要组成部分，与建设有中国特色社会主义的经济、政治放在同等重要的位置，这不仅表明党中央对建设中国特色社会主义文化的高度重视，而且也表明建设中国特色社会主义文化在整个建设中国特色社会主义事业中的重要地位。报告对什么是有中国特色社会主义的文化，如何建设有中国特色社会主义的文化，作了精辟而深刻、明确而具体的阐述，并坚信在社会主义现代化建设的伟大实践中，一定会创造出更加绚丽多彩的有中国特色社会主义新文化。反复研读，新意在焉，深意在焉。

一、新概念、新观念、新高度，目标明确

报告指出："建设有中国特色社会主义的文化就是以马克思主义为指导，以培育有理想、有道德、有文化、有纪律的公民为目标，发展面向现代化、面向世界、面向未来的，民族的科学的大众的社会主义文化。"由此对有中国特色社会主义的文化之内涵，从指导思想、奋斗

目标和具体要求三个方面作了明确的规定，既严密科学，又系统全面。

首先，"有中国特色社会主义的文化"是一个全新的概念。"文化"概念的内涵与外延有广义、狭义之分。广义文化是指人类历史实践过程中创造的物质财富与精神财富的总和；狭义文化一般是指社会意识形态以及与之相适应的制度、组织等等。在人类发展史上人们往往根据事实与需要，从不同的角度、不同的层次去使用或界定"文化"的内涵，诸如民族文化与地域文化、饮食文化与服饰文化、高雅文化与通俗文化之类，而学界一般将文化类分为物质文化、制度文化和观念文化三种。"有中国特色社会主义的文化"则从国别和社会制度两方面界定了文化的内涵，形成了一个全新的概念，体现着鲜明的政治色彩，同时涵纳着深广的思想底蕴。

其次，建设有中国特色社会主义的文化，作为党在社会主义初级阶段的基本纲领，还表现出新的观念。它以培养"四有"公民为目标，而不是就文化谈文化。人类创造文化，文化为人类服务，人与文化，人是中心，人是重心，培养"四有"公民，是建设有中国特色社会主义事业的需要，是推进共产主义事业发展的需要，报告抓住了关键，而且实现了从文化到人的观念转变。

复次，报告要求中国特色社会主义文化的发展不但必须"面向现代化、面向世界、面向未来"，而且必须是"民族的、科学的、大众的"，必须是"社会主义的"，从而既具有很强的时代性、宽广的视野和前瞻高度，同时又具有很强的意识形态方面的规定性，目标明确，方向明确。

二、多层次、全方位、大视野，措施具体

十五大报告以极为简洁明快、凝练准确的语言阐明了什么是有中

国特色社会主义的文化，同时用大量篇幅论述如何建设有中国特色社会主义的文化。特别是报告的第七部分集中从思想认识、措施途径、前景瞻望三大层面进行了深刻而精湛的论述。

首先，报告从三个方面阐述了对有中国特色社会主义文化建设的认识。一是以互见法指出有中国特色社会主义文化与社会主义精神文明在主要内容方面的一致性，由于十四届六中全会《中共中央关于加强社会主义精神文明建设若干重要问题的决议》对社会主义精神文明建设已经作了深刻而详尽的阐述，故十五大报告不必展开。二是强调了建设有中国特色社会主义文化的重要性、现实性与紧迫性。三是报告论述了有中国特色社会主义文化的渊源特点、目的任务及其在建设有中国特色社会主义事业中的重要作用。通过这三方面的论述，统一和提高了人们的思想认识。

其次，报告从在全社会形成共同理想和精神支柱、发展教育和科学、发展文学艺术与新闻出版广播影视等事业，营造良好的文化环境、博采外国文化之长、知识分子政策等六大方面，讲述了建设有中国特色社会主义文化的三十条具体措施，给人以扎扎实实、求真务实、有思路、有办法、有奔头、有干头的感觉。应当特别指出的是，报告将营造良好的文化环境作为有中国特色社会主义文化建设的重要方面，不仅富于创造性和开拓性，而且大大开阔了人们的思路和视野。

三、高视角、高志气、高境界，鼓舞人心

报告指出："中国文化有着辉煌的历史。在社会主义现代化建设的伟大实践中，我们一定会创造出更加绚丽多彩的有中国特色社会主义的文化，对人类文明作出应有的贡献。"这充满民族自豪和民族自

信的语言，从中国历史、未来前景和人类文明的角度，激励和鼓舞人们为创造绚丽多彩的有中国特色社会主义文化而努力奋斗，表现出很高的着眼点、很高的志气和很高的思想境界。

综观华夏文明发展史，中国文化有过三次大的转折和变化：首变于周，再变于宋，三变于五四。公元前 11 世纪前后，中国开始由奴隶社会向封建社会转变。这个时代"旧制度废而新制度兴，旧文化废而新文化兴"（王国维《殷周制度论》），被史学家们称为"古今一大变革之会"的时代。该时期华夏文化出现六大变化：一是社会形态转型；二是政治制度改革；三是人文转化，由事鬼神到重人事；四是"礼乐"文化诞生，规范人们行为；五是教育制度大改观，孔子首创私学，结束了官吏垄断文化的局面，平民子弟也有了学习的机会；六是文化总体风貌呈现出百家争鸣、百花齐放的局面，涌现出一大批文化巨子和经典著作。这些变化对后世文化的发展和人类文明的进步产生了重大而深远的影响。

至公元 11 世纪，中国文化发生了第二次巨大的转折和变化。赵宋王朝采取"文德治国"方略和崇文右文政策，一方面改革政治体制，分割相权、事权和兵权，加强中央集权制；一方面大量招纳文人入仕，社会稳定，经济长足发展。反映在文化上，一是教育相对普及，"学校之设遍天下"；二是知识和人才受到空前尊重，"学而优则仕"得到充分体现；三是印刷业空前发达，读书、藏书风气盛行；四是涌现出大批通才、全才、天才人物，治国、学术、创作均有建树，如范仲淹、王安石、欧阳修、苏轼、朱熹、文天祥等；五是优秀文化成果空前丰富；六是人文精神空前高涨，如爱国、自律、讲气节、重品格等等。故学人称，"华夏民族之文化，历数千载之演进，造极于赵宋之世"（陈寅恪语，见邓广铭《〈宋史·职官志考证〉序》，《金明馆丛稿二编》，上海古籍出版社 1980 年版，第 245 页）。

中国文化的第三次巨变始于五四时期。辛亥革命推翻了封建帝制，五四爱国运动打出了"民主"与"科学"两面旗帜，特别是马克思主义在中国的传播，使中国文化发生了巨大变化。白话文的兴起、世界文化的交流、新学校的建立、旧教育制度的革新等等，都使这场"新文化运动"更加轰轰烈烈，一大批杰出的革命家、军事家、政治家和文化巨人，也在这场新文化运动中酝酿、成长，为新中国的建立和创造社会主义的新文化打下了基础。

可以预见，公元 21 世纪的中国文化，将是更加绚丽多彩的有中国特色社会主义的文化。这一方面是因为我们拥有深厚的历史文化底蕴，有吸收和融会世界优秀文化的传统，一方面又有邓小平理论作指导，有党在社会主义初级阶段的基本路线和基本纲领作保证，经济体制的改革和经济的飞速发展，政治体制的改革和民主法制的完善，都会为创造更加绚丽多彩的有中国特色社会主义的文化提供坚实的基础和必要的条件。中国文化将会对人类文明作出应有的贡献，我们应该而且能够再创辉煌。

（1997 年 10 月 12 日）

下篇　学习与思考

着力提高全民族的思想道德素质

党的十五大报告将着力提高全民族的思想道德素质作为建设有中国特色社会主义文化的重要方面，这是一个具有重大现实意义和深远战略意义的决策。这个战略规划不仅有着深厚的政治内涵和文化内涵，而且体现了华夏民族重视思想道德建设的优秀历史传统。实现这一战略规划，将是全党的重要任务。

一、着力提高全民族的思想道德素质是建设中国特色社会主义的重要保证

报告提出着力提高全民族的思想道德素质具有重要的政治意义。

首先，着力提高全民族的思想道德素质是实现党的最终奋斗目标的需要。报告指出："我们现在的努力是朝着最终实现共产主义的最高纲领前进的。"建设有中国特色的社会主义，最终目标是实现共产主义，着力提高全民族的思想道德素质，实际上就是在全社会提倡社会主义、共产主义思想道德，提倡人类最美好、最高尚的思想道德。只有全社会成员都具备这种思想道德素养，才有可能实现共产主义。为此，在社会主义初级阶段就必须着力提高全民族的思想道

德素质，不断推进共产主义事业的发展，为最终实现共产主义打下坚实基础。

其次，着力提高全民族的思想道德素质体现着中国特色社会主义制度的优越性。在我国，由于全体公民的奋斗目标和理想信念具有较高的一致性和认同性，在现阶段提高全社会成员的思想道德素质不仅是可能的，也是经济社会发展所必需的。这一点与世界上其他国家经济发展初期的情况有所不同。历史上，一些国家在经济发展初期，如英国原始资本积累时期，人们对物质和金钱的追求，曾在相当长的一个时期引起不同思想道德观念的冲突，很难形成全社会认同的思想道德规范。而在我国，由于有着近百年的革命传统，有着几千年的文化传统，目前人们普遍认同的思想道德规范和评价标准已基本形成（比如讲奉献、讲团结友爱、尊老爱幼、为政清廉等等），这是我国之所以能在经济发展还未达到相当高度的时候，就能够同时提高全民族的思想道德素质的一个重要基础。

复次，着力提高全民族的思想道德素质是建设有中国特色社会主义的重要条件。在建设社会主义物质文明的同时，建设高度的社会主义精神文明，"两手一齐抓，两手都要硬"，这才是中国特色的社会主义。而建设高度的社会主义精神文明，必然要求全民族具有较高的思想道德素质。人类的进步、社会的发展，关键因素在于"人"，在于"人"的自身素质。人们道德素质的高低，直接决定着精神文明的程度，制约着社会政治经济的发展，影响着社会主义现代化建设的进程。因此，要两个文明同步发展，就要着力提高全民族的思想道德素质，使广大人民有共产主义理想，有道德，有文化，有纪律。

二、着力提高全民族的思想道德素质体现着
华夏民族优秀历史传统和丰富文化积淀

报告提出着力提高全民族的思想道德素质，具有深厚广博的历史继承性，体现着华夏民族优秀的历史传统和丰富的文化积淀。

正如十五大报告指出的那样，"中国文化有着辉煌的历史"，中国与古埃及、古巴比伦、古印度并称为世界四大文明古国，近代学者梁启超曾谓"中国乃文明之鼻祖"。在人类文明发展史上，华夏民族的思想道德建设不但有着悠久的历史和优良的传统，而且还有鲜明的民族特色——政治伦理型。其现实性、一贯性、系统性、深刻性和稳定性，更非其他国家所能比。

中国古代对于思想道德的认识与思考有过三次巨大的发展和变化，一是战国时期诸子百家创建体系，二是西汉时期独尊儒术的确立，三是两宋时期程朱理学的崛起。战国时期，面对"礼崩乐坏"、诸侯征伐、社会动荡的局面，哲人们紧紧围绕如何治理天下而对思想道德进行着认真的思考和探索，出现了百家争鸣的局面。老子愤世嫉俗，提出"绝圣弃智"，"返朴归真"；庄子"明老子之术"，主张回归自然，"无为而治"；墨子讲"兼爱"；曾子重内省（"吾日三省吾身"）；韩非则任法术而尚功利，强调以法律手段强制和规范人们的思想道德与行为。孔子的思想道德学说最为全面和系统，也最贴近日常生活，切合个人与社会。孔子以伦理价值为中心，以社会国家为本位，把个人、家庭、国家联为一体，强调个人修养，强调家庭和谐，强调社会稳定，并且以"仁"为思想核心，"礼"为行动规范，"义"为价值准绳，构筑起庞大的思想道德体系。孟子以"仁义"为最高道德准则，一方面要求统治者行"仁政"，另一方面又从人性本

善的角度要求人们反省内求，存心养气，提倡"浩然正气"。荀卿则提出了学、思、行相结合加强思想道德修养的方法。以孔孟为代表的儒家思想道德学说，以其积极的入世、治世、淑世精神，成为中国封建社会的主导思想。

两汉时期，董仲舒以儒家思想为主体，糅合道家、法家等各家思想，建立了神权、君权、父权、夫权为轴心的思想道德体系，并把儒家伦理定型为"三纲五常"。汉武帝采纳了董仲舒的建议，"罢黜百家，独尊儒术"。从此，儒家思想道德学说定尊为一统，"三纲五常"也成为伴随中国封建社会的基本道德规范。

魏晋以后，老庄盛行，佛教流传，儒、释、道三家并行不悖，道家思想成为儒家思想的补充而被文人士子用来应付人生的磨难与坎坷，佛家的"劝善"也逐渐被儒家的"求善"所同化，但"三纲五常"依然是家喻户晓、妇孺皆知，依然是规范人们行为的道德标准。

宋代哲人以"理"解释宇宙万物，解释封建道德和封建秩序的合理性，认为伦理纲常、自我修养都是人性的必然要求，因此强调道德自律，主张"惩忿窒欲，迁善改过"（朱熹《白鹿洞书院揭示》），要求"革人欲，复天理"，保证社会统治秩序的安定和社会的发展。宋人讲正气，讲节操，讲学识，讲事功，以天下为己任，重视个人品德和民族气节，并把自我的社会责任感、历史使命感同"天理"结合起来，从而拓深拓宽了思想道德的内涵。像范仲淹"先天下之忧而忧，后天下之乐而乐"（《岳阳楼记》）、王安石雷厉风行搞改革、岳飞精忠报国、文天祥凛然就义，无不深受理学的影响。

宋代之后，儒家思想道德学说除深入广泛地实践之外，几无变化。直到五四运动，才开始了思想道德认识的新阶段。

不必讳言，我国古代对于思想道德的探索、认识和规范，不可避免地带有历史局限性。扬弃糟粕，汲取精华，弘扬和光大中华民族的优秀历史传统，创造社会主义新时期的精神文明，建设有中国特色的社会主义文化乃是时代的要求和历史的责任。从这一角度看，十五大报告提出着力提高全民族的思想道德素质，意义重大而又深远。

三、着力提高全民族的思想道德素质必须社会规范与个体自觉相结合

小平同志经常强调，中国的事情，要从中国的实际国情出发。提高全民族的思想道德素质更是如此。这就要求我们充分考虑我国的历史基础、现实状况和未来理想，确定有效措施。

如上所述，华夏民族有悠久的历史和优良的文化传统，继承、发扬和光大前人思想道德的精华，弘扬民族正气，是提高全民族的思想道德素质的重要方面。我国古代人民爱国家、崇信义、重礼让、讲节操、尊老爱幼、珍视友谊、倡导正气、勤劳朴实等等优秀品质，无疑都是今天我们提高全民族的思想道德素质的良好基础。同时，我国目前正处于社会主义初级阶段，这一时期的特点是，虽然经济建设取得了较大成就，人们的物质生活条件有了很大改善，但精神方面在经济大潮的冲击下，拜金主义、享乐主义以及一些封建道德观念的残余和资本主义的颓废意识都对人们的思想和行为方式产生着影响，妨碍着两个文明的建设，妨碍着社会主义现代化建设事业的发展。在这一背景下，着力提高全民族的思想道德素质，就成为当前十分紧迫的任务。

着力提高全民族的思想道德素质，必须社会规范与个体自觉相结合。从国家的角度看，在高度重视的同时要采取切实可行的有力措施，有计划、有组织、有领导、有步骤、有目标地进行正面引导，以先进的思想和小平理论教育人，加强爱国主义、集体主义和社会公德、职业道德、家庭美德教育，营造良好的氛围，使人们树立建设有

中国特色社会主义的共同理想，树立正确的世界观、人生观和价值观。与此同时，还要加强法治建设，以法律的形式规范人们的行为，约束和制止不道德行为，在全社会形成扶正去邪、扬善惩恶的风气。作为国家个体成员的每个公民，则应当自觉接受积极、健康、正确的思想道德教育，加强道德自律意识和法治观念，遵纪守法，爱党爱国，努力学习，勤奋工作，自觉强化奉献意识，团结互助，自觉遵守社会公德，自觉地做一个有利于人民、有利于国家、有利于民族发展和社会进步、有利于推进人类文明的人。

　　总之，我们有小平理论作指导，有华夏民族优良的文化传统作基础，有党中央的坚强领导，有全国各族人民的共同努力，坚信全民族的思想道德素质必将不断提高，并会逐步形成有中国特色的社会主义思想道德新观念、新境界，形成中华民族精神的新风貌。

（1997 年 10 月 20 日）

建设与传播社会主义
核心价值体系的有效途径

　　由贵州省共青团发起的"春晖行动"迄今5周年，看了其走过的艰难历程和取得的显著成效，笔者深为感动，深受教育，深有启迪。这项旨在"弘扬中华文明，反哺故土亲人"的大型社会公益活动，意义已超乎策划者初衷，成为积极建设和广泛传播社会主义核心价值体系的重要载体与有效途径。

　　"春晖行动"是建设与传播社会主义核心价值体系方式的有益尝试。社会主义核心价值体系是社会主义意识形态的本质体现，是中国特色社会主义事业的精神灵魂，更是全党全国人民共同团结奋斗的思想基础。建设社会主义核心价值体系，既有深刻的理论性和深厚的实践性，又有现实的针对性和鲜明的时代性，是一项长期的战略任务和复杂的系统工程。这项工程，关系中国特色社会主义事业的推进，关系党的执政地位的巩固和民族凝聚力的增强，关系两种社会制度的生死较量和人类文明的健康发展。因此，需要集中全党全民的智慧，需要全社会的共同参与，需要科学有效的方式方法。"春晖行动"无疑是这方面的创造性尝试。

　　"春晖行动"是落实党的"十七大"精神的重要举措。"十七大"提出，要"切实把社会主义核心价值体系融入国民教育和精神文明建设全过程，转化为人民的自觉追求，积极探索用社会主义核心价值体系引领社会思潮的有效途径（胡锦涛《高举中国特色社会主义伟大旗帜，为夺取全面建设小康社会新胜利而奋斗》）；十七届四中全会进一步提出了"开展社会主义核心价值体系学习教育"的新要求。毫无疑问，积极探索科学、有效的建设和传播社会主义核心价值体系的方法、形式与途径，是新世纪全党全民全社会义不容辞的历史责任。面对世界政治多极、多元、多变的新格局和世界文化交流、交锋、交融的新趋势，面对我国经济体制深刻变革、社会结构深刻变动、利益格局深刻调整、思想观念深刻变化的新情况，共青团贵州省委立足于本省经济社会发展实际，着眼于推动经济发展和促进社会和谐，创意发起"春晖行动"，且5年如一日，不断拓展覆盖面，影响越来越大，传播越来越广，不仅经济建设成效显著，而且精神文明也在提升，把中央的指示精神落到了实处。

　　"春晖行动"启发公民良知、良智和善心、善行。活动以中华民族优秀的历史文化传统为根基，以"亲情、乡情、友情"为纽带，号召游子为促进家乡发展做贡献。这一创意有两个特别值得关注的地方：其一是充分发挥、充分利用优秀传统文化亲情伦理道德的历史积淀和人们普遍认知、认同的心理意识。其二是充分激发与调动人们思乡、怀乡、恋乡的真诚情感和甘愿奉献社会、体现个体价值的心理意识。正是这两大特点，使社会主义核心价值体系的实践与建设，成为人们的自觉追求和内在要求，成为提高道德素质的动力源泉，成为引导文明健康社会风尚的旗帜。

　　"春晖行动"以人为本，以情为魂。人本思想、人文情怀，是马克思主义的思想精髓，更是社会主义核心价值体系的重要基础。感人心者，莫先乎情，而情亲莫过"母爱"。慈母之爱，是人类最淳朴、最真诚、最伟大的情感，也是最普遍、最典型、人人皆有感受的情感。"感恩母爱"更是人性应有的基本道义和高尚品德。"春晖行动"

的创意者通过移植古代脍炙人口的《游子吟》诗意，并撷取"谁言寸草心，报得三春晖"中的"春晖"冠名，以"感恩母爱"的血缘亲情比喻"眷念家乡"的地缘深情。"亲情"连接"乡情"，"个体"融入"社会"，从而扩大了关爱他人、奉献社会的内涵，不仅切入角度好，而且思想境界高。由此，通过关怀家乡父老、支持家乡发展，家庭的"个体亲情"转化为社会的"大爱真情"。活动中涌现的众多先进典型和感人事例，充分展示了社会主义核心价值体系蕴涵的真、善、美，充分展现了核心价值体系的人文关怀和道义力量，让人深受感动，不能忘怀。

"春晖行动"弘扬传统，爱家爱国。建设社会主义核心价值体系，必然以优秀的传统文化为基础。眷念家乡，是人类共有的心理，更是中华民族的传统美德。中国自古以来的族群聚居习俗，形成了博大精深的民族文化传统和细致缜密的伦理道德体系，形成了强烈的家庭观念、家族意识、家乡情结，成为国家理念的坚实基础。这种浓厚的家庭和族群理念代代相传，绵延数千载，甚至影响着中国历史发展的大格局。在中国五千年文明发展的历史长河中，家庭成为社会构成的基本单位，家庭理念成为传统文化的基本元素。这不仅典型地表现在"家天下"的封建政治体制中，反映在"家国一体"的社会组织构成上，而且内含在个体的社会价值实现中。古代"正心、诚意、修身、齐家、治国、平天下"的个人奋斗路线图，自然深含"爱家、爱国"的信息；而屈原辞赋、杜甫诗歌、辛弃疾"金戈铁马"、文天祥"丹心汗青"……无不饱含强烈的"家国"之情。家乡，作为社会成员个体出生成长或者前辈生活繁衍的地方，也是家族生息繁衍的地方，这里有血缘关系密切的家庭、家族和亲情。对于背井离乡的游子来说，家乡内在的吸引力、影响力、感召力和凝聚力，是无可替代的。惦记家乡、关爱家乡，为家乡发展略尽绵薄，这既是一份情感的表达，也是一份应有的责任。知恩感恩，回报家乡、回报亲情，是中国传统美德的具体体现，是热爱家乡、热爱祖国的具体表现，也是家族亲情、地缘乡情和民族深情的综合体现。"春晖行动"深厚的人文底蕴和广泛的群众基础，决定了必然获得广泛响应，取得显著效果，甚至生活海外的耄耋老人，也热泪盈眶地说出回报家乡的铮铮誓言，令人感动不已。

"春晖行动"务实事，求实效。这项大型公益活动，本质上是在倡导"以人为本"的社会关爱，自活动开展以来，始终坚持"以情动人"，"以事感人"，"以行化人"。创意者从意识形态的伦理道德切入，以情感元素调动社会资源，讲真情、办实事、求实效，推动经济发展，促进社会和谐。参与者人人可以根据自己的实际情况，自觉自愿做力所能及的实事。而在这一过程中，活动参与者、涉及者受到感化和教育，自觉实践新时期向善、向美、向上的关爱理念，引导着人们树立正确的世界观、人生观、价值观，弘扬爱家乡、爱祖国、爱人民的传统美德，弘扬关爱社会、团结互助、民族和睦的社会风尚，思想理念与品德境界得到升华。尤其值得提出的是，"春晖行动"有着强大的组织系统作保障，使公益活动科学、有序、高效运行。活动过程，成为实践、传播和丰富社会主义核心价值体系的过程，"真正做到在改造客观世界的同时改造主观世界，寓改造主观世界于改造客观世界的过程中，用改造主观世界的成效推进客观世界的改造。"（胡锦涛《在"三个代表"重要思想理论研讨会上的讲话》）。

"春晖行动"是社会主义核心价值体系的具体化和实践化。它把马克思主义指导思想、中国特色社会主义共同理想、以爱国主义为核心的民族精神和以改革创新为核心的时代精神、社会主义荣辱观，融入活动，贯穿全程，体现在人们的行动上，反映在具体的事例中，充分体现了社会主义核心价值体系理论与实践的高度统一，充分体现了党的主张、国家意志和人民意愿的高度统一。众所周知，任何理论的产生，都必然以深厚丰富的社会实践为基础，任何理论的成熟，也必然是在指导社会实践的过程中，不断丰富发展和完善。社会主义核心价值体系是科学先进的思想理论，更是生动鲜活的社会实践。社会主义核心价值体系的形成是一个全社会广泛参与建设的历史过程，也是一个不断深入认识、不断深入实践、不断广泛传播的历史过程，更是一个不断丰富完善和与时俱进的历史过程。它含纳在广泛的社会活动里，体现在人们的日常生活中。它是凝聚人心的精神旗帜，规范思想行为的共同标准。"春晖行动"把社会主义核心价值体系的建设与传播实践化、具体化，成为"智行合一"的鲜活载体。

总之，"春晖行动"建立了一座关爱他人的平台，架起了一座奉献社会的桥梁，为建设与传播社会主义核心价值体系创造了良好的社会环境，营造了适宜的社会氛围。这是一个思想内涵深刻、文化积淀深厚、现实意义重大、发展前景广阔的重要创举，是一个思想境界高、实践性能强、适合人群广、容易见成效的重要创举。

（2010 年 6 月 8 日）

发展新理论与开创新局面

高度重视发展新理论，是党的重要特点之一。十六大报告《全面建设小康社会，开创中国特色社会主义事业新局面》强调了科学理论对于指导社会实践和开创新局面的重要性，强调了科学理论的发展与创新，尤其强调了充分发挥社会科学理论在经济建设和社会发展中的重要作用。

首先，大会主题充分体现了高度重视新理论。大会以高举邓小平理论伟大旗帜，全面贯彻"三个代表"重要思想为主线，十分鲜明地解决和回答了新世纪、新阶段中国共产党举什么旗、走什么路、实现什么目标的重大问题。邓小平理论、"三个代表"重要思想，都是马克思主义在中国的新发展，是指导中国改革开放和社会主义现代化建设的最新理论。大会主题将其放在首条首位，作为号召全党、凝聚人心的旗帜和主线，作为大会的前提和基础，究其实质，就是以发展着的马克思主义新理论指导我国现实的社会实践，继往开来，与时俱进，全面建设小康社会，加快推进社会主义现代化，开创中国特色社会主义事业新局面。大会主题实际上突出的就是以新理论指导新实践。

其次，报告本身就是优秀的社会科学理论新成果。报告是全党全国人民实践与中央领导集体智慧的结晶，是起草小组历时一年，经过大量调查、深入研究、潜心思考、精心设计、字斟句酌、反复修改的结果。江泽民就报告主题、内容和框架修改，先后两次给起草组作重要讲话，并用 8 个整天主持座谈；政治局及常委会先后七次讨论报告稿；起草组在 16 个省市召开了 80 多个座谈会；报告稿征求了全国 170 多个单位的意见，3100 多人参加了讨论。报告站在时代和历史的高度，全面分析了新世纪新阶段，我们党和国家面临的新形势、新任务，科学总结了改革开放以来，特别是十三届四中全会以来，党带领全国各族人民建设中国特色社会主义的巨大成就和基本经验，进一步阐明了贯彻"三个代表"重要思想的根本要求，明确提出了党在新世纪头 20 年的奋斗目标，提出了推进各方面工作的方针政策，深刻回答了关系党和国家长远发展的一系列重大问题，对建设中国特色社会主义经济、政治、文化和党的建设等各项工作，作出了全面部署。报告立意高远，大气磅礴，主题鲜明，论述精辟，体现了解放思想与实事求是的统一，理论创新与实践创新的统一，总结过去与规划未来的统一，立足国情与面向世界的统一，思想性、理论性和指导性极强，是党和国家在新世纪新阶段的行动纲领，是又一篇马克思主义的光辉文献。

第三，大会将"三个代表"的重要思想确定为党的长期指导思想，更加充分、更加具体地体现了对社会科学新理论的高度重视。"三个代表"重要思想是中国当代发展着的马克思主义，是当代社会科学理论的精华，她反映了当代世界和中国的发展变化对党和国家工作的新要求，是加强和改进党的建设、推进我国社会主义自我完善和发展的强大理论武器。大会提出，开创中国特色社会主义事业新局面，必须高举邓小平理论伟大旗帜，坚持贯彻"三个代表"重要思想，并特别强调始终保持与时俱进的精神状态，不断开拓马克思主义理论发展的新境界，特别强调思想上不断有新解放，理论上不断有新发展，实践上不断有新创造，从而突出了科学理论在指导社会实践方面的不可替代的重要性。

　　大会报告通篇贯穿"三个代表"重要思想，充分反映了社会科学理论创新对社会实践创新的指导作用。报告对过去五年的工作总结和十三年基本经验的概括，都特别强调了邓小平理论在指导现实实践中发挥的巨大作用，5 年的"八大成就"和 13 年的"十条经验"，从某种意义上说，实质上就是马克思主义、毛泽东思想、邓小平理论即社会科学理论的巨大成功，是党的基本理论、基本路线和基本纲领的巨大胜利，所以 13 年经验的第一条就是"坚持以邓小平理论为指导，不断推进理论创新"。报告提出，开创中国特色社会主义事业新局面，必须高举邓小平理论伟大旗帜，坚持贯彻"三个代表"重要思想，并提出了四个"必须"，而其中的第一条就是"必须使全党始终保持与时俱进的精神状态，不断开拓马克思主义理论发展的新境界"。报告在部署全面建设小康社会的各项任务中，全面贯彻了"三个代表"重要思想，突出了社会科学理论创新与社会实践创新的互动。报告对事关党和国家建设战略全局的重大理论与现实问题，做了科学论述，提出一系列新思想、新观点和新论断，也充分体现了理论创新的新成就，体现了党在政治上、理论上更加成熟。

　　第四，大会高度重视发展新理论是对中华民族优秀传统的继承和弘扬。古往今来，凡是有所作为的民族、国家和执政者，无不高度重视发展新理论，无不将其作为民族发展、国家发展和社会发展的根基。古埃及、古巴比伦、古印度，这些早已消失在历史长河中的文明古国，都曾靠着当时文化的发达创造过辉煌。人类文明发展史上目前唯一文化不曾中断、文明连续发展的中国，就得力于重视发展社会科学新理论。

　　正如报告所言，中华文明，博大精深，源远流长。中国历代有所作为的统治者，大都十分重视发展新理论，善于审时度势，善于思考决策，善于"并天下之谋，兼天下之智"。实际上，这个过程就是一个发现新情况、解决新问题、酝酿新理论、指导新实践的过程。黄帝轩辕面对部落的相互侵犯，他"修德振兵"，征伐残暴，统一天下，致力于政治秩序建设和农牧经济发展。帝喾"抚教万民"、帝尧"合和万国"、虞舜则令"蛮夷率服"。这些远古首领，均在实践中自觉或不自觉地思考、创造和利用着治理社会的新理论。夏禹治水，闻名于世，他"声为律，身为度"，"为纲为纪"，使"九州攸同"，天下太平；殷商以德治国，成汤"德及禽兽"；周代礼乐为政，遂有"成康之治"。秦并六国，统一天下，推行法治，强化皇权，车同轨，书同文；汉承秦制，海内为一，"文景之治"，传为美谈；李唐科举取士以治国，乃有"贞观之治"与盛唐气象；赵宋"右文抑武"以防乱，收兵权而搞集权，文礼兴邦，通才云集，名相辈出，文化发达；蒙元入主中原，"以汉治汉"，奉为国策；明清视"理学"为国学，前有洪武、永乐之治，后有"康乾盛世"，均为世人称道。古代这些创造新气象的有为帝君，无不在立国治国实践中，结合实际，联系现实，发展新理论，开创新局面。

中华民族注重发展新理论的优良传统，源远流长。从上古的卜、史、巫、祝，到近代的诗人学者，他们都在用各自的方式思考着民族和国家的生存与发展，思考着社会的进步与文明的传承。远古的唐尧虞舜，先秦的诸子百家，汉代的司马班扬，唐代的李杜韩柳，宋代的范（仲淹）欧（欧阳修）王（安石）苏（轼）、周（敦颐）程（颐、颢）朱（熹）陆（游），明代王阳明、王夫之、顾炎武，清代龚自珍、黄遵宪、谭嗣同、康有为……"国家兴亡，匹夫有责"的民族意识和忧患意识浓厚而强烈。这期间涌现了一批闻名世界、影响古今的社会科学家和政治思想家。如提出"无为而治"、"治大国如烹小鲜"等一系列治国之道的李聃；被誉为"至圣先师"、"万世师表"的孔丘；以兵法13篇而闻名于世的孙武；善以寓言说理喻事的哲学思想家庄周；继承孔子学说而主张实行"王道"和"仁政"的孟轲；挑战孟子"性善"说而提出"性恶论"的荀卿……而近代以来的思想伟人和社会革命家如孙中山、毛泽东、邓小平等，更是妇孺皆知。他们既是伟大的理论家又是杰出的革命家和实践家，在世界范围内发生着深远影响，为人类文明的发展作出了卓越贡献。

第五，发展新理论，开创新局面，必须立足于社会现实，着眼于长远发展。"经世致用"，"有补于世"，一直是先贤追求的目标，也是中国社会科学理论发展的突出特点。孔、孟时代，"世道衰微，邪说暴行有作"，诸侯征伐，社会动荡，人类残杀，道德沦丧，所谓"弑君三十六，亡国五十二，诸侯奔走不得保其社稷者，不可胜数"（《史记·太史公自序》），前代文明惨遭破坏，人们生存受到威胁。孔子修《春秋》"惩恶而劝善"，借助历史和舆论，规范社会道德和社会行为；孟子则通过批评与抵制杨朱的为己说、墨翟泯灭是非的兼爱论，弘扬和发展孔子仁学思想并提出"王道"学说。孔、孟称扬唐虞社会安定统一、文明有序，反映了人民对和平、稳定、有序发展的普遍愿望，反映了时代发展和社会进步的要求。"自《春秋》作而乱臣贼子惧，孟子之言行而杨、墨之道废"，其社会的积极影响不言而喻。孔孟学说的创立及对后世的影响，典型地反映了社会科学理论关注现实的好传统。再如，汉昭帝于公元前81年召集天下贤良60多人到长安，讨论盐铁官营和酒类专卖，桓宽整理成《盐铁论》60篇，指导了当时经济、政治、军事、文化等方面的发展；唐太宗与诸大臣讨论总结历代兴亡，探求治道政术，治国以安民，吴兢分类编成《贞观政要》，被视为理政治国的必读书。至于宋代赵普"半部《论语》治天下"，更是理论指导实践的典型。总之，理论关注现实、指导实践，在实践中发展新理论，是中华民族的好传统。

第六，发展新理论，开创新局面，必须与时俱进。与时俱进是理论创新的基础，是发展新理论的前提。与时俱进同解放思想、实事求是一起作为党的思想路线，是党坚持先进性和增强创造力的决定性因素。报告指出，与时俱进，就是党的全部理论和工作，要体现时代性，把握规律性，富于创造性。报告先后九次使用"与时俱进"这一概念，反复强调这一发展新理论的科学方法、思维方法和工作方法，并提到关系党和国家前途命运的高度来认识，可见中央重视的程度。报告还特别强调以马克思主义的理论勇气，在理论上不断扩展新视野，作出新概括。与时俱进，实际上是创新理论和发展理论必须遵循的规律。

从中国古代文化发展史上看，古人在这方面早已率先垂范。如孔子对西周社会制度和政治文明的阐发、改造和创新；从先秦的诸子百家学说，到汉代经学的出现，再到宋代疑古惑经文化思潮的形成和程朱理学体系的问世，其间的发展变化脉络十分清晰。再如，从上古的以德治国、周代的礼乐为政，到汉代的独尊儒术、魏晋玄学的盛行，再到唐宋时期的儒释道三家兼采并用，每个历史时期都是随社会条件的变化而出现了新理论，其中最为典型的就是儒学的发展。夏、商、周的历史实践以及当时创造的社会文明，为孔子创立儒学奠定了坚实的基础；孔子根据时代的发展变化，构建了"仁学"与"礼学"思想体系；孟子又根据时代变化，提出"王道"与"仁政"学说；汉代儒学乃是在孔孟学说基础上发展完善，以"修身、齐家、治国、平天下"（《礼记·大学》）为核心的入世思想，以"仁、义、礼、智、信"为标准的道德观念，以"天、地、君、亲、师"为次序的伦理观念等已经为人们普遍接受；至宋代的朱熹"致广大、尽精微，宗罗百代"，发挥《大学》"格物致知，正心诚意"之说，集儒学之大成，为"理学"之代表。儒学的发展脉络，典型地反映了中国古代思想理论发展与时俱进的特点。至于马克思主义的诞生、毛泽东思想的形成、邓小平理论的出现和"三个代表"重要思想问世，更是人所共知。

当前，一个认真学习、深入认识、广泛宣传、全面贯彻、全面落实十六大精神的热潮，已经掀起。立足本职，发扬勤于思考、敢于创新、勇于探索的精神，牢牢把握先进文化的前进方向，根据新情况，研究新问题，发展新理论，开辟新境界，为全面建设小康社会，为实现十六大提出的各项任务作出新贡献，是时代赋予我们的责任。

（2003 年 11 月 8 日）

与时俱进的理论品格

——"三个代表"重要思想学习札记①

江泽民同志在庆祝中国共产党成立 80 周年大会上的重要讲话，站在历史、时代和社会发展的高度，紧紧围绕在新的世纪建设一个什么样的党、怎样建设党这样一个带有根本性、全局性的重大理论问题和实践问题，以"三个代表"重要思想为灵魂，全面总结了党的 80 年光辉历程和基本经验，系统阐述了"三个代表"思想体系的内涵，明确提出了加强和改进党的建设之具体要求与历史任务，深刻回答了党在新世纪、新形势、新考验下，保持先进性、纯洁性，增强创造力、凝聚力和战斗力的问题，成为党在新世纪的宣言和纲领。

正如恩格斯所指出的那样，"一个民族要想登上科学的高峰，究竟是不能离开理论思维的"（《马克思恩格斯选集》第 4 卷，人民出版社 1995 年版，第 285 页）。理论是方向，是旗帜，是纲领，是指南，是准则，是依据。一个政党对于理论的认识水平和重视程度，反映着这个政党的理论水平和成熟程度，而理论成熟是政治成熟的重要标志。任何科学的理论都是人们认识客观事物和社会实践活动的理性总结。同时，任何科学的理论又总是随着历史的不断发展、随着人们

---

① 该文发表于《思想政治工作研究》2001 年第 9 期。

对客观事物认识的不断深化、随着社会实践活动的不断深入而不断发展、不断创新的。新时代呼唤新理论、需要新理论，同时也会发展新理论。马克思主义理论具有与时俱进的品格，而先进理论正是在不断发展、不断创新的过程中保持和发挥其先进性的。我们党历来有重视理论的传统，从某种意义上说，中国共产党的历史就是一部不断寻求先进理论、选择先进理论、实践先进理论、发展先进理论、创造先进理论、丰富先进理论的历史。

江泽民同志的"七·一"讲话堪称是发展理论、创新理论的典范，通篇给人以耳目一新的感觉，处处都有"在实质上不同于固有形式的新思想"（巴尼特语），处处新意在焉、深意在焉。讲话在概念、表述或者观点、论断等方面的创新多达几十处，而最重要的则是在思想理论、思想观念和思想路线方面的发展和创新。"三个代表"的重要思想，是立党之本、执政之基、力量之源，也是新世纪我们全面推进党的建设、全面推进两个文明建设、全面推进建设有中国特色社会主义事业不断夺取新胜利的根本要求。讲话立足于党的性质和中国实际，着眼于未来发展，将马列主义、毛泽东思想和邓小平理论的党建思想与时代变化、社会发展、国家振兴和人类文明紧密融合，高度提炼升华，充分系统化、体系化，对"三个代表"的内涵及其相互关系作了精辟透彻、科学严谨的阐述。

关于"我们党要始终代表中国先进生产力的发展要求"。对这一要求的内涵和外延，讲话作了明确具体的阐述。准确理解和领会，关键在于搞清以下三个问题：一是"生产力"、"先进生产力"与"中国先进生产力"的关系。这三个概念是分层递进、既有密切联系又有本质区别的。"生产力"是人类征服、改造自然及进行物质生产的能力或水平；"先进生产力"相对于落后生产力而言，一般指物质生产高度的效率能力和发达的技术水平；而"中国先进生产力"则由于加了限制词"中国"而具有了特指性，不能等同或混淆于其他国家的先进生产力。二是"先进生产力"与"先进生产力的发展要求"之关系。前者的内涵已如上述，后者是一个在内涵和外延上都有很大开放性、容纳性的概念，主要是指保证先进生产力发展所必须具备的各种主客观条件，讲话在阐述这一要求时特别强调的一个"符合"、两个"体现"所表达的正是这种意思。有同志认为，"先进生产力"现在还主要被西方发达资本主义国家所掌握，我们党能代表吗？还有的同志在文章或发言中提出"党组织要代表先进生产力"，而忽略了"发展要求"四个字。这就是尚未弄清"先进生产力"与"先进生产力的发展要求"的关系。显而易见，二者分属两个不同的范畴，是两个不同的概念，不容混淆，更不容等同。三是"中国先进生产力"、"中国先进生产力的发展要求"与中国共产党的关系。众所周知，在人类社会发展的不同历史时期和不同社会制度下，都有相对先进的生产力，中国亦然。作为特定历史条件下产生并存在的中国共产党，只能成为这一特定历史时期先进生产力发展要求的代表。而"发展要求"又是随着时代、环境、条件的发展变化而变化发展的，站在时代前列，及时调整和改革不适应、不符合先进生产力发展要求的东西，创造和营造有利于推动和促进先进生产力发展的环境与条件，是中国共产党人的历史责任。

关于"我们党要始终代表中国先进文化的前进方向"。此与上句形式对称，表达相似，不仅"中国"之特指性相同，连"前进方向"这一概念与"发展要求"所具有的动态性、开放性、容纳性之特点也相同。需要特别指出的是：第一，这里的"文化"是一个"大文化"的概念，不能与具体的文化门类、文化载体如文学、艺术之类相混淆。众所周知，"文化"有广义、狭义之分。人类发展过程中的一切实践活动和理性总结最终都以文化的形式表现出来并形成相对稳定的文化形态，而每个时代、每个民族、每个国家都有自己独特的文化。可以说，人类不断发展的过程就是不断创造新文化的过程。所以，"文化"之概念在使用与理解上都颇具张力和弹性，其内涵与外延在不同语境中常有很大区别，人们可以从不同角度或不同层次进行界定、限制、使用和理解。第二，"先进文化"是相对于落后的、消极的、腐朽的、没落的、愚昧的、颓废的乃至反动的文化而言，一般是指积极、健康、奋发向上、充满生机和活力的文化；其内涵随时代、民族、区域的不同而变化，即如中国，公元14世纪之前的封建文化一直是处于世界先进文化的前列，科技如四大发明，学术如汉代经学、宋明理学，文学如秦汉文章、唐诗宋词，而孔子、屈原、司马迁、李白、杜甫、欧阳修、王安石、苏轼、朱熹等都曾是当时代表先进文化的典范；当代中国的先进文化则是有中国特色社会主义的文化。第三，"先进文化的前进方向"就是发展面向现代化、面向世界、面向未来的，民族的、科学的、大众的有中国特色的社会主义文化，就是建设社会主义精神文明，就是在努力提高全民族思想道德和科学文化素质的同时，为我国经济发展和社会进步提供精神动力和智力支持。

关于"我们党要始终代表中国最广大人民的根本利益"。发展先进生产力、发展先进文化，目的都是为了满足人民物质文化生活的需要。中国共产党的成立就是为了民族的解放、为了人民的幸福。因此，必须把人民的根本利益作为党的一切工作的出发点和归宿。需要注意的是，"最广大人民"不是全部的、所有的，也不是一部分的、大部分的，而是"最大多数"，这显然是一个动态性的数量概念；"根本利益"与个人利益、集体利益、地方利益、局部利益、短期利益、小团体利益等相区别，是一种具有长远性、全局性、战略性的利益概念。讲话正是从全局、大局的高度进行了具体精辟的分析，要求党的所有政策措施和工作，都应认真考虑和兼顾不同阶层、不同方面群众的利益，并特别突出地强调，"最重要的是必须考虑并满足最大多数人的利益要求，这始终关系党的执政的全局，关系国家经济政治文化发展的全局，关系全国各族人民的团结和社会安定的全局。最大多数人的利益是最紧要和最具有决定性的因素"。这实际上已包含着如何在新的历史条件下加强党群关系、加强阶级基础和群众基础的问题。因此，必须充分发挥人民群众的积极性、主动性、创造性，在社会不断发展进步的基础上，使人民群众不断获得切实的经济、政治、文化利益。

正如讲话所指出的那样，"三个代表"是统一的整体，相互联系，相互促进。"发展要求"、"前进方向"、"根本利益"的统一性、整体性、相辅相成和互济互补性，显示出思想体系的科学严谨性。

新的先进理论被接受、被掌握、被实践，必然有一个认识、理解的过程。因为是发展、创新了的理论，自然会有对陈规和传统的改变，难免产生不同看法。因此，讲话特别强调，贯彻"三个代表"要求，必须坚持党的"解放思想、实事求是"的思想路线，必须大力发扬"求真务实、勇于创新"的精神。同时指出，"一切从实际出发，自觉地把思想认识从那些不合时宜的观念、做法和体制中解放出来，从对马克思主义的错误的和教条式的理解中解放出来，从主观主义和形而上学的桎梏中解放出来"，以使我们的思想和行动更加符合客观实际，更加符合社会主义初级阶段的国情和时代发展的要求。学习和贯彻"七·一"讲话，我们的观念、思想和行为也须与时俱进。

（2001 年 8 月 6 日）

科学严谨的思想体系

江泽民同志《在庆祝中国共产党成立八十周年大会上的讲话》（以下简称《讲话》）站在历史、时代和人类发展的高度，紧紧围绕在新的世纪建设一个什么样的党、怎样建设党这样一个带有根本性、全局性的重大理论问题和实践问题，以"三个代表"重要思想为轴心、为主线、为灵魂，将重视理论、发展理论、实践理论作为结构全篇的内在逻辑线索，全面总结党的 80 年光辉历程和基本经验，系统阐述"三个代表"思想体系的内涵，明确提出加强和改进党的建设之具体要求与历史任务，深刻回答了党在新世纪、新形势、新考验下，保持先进性、纯洁性，增强创造力、凝聚力和战斗力的问题，成为党在新世纪的宣言、纲领、指南和旗帜。

《讲话》高屋建瓴，大气磅礴，层层深入地展开精辟、精彩的论述，新思想、新范畴、新论断、新表述，层见叠出，形成了一个科学严谨、发展创新的思想体系，展示出令人振奋的新理论和新境界，不仅显示出很强的政治性、时代性、针对性、战略性和指导性，具有重大的现实意义和深远的历史意义，而且显示出很强的理论性、创造性、前瞻性、开放性和容纳性，具有深厚的哲学意义和文化意义。整篇讲话充满了历史唯物主义和辩证唯物主义精神，充满了马克思主义以人为本的哲学观，入乎情、合乎理，得民心、顺民意，鼓舞人心，催人奋发。

一、重视理论：坚持科学理论的指导，
　坚定不移地走自己的路

正如恩格斯所指出的那样："一个民族要想登上科学的高峰，究竟是不能离开理论思维的。"（《马克思恩格斯选集》第4卷，人民出版社1995年版，第285页）理论是方向，是旗帜，是纲领，是指南，是准则，是依据。一个政党对于理论的认识水平和重视程度，反映着这个政党的理论水平和成熟程度，而理论成熟是政治成熟的重要标志。我们党历来有重视理论的传统，从某种意义上说，中国共产党的历史就是一部不断寻求先进理论、选择先进理论、实践先进理论、发展先进理论、创造先进理论、丰富先进理论的历史。《讲话》展示了重视先进理论的新境界。

《讲话》由四部分组成，每部分都从一个角度论述一个重大问题，全篇紧紧围绕先进理论这一中心，各部分内容或为前提和铺垫，或为深化和补充，共同构成了一个内在逻辑紧密的有机整体，展示了中国共产党特别是党的第三代领导集体对马克思主义理论的高度重视、创造性运用和发展式创新。例如，第一部分开端即从历史学、社会学、人类学和哲学的高度指出："人民总是在社会矛盾的运动中不断开辟前进的道路。人民也总是从历史活动的实践和比较中，不断寻找、揭示和发展指导自己前进的真理。"这里概括的两个"不断"，既揭示了人类实践和社会发展存在着的普遍规律，又揭示了"实践"与"真理"的关系，揭示了真理的"发展"性和"指导"性，突出了理论指导实践的重要性，在为下面内容张目的同时，又为展开论述预留下广阔的空间。其下则以无可争辩的历史事实说明，没有先进理

论的指导，革命就失败；有了先进理论的指导，革命就成功。从鸦片战争到中国共产党成立之前，中国反帝反封建斗争"一次一次地失败"正是因为缺乏先进理论的指导；"十月革命的隆隆炮声给中国送来了马克思列宁主义这一先进理论"，中国共产党应运而生，中国革命才开始从胜利走向胜利。正反两面的历史经验深刻说明了先进理论在中国革命过程中发挥的巨大作用，说明了党对先进理论的深刻认识和深切感受。

《讲话》总结党的80年发展历史，认为这"是把马克思列宁主义同中国实践相结合而不断追求真理、开拓创新的八十年"，而80年的三大"实践启示"，第一条就是"必须始终坚持马克思主义基本原理同中国具体实际相结合，坚持科学理论的指导，坚定不移地走自己的路"，并强调指出这是总结党的历史得出的"最基本的经验"。《讲话》指出，"正因为有了马克思列宁主义、毛泽东思想、邓小平理论的指导，我们党才能带领人民战胜一切艰难挫折，取得一个又一个胜利"。这就从历史与实践的高度论证和说明党是依靠先进理论的指导才使革命获得成功。而第一部分结尾，讲话将党80年的历史经验高度概括、高度提炼，升华为"三个代表"要求的重要思想。所有这些，都突出地体现、反映和传达了这样一个信息：重视先进理论是党的优良传统；在新的历史条件下发展先进理论、创造先进理论以用于指导新的实践十分必要、十分重要。这样，《讲话》第一部分既是回顾党的历史、总结经验，同时又为第二部分论述"三个代表"的重要思想作了坚实的铺垫。

另外，《讲话》第二部分全文阐述"三个代表"要求的理论体系和科学内涵是高度重视理论的进一步深化；第三部分论述如何贯彻"三个代表"要求，强调"在实践中不断丰富和发展马克思主义"，指出"马克思主义是我们立党立国的根本指导思想，是全国各族人民团结奋斗的共同理论基础……"，所有这些都充分说明，我们党对先进理论的深刻认识和重视程度已经进入新境界，进入积极、自觉地创造先进理论、发展先进理论和建设先进理论的新阶段。

二、发展理论："三个代表"重要思想的理论创新

任何科学的理论都是人们认识客观事物和社会实践活动的理性总结。同时，任何科学的理论又总是随着历史的不断发展、随着人们对客观事物认识的不断深化、随着社会实践活动的不断深入而不断发展、不断创新。新时代呼唤新理论、需要新理论，同时也会发展新理论。马克思主义理论具有与时俱进的品格，而先进理论正是在不断发展、不断创新的过程中保持和发挥其先进性。

创新是一个民族进步的灵魂，是一个国家兴旺发达的不竭动力，也是一个政党永葆生机的源泉。创新，包括理论创新、体制创新、科技创新及其他创新，而理论创新则是人类所有创新活动的先导和核心。人类学家巴尼特在谈到"创新"的实质和特点时指出："'创新'应被界定为任何在实质上不同于固有形式的新思想、新行为和新事物。严格说来，每一个创新都是一种或一群观念。"理论创新尤其如此。

《讲话》第二部分堪称是发展理论、创新理论的典范。《讲话》通篇给人以耳目一新、焕然一新的感觉，处处都有"在实质上不同于固有形式的新思想"，处处新意在焉、深意在焉。《讲话》的创新表现是多层次、多方面、多侧面的，其在概念、表述或者观点、论断等方面的创新多达几十处，而最重要的则是整体性、高层面、系统化的思想体系创新，是在思想理论、思想观念和思想路线方面的发展和创新。

《讲话》对"三个代表"要求的阐述是一个完整、严密、科学的

思想体系。"三个代表"要求之重要思想，是立党之本、执政之基、力量之源，也是新世纪全面推进党的建设、全面推进两个文明建设、全面推进建设有中国特色社会主义事业不断夺取新胜利的根本要求。《讲话》立足于党的性质和中国实际、着眼于未来发展，将马列主义、毛泽东思想和邓小平理论的党建思想与时代变化、社会发展、国家振兴和人类文明紧密融合，高度提炼升华，充分系统化、体系化，对"三个代表"的内涵及其相互关系作了精辟透彻、科学严谨的阐述。

关于"我们党要始终代表中国先进生产力的发展要求"。这一要求的内涵和外延，《讲话》已经作了明确具体的阐述。准确理解和领会，关键在于搞清以下三个问题：一是"生产力"、"先进生产力"与"中国先进生产力"的关系。这三个概念是分层递进、既有密切联系又有本质区别的三个概念。"生产力"是人类征服、改造自然及进行物质生产的能力或水平；"先进生产力"相对于落后生产力而言，一般指物质生产高度的效率能力和发达的技术水平；而"中国先进生产力"则由于加了限制词"中国"而具有了特指性，不能等同或混淆于其他国家的先进生产力。二是"先进生产力"与"先进生产力的发展要求"之关系。前者的内涵已如上述，后者是一个在内涵和外延上都有很大开放性、容纳性的概念，主要是指保证先进生产力发展所必须具备的各种主客观条件，《讲话》在阐述这一要求时特别强调的一个"符合"、两个"体现"所表达的正是这种意思。显而易见，二者分属两个不同的范畴，是两个不同的概念，不容混淆，更不容等同。三是"中国先进生产力"、"中国先进生产力的发展要求"与中国共产党的关系。众所周知，在人类社会发展的不同历史时期和不同社会制度下，都有相对先进的生产力，中国亦然。作为特定历史条件下产生并存在的中国共产党，只能成为这一特定历史时期先进生产力的代表。而"发展要求"又是随着时代、环境、条件的发展变化而变化发展，站在时代前列，及时调整和改革不适应、不符合先进生产力发展要求的东西，创造和营造有利于推动和促进先进生产力发展的环境与条件，是中国共产党人的历史责任。

关于"我们党要始终代表中国先进文化的前进方向"。此与上句形式对称，表达相似，实有同工之妙，不仅"中国"之特指性相同，连"前进方向"这一概念与"发展要求"所具有的动态性、开放性、容纳性之特点也相同。需要特别指出的是：第一，这里的"文化"是一个"大文化"的概念，不能与具体的文化门类、文化载体如文学、艺术之类相混淆。众所周知，"文化"有广义、狭义之分。人类发展过程中的一切实践活动和理性总结最终都以文化的形式表现出来并形成相对稳定的文化形态，而每个时代、每个民族、每个国家都有自己独特的文化。可以说，人类不断发展的过程就是不断创造新文化的过程。所以，"文化"之概念在使用与理解上都颇具张力和弹性，其内涵与外延在不同语境中常有很大区别，人们可以从不同角度或不同层次进行界定、限制、使用和理解。第二，"先进文化"是相对于落后的、消极的、腐朽的、没落的、愚昧的、颓废的乃至反动的文化而言，一般是指积极、健康、奋发向上、充满生机和活力的文化；其内涵随时代、民族、区域的不同而变化，即如中国，公元 14 世纪之前的封建文化一直是处于世界先进文化的前列，科技如四大发明，学术如汉代经学、宋明理学，文学如秦汉文章、唐诗宋词，而孔子、屈原、司马迁、李白、杜甫、欧阳修、王安石、苏轼、朱熹都曾是当时先进文化的典范；当代中国的先进文化则是有中国特色社会主义的文化。第三，"先进文化的前进方向"就是发展面向现代化、面向世界、面向未来的，民族的、科学的、大众的有中国特色社会主义的文化，就是建设社会主义精神文明，就是在努力提高全民族思想道德和科学文化素质的同时，为我国经济发展和社会进步提供精神动力和智力支持。

关于"我们党要始终代表中国最广大人民的根本利益"。发展先进生产力、发展先进文化，目的都是为了满足人民物质文化生活的需要。中国共产党的成立就是为了民族的解放、为了人民的幸福。因此，必须把人民的根本利益作为出发点和归宿。需要注意的是，"最广大人民"不是全部的、所有的，也不是大部分的、多数的，而是"最大多数"，这显然是一个动态性的数量概念；"根本利益"与个人利益、集体利益、地方利益、局部利益、短期利益、小团体利益等有本质差别，是一种具有长远性、全局性、战略性的利益概念，《讲话》正是从全局、大局的高度进行了具体精辟的分析，要求党的所有政策措施和工作，都应认真考虑和兼顾不同阶层、不同方面群众的利益，并特别突出地强调："最重要的是必须考虑并满足最大多数人的利益要求，这始终关系党的执政的全局，关系国家经济政治文化发展的全局，关系全国各族人民的团结和社会安定的大局。最大多数人的利益是最紧要和最具有决定性的因素。"这实际上已暗含着如何在新的历史条件下加强党群关系、加强阶级基础和群众基础的问题，所谓"得民心者得天下"、"失民心者失天下"，"水能载舟亦能覆舟"的古训不能忘。因此，必须充分发挥人民群众的积极性、主动性、创造性，在社会不断发展进步的基础上，使人民群众不断获得切实的经济、政治、文化利益。

正如《讲话》所指出的那样，"三个代表"是统一的整体，相互联系，相互促进。"发展要求"、"前进方向"、"根本利益"的统一性、整体性、相辅相成和互济互补性，显示出思想体系的科学严谨性。顺便指出，准确理解"三个代表"要求语意内涵的肯綮是要搞清语句的结构、层次和中心词、关键词。另外，《讲话》在分别阐述三个"代表"内涵时采用的同一种表述，在气势上强调了必须落到实处，突出了理论必须联系实际，造成一种坚定不移、不容置疑的效果，既指明了方向、方法和途径，又给人以信心、力量和勇气。总之,《讲话》对"三个代表"重要思想的系统精辟的阐述,充分体现了理论创新的胆略和气魄,充分体现了党的第三代领导人在新的历史条件下对马克思主义理论的丰富和发展。

三、实践理论:坚持从新的实际
出发,解放思想,求真务实

一切科学的理论,都是从实践中来,又回到实践中去,接受检验,指导实践,同时在实践中丰富和发展自己。先进理论只有付诸实践,才能实现其巨大的意义和价值。

"三个代表"要求为党在新世纪如何保持先进性指明了方向、指明了道路。如何付诸实践,发扬光大理论联系实际的优良作风,在党的理论、路线、方针、政策和各项工作中全面贯彻"三个代表"要求,这是《讲话》第三部分论述的中心内容。《讲话》要求全党"坚持从新的实际出发,以改革的精神研究和解决党的建设面临的重大理论和现实问题",并提出了五个"必须"。

其一,"解放思想、实事求是"。新的先进理论被接受、被掌握、被实践,必然有一个认识、理解的过程。因为是发展、创新了的理论,自然会有对陈规和传统的改变,难免产生不同看法,全党统一认识十分必要。因此,《讲话》特别强调,贯彻"三个代表"要求,必须坚持党的"解放思想、实事求是"的思想路线,必须大力发扬"求真务实、勇于创新"的精神。同时指出:"社会实践是不断发展的,我们的认识也应不断前进,应勇于和善于根据实践的要求进行创新。"基于这种认识,《讲话》特别提出,"一切从实际出发,自觉地把思想认识从那些不合时宜的观念、做法和体制中解放出来,从对马克思主义的错误的和教条式的理解中解放出来,从主观主义和形而上学的桎梏中解放出来"，"要坚持科学态度，大胆进行探索，使我们的思想和行动更加符合客观实际，更加符合社会主义初级阶段的国情和时代发展的要求。"

其二，"阶级基础和群众基础"。《讲话》指出，贯彻"三个代表"要求，必须坚持党的工人阶级先锋队的性质，始终保持党的先进性，同时要根据经济发展和社会进步的实际，不断增强党的阶级基础和扩大党的群众基础，不断提高党的社会影响力。《讲话》分析了改革开放以来我国社会阶层构成发生的新变化，在指出民营科技企业的创业人员和科技人员等六类人"也是有中国特色社会主义事业的建设者"的同时，提出应该把承认党的纲领和章程、自觉为党的路线和纲领而奋斗、经过长期考验、符合党员条件的"优秀分子"吸收到党内来，并通过党这个大熔炉不断提高广大党员的思想政治觉悟，从而不断增强我们党在全社会的影响力和凝聚力。

其三，《讲话》还从制度、干部、党风三个方面的建设论述了如何实践"三个代表"要求。党的工作机制、党的干部培养和党的作风建设都直接关系到党能否站在时代前列、能否保持先进性和纯洁性、能否形成凝聚力和战斗力的问题。《讲话》认为，"制度建设更带有根本性、全局性和长期性"，提出"必须坚持民主集中制，建立健全科学的领导体制和工作机制，并通过党内民主，积极推动人民民主的发展"；"不断培养造就一大批高素质的领导人才"，是我们事业成功的关键；必须坚持党管干部的原则，加强对年轻干部的培养；"党的作风，关系党的形象，关系人心向背，关系党的生命。要全面加强党的思想作风、学风、工作作风、领导作风和干部生活作风建设。"另外，《讲话》第四部分还深入论述了党的最低纲领与最高纲领的统一关系；深入论述了"促进人的全面发展"；深入论述了世界的形势和我们的态度，提出"树立以互信、互利、平等、协作为核心的新安全观"，认为"世界各种文明和社会制度，应长期共存，在竞争比较中取长补短，在求同存异中共同发展。……"所有这些新思想、新理论，充分显示了党的第三代领导集体解放思想、求真务实的世界眼光、政治气魄、政治胆略和政治胸怀。

马克思、恩格斯的《共产党宣言》改变了人类历史的发展；毛泽东在七届二中全会上的讲话使中国的面貌焕然一新；邓小平1992年的南方谈话加快了中国改革开放和社会主义现代化建设进程；江泽民同志的"七·一"《讲话》对于建设一个充满生机和活力、具有巨大号召力、创造力和强大凝聚力、战斗力的党，对于推动中华民族的伟大复兴，对于促进人类文明的发展所产生的重大影响，也将为历史所证明。

（2001 年 7 月 28 日）

深厚的政治内涵和丰富的文化积淀

　　党的十四届六中全会通过的《中共中央关于加强社会主义精神文明建设若干重要问题的决议》是体现中央伟大战略谋划和远见卓识的重要文献，有着深厚的政治内涵和丰富的文化积淀。

　　精神文明相对于物质文明而言，这是体现社会发展和人类进步的重要方面。精神文明与物质文明，二者既相辅相成又有相对的独立性。人类从茹毛饮血到钻木取火，由刀耕火种至电子时代，文明演进的轨迹十分明显。文明相对于野蛮、愚昧和落后而言，是一种积极、进步、高尚、美好的行为现象或社会状态。精神文明主要体现在思想道德方面。先进的思想和高尚的道德是精神文明的筋骨和灵魂，它不仅支配和规范着人们的行为，而且也调节着人们的关系，使社会呈现出自然、和谐、有序的发展状态。同时，精神文明的程度从某种意义上说，又取决于全社会人们的思想道德素质。《决议》提出努力提高全民族思想道德素质，这是一个具有宏伟战略思想和重大现实意义的英明决策，抓住了建设社会主义精神文明、建设有中国特色社会主义现代化事业的根本与关键。

一、深厚的政治内涵

《决议》提出努力提高全民族的思想道德素质具有重要的政治意义。马克思主义的唯物史观认为，人类的进步，社会的发展，关键的因素在于"人"，在于"人"的自身素质。社会主义精神文明建设尤其如此。可以说，全民族思想道德素质高低，不但直接决定着精神文明的程度，而且还会对社会政治经济的发展具有能动作用。全民族思想道德素质的提高将直接影响社会主义现代化建设的进程。正如《决议》指出的那样，"精神文明搞不好，物质文明也要受破坏，甚至社会也会变质"。因此，我们必须从政治高度充分认识提高全民族的思想道德素质的重要性和紧迫性。

首先，努力提高全民族的思想道德素质是实现党的最终奋斗目标的需要。《决议》指出："我们现在建设和发展有中国特色的社会主义，最终目标是实现共产主义，应当在全社会认真提倡社会主义、共产主义思想道德。"社会主义或共产主义思想道德，这是人类最美好、最高尚的思想道德，她要求全社会成员都必须有很高的思想道德素养，只有努力提高全民族的思想道德素养，才会不断推进社会主义事业的发展，为最终实现共产主义打下坚实的基础。在社会主义初级阶段尤其要努力提高全民族的思想道德素质。

其次，努力提高全民族的思想道德素质体现着中国特色社会主义制度的优越性。在我国，由于全体公民的奋斗目标和理想信念具有较高的一致性和认同性，在现阶段提高全社会成员的思想道德素质不仅是可能的，也是经济社会发展所必需的。这一点与不少国家经济发展初期的情况有所不同。历史上，一些国家在经济发展初期，如英国原始资本积累时期，人们对物质和金钱的追求，曾在相当长的一个时期引起不同思想道德观念的冲突，很难形成全社会认同的思想道德规范。而在我国，由于有着近百年的革命传统，有着几千年的文化传统，目前人们普遍认同的思想道德规范和评价标准已基本形成（比如讲奉献、讲团结友爱、尊老爱幼、为政清廉等等），这是我国之所以能在经济发展还未达到相当高度的时候，就能够同时提高全民族的思想道德素质的一个重要基础。

复次，努力提高全民族的思想道德素质是建设有中国特色社会主义的重要条件。在建设社会主义物质文明的同时，建设高度的社会主义精神文明，"两手一齐抓，两手都要硬"，这才是中国特色的社会主义。而建设高度的社会主义精神文明，必然要求全民族具有较高的思想道德素质。人类的进步、社会的发展，关键因素在于"人"，在于"人"的自身素质。人们道德素质的高低，直接决定着精神文明的程度，制约着社会政治经济的发展，影响着社会主义现代化建设的进程。因此，要两个文明同步发展，就要着力提高全民族的思想道德素质，使广大人民有共产主义理想，有道德，有文化，有纪律。

总之，人是精神文明和物质文明的创造者，人的思想道德素质不仅制约精神文明的程度，而且对社会主义政治经济的发展产生重要影响。搞社会主义现代化，建设有中国特色的社会主义，实现共产主义的宏伟理想，必须提高全体人民的思想道德素质。《决议》提出努力提高全民族思想道德素质，正体现出中央高瞻远瞩的政治战略眼光和深厚博大的政治襟怀。

二、丰富的文化积淀

《决议》提出努力提高全民族的思想道德素质，具有深厚广博的历史继承性，体现着华夏民族优秀的历史传统和丰富的文化积淀。

马克思主义认为，人是一切社会关系的总和，人的社会性是人的最重要的本质特征之一，人的思想道德是维系和调节个体的人与社会间相互关系的重要枢纽，人的思想道德水准直接关系着社会的安定、生产的发展和人类的进步。正是由于这种原因，思想道德自古迄今一直是人类思考和关注的重点、热点和难点，尽管历史时期、空间地域、社会形态各有不同，思想道德的标准尺度和出发点千差万别，而称颂高尚，褒扬真、善、美，向往光明与进步，挞伐卑鄙，斥责邪恶与虚伪，摈弃落后与愚昧，明辨是非，呼唤正义，则始终是人类精神文明的传统主流，并且由此形成了人类发展历史上一条以认识和探索思想道德为重要内容的文明轴心线。《决议》提出努力提高全民族道德素质，正是建立在人类文明发展的基础上。因此而具有深厚广博的历史继承性和丰富的文化积淀。

中国有着辉煌的历史，中国与古埃及、古巴比伦、印度并称为世界四大文明古国，近代学者梁启超曾谓"中国者文明之鼻祖"（《论中国国民之品格》），按照马克思关于文明始自文字产生并用于文献记录的观点，根据最新考古发现，中华民族已经有六千多年的文明历史，尤其值得指出的是在世界范围内的人类文明史上，华夏民族的思想道德建设不但有着悠久的历史和优良的传统，而且有着鲜明的民族特色——政治伦理型。其现实性、一贯性、系统性、深刻性和稳定性，更非其他国家所能比。

原始社会里的华夏先民为生存而在相互协作、相互配合、共同防御异类侵害、一起猎取和分享食物的过程中，逐渐形成了原始性的自由、平等、民主、互助、群体一致等极其简单、极其自然、极其淳朴的思想道德意识。其后，随着社会的发展和私有制的出现，人类最原始、最古朴的思想道德观念遭到破坏，正如马克思所说："最卑下的利益——庸俗的贪欲、粗暴的情欲、卑下的物欲，对公共财产的自私自利的掠夺——揭开了新的、文明的阶级社会；最卑鄙的手段——偷窃、暴力、欺诈、背信——毁坏了古老的没有阶级的氏族制度，把它引向崩溃"（《马克思恩格斯选集》第 4 卷，第 94 页）。后人时常感叹"人心不古"、"世风日下"，实际上在对当时的社会风气表示不满的同时，又表达了对原始道德的向往。而后世哲人也正是基于原始道德的破坏，开始新的思考与探索，以寻求社会的安定、发展与进步。

中国古代对于思想道德的认识与思考有过三次巨大的发展和变化，一是战国时期诸子百家创建体系，二是西汉时期独尊儒术的确立，三是两宋时期程朱理学的崛起。战国时期，面对"礼崩乐坏"、诸侯征伐、社会动荡的局面，哲人们紧紧围绕如何治理天下而对思想道德进行着认真的思考和探索，出现了百家争鸣的局面。老子愤世嫉俗，认为人的最高道德境界就是婴儿那种淳朴未凿、无知无识的状态，著《道德经》一千言，提出"绝圣弃智"，"返璞归真"；庄子"明老子之术"，主张回归自然，全生远害，要求"齐万物，一生死，物我两忘"，人人与世无争，从而使天下"无为而治"。墨子讲"兼爱"；曾子重内省（"吾日三省吾身"）；韩非则任法术而尚功利，强调以法律手段强制和规范人们的思想道德与行为。

诸子中，孔子的思想道德学说最为全面和系统，也最贴近日常生活，切合个人与社会。与老子要求人们"绝圣弃智"、庄子要求人们全真远祸有所不同，孔子以积极淑世著称，重现实，重人事，重仁德，重人伦关系，重个体与社会之间关系的有序性。他追求思想道德的至善至美，强调以德治国，行仁政于天下。因此，他以伦理价值为中心，以社会国家为本位，把个人、家庭、国家联为一体，强调个人修养，强调家庭和谐，强调社会稳定，并且以"仁"为思想核心，"礼"为行动规范，"义"为价值准绳，构筑起庞大的思想道德体系。他倡导"孝悌"、"忠恕"，主张"温良恭俭让"，强调"君君、臣臣、父父、子子"，要求"克己"、"复礼"，提出"己所不欲，勿施于人"，等等。他从人格修养、家庭道德、社会公德、国家体制诸方面，提出了许多深刻精辟的见解和主张，儒家经典《大学》将其概括为"正心"、"修身"、"齐家"、"治国"、"明明德于天下"（后人称为"平天下"）五大层次。

孟子继承孔子的"仁德"说而又多所拓展。他以"仁义"为最高道德准则，一方面要求统治者行"仁政"，另一方面又从人性本善的角度要求人们反省内求，存心养气，提倡"浩然正气"，力求达到"富贵不能淫，贫贱不能移，威武不能屈"的境界。荀卿则以孔子礼学思想为基础，强调人与动物的区别在于"礼义"，认为"人之性恶"，其善者乃是后天修养的结果。由此，他提出了学、思、行相结合加强思想道德修养的方法。以孔、孟为代表的儒家思想道德学说，以其积极的入世、治世、淑世精神，引起统治者的关注，同时，又因其极强的可行性而易于为人们所接受，从而得到社会的普遍响应，成为中国封建社会的主导思想而大行于天下，不仅孔子被奉为至圣先师，其思想道德学说的影响已经超越了时代和国界，至今仍然发生着巨大影响。

两汉时期，由孔子创建的儒家思想道德学说得到最高统治者的肯定，开始成为封建统治阶级推行的指导思想。号称汉代大儒的董仲舒以儒家思想为主体，糅合道家、法家等各家思想，提出"天人合一"论，建立了神权、君权、父权、夫权为轴心的思想道德体系，并把儒家伦理定型为"三纲五常"（即君为臣纲、父为子纲、夫为妻纲；仁、义、礼、智、信）。汉武帝采纳了董仲舒的建议，"罢黜百家，独尊儒术"。从此，儒家思想道德学说定尊为一统，"三纲五常"也成为伴随以后中国封建社会的基本道德规范。

魏晋至李唐，老庄盛行，佛教流传，儒、释、道三家并行不悖，道家思想成为儒家思想的补充而被文人士子用来应付人生的磨难与坎坷，佛家的"劝善"也逐渐被儒家的"求善"所同化，但"三纲五常"依然是家喻户晓，妇孺皆知，依然是规范人们行为的道德标准。

赵宋时期是儒家思想道德学说发展的鼎盛期和创新期，其主要标志就是"程朱理学"的崛起。"程朱理学"实际上是在孔孟学说与汉代经学基础上发展起来的新儒学，是对儒家思想道德学说的提炼、升华和创新。孔子着眼于社会探讨人生的思想道德规范，源于生活实际，故朴实具体，通俗生动，且易知易行；董仲舒将人与自然联系起来，发展为"天人合一"，给儒家伦理道德以神学基础，从而加强了其权威性与自然性，这虽与孔子不语怪、力、乱、神大异其趣，却为封建统治秩序和伦理纲常制定了一个理论根据。只是"天"与"人"之间的联系依然说不清、道不明，给人以高深莫测的神秘感，明显具有利用迷信和愚昧来规范和约束人们思想道德的特点。宋代由于文化的相对普及和理性思维能力的增强，人们已经不再满足于"天人合一"说而力图在"天"与"人"之间寻找一个接近现实、覆盖一切而且能为世人普遍接受的说法。宋代哲人从研究儒家经典原著入手，发现了一个极为重要的概念范畴——"理"。北宋程颐、程颢认为，"一物须有一理"、"万物皆有理"、"天下只有一理"。这样，"理"就成了统摄自然和人类社会的媒介，将"天"与"人"联结起来，而事理、物理、情理又人人可悟、处处可知、时时不离，体现通俗、普遍的特点，广泛深入地存在于日常生活之中。南宋朱熹继续发挥先哲蕴奥，以"理"解释宇宙万物，解释封建道德和封建秩序的合理性，认为伦理纲常、自我修养都是人性的必然要求，而"人欲"与"天理"有其对立的一面，因此强调道德自律，提倡"内省"，主张"惩忿窒欲，迁善改过"（朱熹《白鹿洞书院揭示》），要求"革人欲，复天理"，保证社会统治秩序的安定和社会的发展。他把儒家经典《大学》的内容概括为"三纲领"（明明德、亲民、止于至善）、"八条目"（格物、致知、诚意、正心、修身、齐家、治国、平天下），把道德修养同治理国家融为一体。至此，肇自孔子的儒家思想道德学说形成了从宏观到微观、从理论到实践、博大精深全面完整的体系。宋人讲正气，讲节操，讲学识，讲事功，以天下为己任，重视个人品德和民族气节，并把自我的社会责任感、历史使命感同"天理"结合起来，从而拓深拓宽了思想道德的内涵。像范仲淹"先天下之忧而忧，后天下之乐而乐"（《岳阳楼记》）、王安石雷厉风行搞改革、岳飞精忠报国、文天祥凛然就义，无不深受理学的影响。

宋代之后，儒家思想道德学说除深入广泛地实践之外，几无变化。这样，从战国时期草创体系，到汉代独尊儒术，再到宋朝理学的创新，中国古代对思想道德认识的三大变化不仅使封建思想道德体系日趋完整、严密，而且支持维护了 20 多个世纪的封建秩序，直到五四运动，才开始了思想道德认识的新阶段。

不必讳言，我国古代对于思想道德的探索、认识和规范，不可避免地带有历史局限性。扬弃糟粕，汲取精华，弘扬和光大中华民族的优秀历史传统，创造社会主义新时期的精神文明，建设有中国特色的社会主义文化乃是时代的要求和历史的责任。《决议》正是从这一角度提出努力提高全民族的思想道德素质，意义重大而又深远。

（1997 年 10 月 20 日）

关于先进文化的思考

"始终代表先进文化的前进方向"是江泽民同志"三个代表"重要思想的基本内容之一。如何理解"先进文化"之概念？"先进文化"的本质和特点是什么？怎样理解"先进文化的前进方向"？

一代有一代之学术，一代有一代之文化。就中国文化而言，先秦诸子争鸣，汉代经学兴盛，赵宋疑古惑经而理学大成；近代以来，又有反帝反封建的新民主主义之文化，当代则有民族的科学的大众的有中国特色社会主义新文化。诸如酒文化、茶文化、俗文化、雅文化、生态文化之类，文化之概念几乎处处可用，人人能言。那么，文化究竟为何物？文化是怎样产生的？它的发展有什么样的规律性？"文化"一词的内涵是什么？如何理解"先进文化"之概念？"先进文化"的本质和特点是什么？

笔者理解，文化是人类在自身发展的历史进程中所创造的一切物质财富和精神财富的反映与表现（以往的"总和"说，似可商榷），人类的一切实践活动和理性总结，最终都以文化的形式表现出来并形成相对稳定的文化形态，人类发展的过程就是不断创造新文化的过程。文化的含义具有多层性、多样性、多面性的特点，这是由人类实践活动的多样化和复杂性决定的。

先进文化是人类社会实践和伟大智慧的结晶，是推动和促进社会进步与文明发展最强劲的力量。它是一切优秀历史文化的荟萃，是时代精神的升华；同时又是人类文化最富生机和活力、最富积极意义、最富启发性和指导性的文化。

先进文化主要体现在社会科学方面。先进的社会科学理论则是先进文化核心、关键和最集中的体现。一般说来，任何先进的社会科学理论都是文化创新的结晶，都来源于实践，来源于对时代与社会的研究、体察、分析、概括、总结、提炼和升华。因此，先进文化与社会科学研究有着至为密切的关系。

如上所述，社会科学的核心是社会科学理论，先进的社会科学理论是先进文化最集中的表现，一切科学、正确、符合实际、符合规律的思想、路线、方针和政策，都是社会科学先进理论的直接表现或延伸和外化，并由此推动社会的发展和进步。换言之，一切科学、正确、符合实际、符合规律的思想、路线、方针和政策，都要靠社会科学研究的成果提供决策参考和智力支持。

社会科学随着时代的变化而发展，具有与时俱进的品格，它在人类发展的不同时期有着不同的表现形态。迄今为止，人类社会发展的全部历史证明：人类社会的每一次大变革都与当时的先进文化有着直接的密切关系；任何时代、任何地域、任何民族之文化的先进性，都是首先通过社会科学的某种形式表现和反映出来，特别是首先通过理论形态体现和传达出来，先进理论因此成为人们制定思想路线和方针政策的科学依据；从人类的社会形态、社会制度、社会秩序到人们的思维习惯、生活方式、风俗信仰，它们的形成、确立、发展或改变，无一不是社会科学理论影响的结果。

简而言之，马克思列宁主义、毛泽东思想和邓小平理论都是人类文明发展史上先进文化的代表，是最优秀的文化成果，也是最优秀的社会科学理论成果。这些成果，都是在他们的革命实践活动中，对当时社会和时代进行考察研究而形成的，并在推动人类的发展和社会的进步方面发挥了巨大的作用。马克思主义的出现改变了人类社会发展的形态，使空想社会主义成为现实；毛泽东思想推翻了压在中国人民头上的三座大山，使一个半殖民地半封建的旧中国发生了翻天覆地的变化，建立了一个巍然屹立于世界东方的社会主义新中国；而邓小平理论则把中国社会主义现代化建设引向了飞速发展的快车道，我国改革开放所取得的巨大成就，有目共睹……

由此可见，先进文化与社会科学研究关系之密切。

（2001 年 7 月 16 日）

下篇 学习与思考

一般规律与特殊形态的统一

——"两大胜利"与"两个决不会"的关系

如何正确理解和科学把握中国革命、十月革命的胜利同"两个决不会"的关系，是马克思主义理论研究中见仁见智的问题。其实，中国革命、十月革命的胜利同"两个决不会"的关系，可以用一句话来概括，就是"一般规律与特殊形态的统一"，但是，这一问题的重心和关键则在于"如何正确理解和科学把握"。笔者以为，至少需要从以下五个方面来思考。

一、准确把握"两个决不会"
重要思想的基本内容

1859 年 1 月，马克思在《〈政治经济学批判〉序言》中提出了"两个决不会"的重要思想。他说："无论哪一个社会形态，在它所能容纳的全部生产力发挥出来以前，是决不会灭亡的；而新的更高的生产关系，在它的物质存在条件在旧社会的胎胞里成熟以前，是决不会出现的。"（《马克思恩格斯选集》第 2 卷，第 32 页）

在此之前，马克思、恩格斯在 1848 年发表的《共产党宣言》里提出了"两个必然"的著名论断："随着大工业的发展，资产阶级赖以生产和占有产品的基础本身也就从它脚下被挖掉了。它首先产生的是自己的掘墓人。资产阶级的灭亡和无产阶级的胜利是同样不可避免的。"（《马克思恩格斯选集》第1卷，第284页）——资本主义必然灭亡，社会主义必然胜利，这是马克思、恩格斯运用历史唯物主义的观点和方法，对资本主义经济运动规律进行科学分析后的结论。

　　"两个决不会"是在提出"两个必然"的基础上，进一步从生产力与生产关系、经济基础与上层建筑的矛盾运动过程，揭示了资本主义社会的内部矛盾，提出的新思想。这一思想是继《共产党宣言》发表之后，马克思长达十余年的研究成果。1848年法国大革命失败之后，马克思加紧研究政治经济学，先后写下了《经济学手稿》、《政治经济学批判》第一分册等巨著。在为《政治经济学批判》第一分册所写的序言中，马克思对唯物主义历史观的实质作了精辟的说明，他指出："人们在自己生活的社会生产中发生一定的、必然的、不以他们的意志为转移的关系，即同他们的物质生产力的一定发展阶段相适合的生产关系。这些生产关系的总和构成社会的经济结构，即有法律的和政治的上层建筑竖立其上并有一定社会意识形式与之相适应的现实基础。""不是人们的意识决定人们的存在，相反，是人们的社会存在决定人们的意识。社会的物质生产力发展到一定阶段，便同它们一直在其中运动的现存生产关系或财产关系（这只是生产关系的法律用语）发生矛盾。于是这些关系便由生产力的发展形式变成生产力的桎梏。那时社会革命的时代就到来了。随着经济基础的变更，全部庞大的上层建筑也或慢或快地发生变革。"（《马克思恩格斯选集》第2卷，第32页）正是依据这一科学的分析，马克思得出了"两个决不会"的重要结论。

二、正确认识"两个决不会"与"两个必然"的关系

"两个决不会"和"两个必然"的科学论断共同揭示了人类社会历史发展的规律，构成了科学社会主义的理论核心，二者是内在的高度统一的理论。"两个必然"通过对资产阶级和无产阶级的产生、发展及其相互斗争的分析，揭示了历史发展的总趋势；"两个决不会"进一步为这种趋势提供了理论依据。"两个决不会"思想的提出，决不是对"两个必然"的否定，而是"两个必然"在理论上的深化。二者的区别在于，"两个决不会"说的是社会变革的历史条件，"两个必然"说的是历史发展的必然趋势，必须将二者统一起来理解和把握。"两个决不会"是对"两个必然"的补充、深化和发展。就资本主义社会发展趋势而言，"两个决不会"具有相对性，是"两个必然"的内在要求，"两个必然"理论中包含着"两个决不会"思想，是"两个决不会"运动的最终结果。

"两个决不会"思想既是深刻揭示资本主义矛盾运动的科学结论，又是当时革命斗争实践经验的理论概括。这一思想本身就体现了革命导师从实际出发、实事求是的科学态度，包含着马克思主义理论与时俱进，在实践中检验和发展真理的理论品格。

马克思在分析人类社会历史发展过程以及预见其发展的最终趋势时总是坚持规律性与特殊性的统一。马克思、恩格斯对"两个必然"和"两个决不会"的论述以及列宁晚年对经济文化落后的国家可以先于西方发达国家走上社会主义道路的分析，就是坚持规律性与特殊性统一的典范。

马克思、恩格斯关于"两个必然"与"两个决不会"的思想，

不仅揭示了历史发展的必然性和曲折性，而且揭示了社会发展的长期性和艰巨性。

三、深刻把握中国革命的基本特点

农村包围城市，武装夺取政权，这是马克思科学社会主义思想和列宁晚年关于经济文化落后的国家可以先于西方发达国家走上社会主义道路思想在中国的具体实践。

毛泽东在《战争和战略问题》以及《〈共产党人〉发刊词》等文章中分析了中国历史和中国社会的状况，揭示出中国革命的两大基本特点：一是无产阶级同资产阶级建立民族统一战线，二是主要的革命形式是武装斗争。

由于中国是半殖民地半封建的国家，政治、经济、文化发展不平衡，半封建经济占优势而又幅员辽阔，这就不但规定了中国革命的性质和任务是反帝反封建的资产阶级民主革命，革命的基本动力是无产阶级、农民阶级和城市小资产阶级，并且规定了中国革命斗争的主要形式是武装斗争。中国共产党的历史，可以说就是武装斗争的历史。从革命的主要方法主要形式上看，中国民主革命必须以武装的革命反对武装的反革命；从革命道路上看，必须走一条中国式的革命道路，即农村包围城市、武装夺取政权。这是因为中国的特点是：不是一个独立的民主的国家，而是一个半殖民地半封建的国家；在内部没有民主制度，受封建制度压迫；在外部没有民族独立，受帝国主义压迫。

农村包围城市的理论，是马克思主义普遍原理与中国革命具体实际相结合的光辉典范，是毛泽东思想形成的重要标志。毛泽东说："不研究中国的特点，而去搬外国的东西，就不能解决中国的问题。""我们要把马、恩、列、斯的方法用到中国来，在中国创造出一些新的东西。只有一般的理论，不用于中国的实际，打不得敌人。但如果把理论用到实际上去，用马克思主义的立场、方法来解决中国问题，创造些新的东西，这样就用得了。"农村包围城市革命发展道路的开辟，实现了中国革命由城市向乡村的历史性转变，保存和发展了革命力量。

四、深入理解十月革命的重大意义

首先，十月革命使社会主义革命在一个经济政治相对落后的国家单独取得了胜利。马克思、恩格斯认为，社会主义革命只能在发达的资本主义国家爆发并取得胜利。而十月革命却在事实上证明，在一个经济政治相对落后的国家也能取得革命的胜利。这是对马克思主义的发展，具有普遍适用的意义，比如第二次世界大战后社会主义制度在东欧和亚洲的一些相对落后国家的确立。

其次，十月革命走的是一条城市带动乡村的革命道路，这是俄国革命的特殊性。因为俄国是一个落后的帝国主义国家，垄断组织在国家经济生活中占据统治地位。因此，无产阶级集中程度高，而且主要集中在大城市，所以在大城市中无产阶级组织性纪律性强，力量相对强大，这就为革命的胜利创造了条件。但是，这种革命是和俄国特殊国情相适应的，在无产阶级相对弱小的东方殖民地半殖民地社会，这种革命道路是行不通的。

最后，俄国革命中民主革命向社会主义革命的转变非常迅速。这也是由俄国特殊国情决定的。俄国资产阶级力量弱小，因此不能够把握资产阶级民主革命的成果。与之形成鲜明对比的是无产阶级的相对强大，因此，无产阶级领导革命继续前进，进入社会主义革命阶段。

第一次世界大战和俄国十月革命的胜利，开辟了无产阶级社会主义世界革命和殖民地半殖民地解放运动的新时代。十月革命打破了世界帝国主义战线，在帝国主义统治链条中最薄弱的一环打开了缺口，建立了世界上第一个社会主义国家，使资本主义战线在地球的一角崩溃，这就开始了帝国主义和各国无产阶级社会主义革命的新时代。

五、科学理解中俄革命胜利同"两个决不会"的关系

1. 表面现象矛盾。按照马克思、恩格斯的理论，社会主义革命只能在发达的资本主义国家爆发并取得胜利。"两个决不会"是对这一革命理论的深入思考和补充，但"两大胜利"都是在经济政治十分落后的国家取得的，这种现象与马克思主义理论的表述似乎是矛盾的，很容易让人产生迷惑或错觉。其实，"两个决不会"讲的是一般规律，而中国革命、十月革命的胜利则是特殊形态的表现。

2. 问题性质不同。"两个决不会"讨论的是"社会形态"与"生产关系"问题，属于学术层面的基本原理的探讨，重在探索、认识和反映事物自身发展的内在规律，不讨论其他因素，客观性很强，所以"两个决不会"论断观点极其鲜明，毋庸置疑，呈现出很强的逻辑性、科学性和严密性、严谨性，无可挑剔；而"两大胜利"与学术研究不同，是社会革命具体实践的结果，其在发生过程中已经接受和利用了现实中的很多条件与因素。基本原理一般都是学术性强，较少考虑人的主观因素，也很少考虑或者很难考虑其他方面的综合影响因素。但在具体实践中，则往往有很多变化的因素，或出现了不利因素，或忽然出现了意想不到的有利条件，包括人的主观因素，等等。所以，基本原理的推测与具体实践的情形并不要求完全相同。

3. 条件决定变化。事物的变化往往不是由一种因素来决定，而

大都是多种条件综合影响的结果。革命胜利也是这样。经济、政治、文化、军事等等，都有可能改变社会发展的轨迹。"两个必然"是从政治角度推论，"两个决不会"则更多的是从经济发展和事物本身发展的内在规律，而所谓的"颜色革命"，实质上就是意识形态方面的"文化革命"。毛泽东在《论联合政府》中指出，中国之所以不能建立一个资产阶级专政的国家，除了中国民族资产阶级在政治上经济上软弱以外，另一原因就是"中国早已产生了一个觉悟了的，在中国政治舞台上表现了强大能力的，领导了广大的农民阶级、城市小资产阶级、知识分子以及其他民主分子的中国无产阶级及其领袖——中国共产党这样的新条件"。同时，毛泽东还认为中国的无产阶级、农民、知识分子和其他小资产阶级在革命胜利后要求建立新民主主义的国家制度，有可能承认无产阶级和共产党的领导权，这就决定了中国不能走资产阶级专政的道路。他指出："完成中国资产阶级民主主义的革命（新民主主义的革命），并准备在一切必要条件具备的时候把它转变到社会主义革命的阶段上去，这就是中国共产党光荣的伟大的全部革命任务。每个共产党员都应为此而奋斗，绝对不能半途而废。"

（2008 年 10 月 22 日写于中央党校进修班）

科学性·创新性·时代性

"出新意于法度之中，寄妙理于豪放之外"，这原本是宋代文化巨擘苏轼评价唐代"画圣"吴道子艺术境界的精辟论断，但它揭示了艺术创造的最高境界，也触及了文化创新的重要规律。党的十七大报告《高举中国特色社会主义伟大旗帜，为夺取全面建设小康社会新胜利而奋斗》，丰富深刻的政治内涵、科学思想和文化意义，无不鲜明地体现着这种境界，体现着高度的科学性、深刻的创新性和鲜明的时代性。

一、连续性体现科学性

科学性是十七大报告最为显著的特点，这在思想路线和奋斗目标的连续性上最为典型。报告既是指导党和人民事业发展的行动纲领，又是体现科学发展观、阐释科学发展观、落实科学发展观的重要文献。科学发展观首先是一种观念和意识，是社会实践的提炼升华和理性思维的哲学概括。它的第一要义是"发展"，核心是以人为本，基本要求是全面协调可持续，根本方法是统筹兼顾，而重要前提则是"科学"。所谓"科学"，就是既要注重实际又要讲求实效，既要解放思想又要遵循规律，既要具备事物发展的客观条件又要满足事物发展的内在要求。报告从人类发展历史、当今世界趋势和国家建设实际来准确把握方位，总结实践经验，谋划战略部署，从思想内容到表达形式都鲜明而充分地体现着科学发展观，在治国理政的方方面面都扎扎实实地落实着科学发展观，反映着科学发展的大思路、大境界、大气魄，反映着重大战略思想和重大战略部署的科学性。

连续性是事物发展的必然要求和内在规律。任何事物的健康发展都是连续演化的累积过程。古今中外人类发展的无数历史事实都充分证明，保持连续性，才能减少波折，少走弯路，出效率、出效果、出效益，才能避免朝令夕改、半途而废，避免前功尽弃、推倒重来，避免既贻误时机又浪费资源。西方发达国家经济社会发展的成功经验给我们的一个重要启示就是，必须保持国家建设目标和重大政策的连续性，才能保持经济的快速发展和社会的稳定繁荣，才能保证国家发展战略目标和国家根本利益的实现，不论什么党派执政，不论谁当总统，都必须遵守这个法则，只可以在法律允许的框架内根据实际情况的发展变化作适度调整和完善，不能作颠覆性或频繁性的重大变动。

中国古代的封建主义社会是人类文明史上连续发展最典型、最成熟的社会，也是封建主义文化不曾间断、封建主义文明发展最为完备的社会，形成这种历史局面最根本的原因之一，就在于中国封建主义统治思想和统治制度连续发展、稳定发展，不断完善，根深蒂固，虽然历经改朝换代，而"家天下"的封建主义思想体系和统治体制非但没有动摇，反倒日趋完善、日臻细密。回顾我们党和国家革命建设发展的艰难历程，不难发现，每当正确的思想路线得到连续贯彻和执行，党和人民的事业就顺利发展，一旦遇到严重的破坏干扰而中断，就会蒙受重大损失，甚至出现倒退或面临崩溃边缘。革命战争年代，"左"倾机会主义路线造成的重大损失，丧失革命根据地的惨痛教训；社会主义建设时期，极"左"思潮的干扰，特别是"文化大革命"时期的严重破坏，无不令人痛心疾首。

改革开放以来，我国经济建设、政治建设、文化建设、社会建设和党的建设持续不断地健康发展，取得举世瞩目的巨大成就，其根本原因就在于基本国策、奋斗目标、治国方略的连续性和一贯性，始终以共产主义理想与社会主义信念统一思想、凝聚力量，始终以马克思主义中国化的最新理论成果武装全党、指导实践，始终坚持解放思想、坚持改革开放、坚持实事求是，坚持与时俱进，务实事、求实效，不断地开辟新境界、取得新成就。

十七大报告从共产主义的理想信念到各项工作的具体部署，全方位、多层面、创造性地充分体现着思想路线、奋斗目标和政策方针的连续性。仅就十七大主题看，一是党在理想信念、指导思想上的历史连续性。十七大报告鲜明地提出"高举中国特色社会主义伟大旗帜，以邓小平理论和'三个代表'重要思想为指导，深入贯彻落实科学发展观"。社会主义是共产主义的初级阶段，邓小平理论、"三个代表"重要思想和科学发展观，是马克思主义中国化理论的最新成果，这与我们党一贯的思想路线既相互一致又有新的发展，"深入贯彻落实科学发展观"既是指导思想又是实现手段。二是改革开放以来思想路线的连续性。十七大报告明确要求"继续解放思想，坚持改革开放"，"继续"、"坚持"都是以目前的、原有的实践为基础，不仅从字面上反映内容的连续性，而且强调了解放思想和改革开放的正确性。三是阶段性具体奋斗目标的连续性。十七大报告明确要求"推动科学发展，促进社会和谐，为夺取全面建设小康社会新胜利而奋斗"，这是今后五年战略部署的工作重点，既与我国现阶段的发展实际相符合，又与十六大确定的阶段性奋斗目标相衔接，因为全面建设小康社会，是党的十六大根据十五大关于建党100周年发展目标的精神而确定的阶段性奋斗目标，十七大定位于"为夺取全面建设小康社会新胜利而奋斗"既科学严谨，又准确到位。

另外，十七大报告中关于过去五年的工作回顾、改革开放伟大历史进程的经验总结、全面建设小康社会奋斗目标的新要求、促进国民经济又好又快发展、坚定不移发展社会主义民主政治、推动社会主义文化大发展大繁荣、加快推进以改善民生为重点的社会建设、开创国防和军队现代化建设新局面等等，也都从不同方面和不同角度深刻地体现着工作目标和方针政策一以贯之的连续性。

二、新境界体现创新性

创新性是十七大报告的又一显著特点。这在理论创新开辟的新境界方面最为典型。创新是事物发展内在的必然要求，是民族振兴和国家发展的活力源泉。有创新才能有发展有活力有后劲，才能开辟新境界、创造新成就。创新具有多层性、多面性和多样性的特点，而理论创新最为关键。新理论指导新实践，先进理论一旦为人民群众掌握，就会变成推动社会发展的强大动力。十七大报告理论创新气魄大、境界高、亮点多，以大智慧、大思路开辟出了马克思主义中国化理论创新成果的新境界。

报告中的新思想、新理念、新观点、新论断、新概念层见叠出，随处可见。比如，对"中国特色社会主义伟大旗帜"、"科学发展与社会和谐"、"全面建设小康社会"等概念性质、意义的准确定位；对"改革开放"实质和三大目的的深刻归纳以及新时期"最鲜明的特点是改革开放"、"最显著的成就是快速发展"、"最突出的标志是与时俱进"的精辟概括；对改革开放以来一切成绩和进步根本原因的深刻揭示；对"中国特色社会主义道路"、"中国特色社会主义理论体系"性质、内容、意义及相互关系的深刻阐释……都是很典型的例子。

理论创新最为震撼人心、最为精彩亮丽的篇章就是"中国特色社会主义理论体系"新概念的提出。这是一个在我们党的发展历史上特别是在党的思想理论发展史上具有重大创新意义的新概念，是一个在马克思主义特别是中国化马克思主义发展史上具有里程碑意义的新概念。概念是对事物本质特征和基本内涵的高度概括，深刻地反映着人们对事物本质的理性认识。"中国特色社会主义理论体系"概念的提出，标志着马克思主义中国化理论创新达到的新高度和新水平，是十七大理论创新的重大历史贡献。

"中国特色社会主义理论体系"新概念的重大创新主要表现在四个方面：

一是把马克思主义中国化理论的创新成果体系化，展示了思想理论的新高度。"体系"是由众多内容紧密相连的"个体"组成的一个科学缜密的序列"整体"。报告指出，"中国特色社会主义理论体系，就是包括邓小平理论、'三个代表'重要思想以及科学发展观等重大战略思想在内的科学理论体系"。众所周知，邓小平理论、"三个代表"重要思想和科学发展观，分别是党的第二代中央领导集体、第三代领导集体和新一代中央领导集体在我国改革开放和社会主义现代化建设的不同历史时期创立的重大战略指导思想，这些重大理论创新成果其时代背景、深刻内涵和着眼点虽然各有不同、自成体系，而又继承发展、紧密相连、互为一体。新概念从历史演化和时代发展的角度，创造性地将这三者作为一个统一的理论体系，既突出了发展中国特色社会主义目标的一致性和中央战略指导思想的连续性，又强化了理论自身的知识性和系统性，开阔了理论思维的新高度和新视域。

二是彰显了马克思主义中国化理论创新成果的文化性，展示了思想理论的新境界。思想理论具有深刻的思想性、严谨的科学性和实践的真理性，是时代文化的精华，既引领时代文化的发展又属于文化内容的核心，本身具有重要的文化意义。历史唯物主义告诉我们，国家在不同的历史时期由于目标设定和工作重点不同，指导思想和方针政策也会根据变化了的实际情况作出相应调整，从而使思想理论呈现出鲜明的政治性和时代性特征。邓小平理论、"三个代表"重要思想和科学发展观，都是我国改革开放特定历史时期马克思主义中国化创新理论思想精华的高度概括、高度提炼和高度升华，是凝聚人心、凝聚力量和指引人们历史实践的先进理论。正如所有事物的发展一样，其时代性具有必然性，时代性也必然具有局限性。创新的理论都是时代先进思想的结晶，在当时特定的历史环境中，往往政治色彩彰显，而文化意义浓厚的科学性、真理性则深寓其中，并不明显。中国特色社会主义理论体系这一新概念的提出，由于其更富于科学和知识的色彩突出了创新理论的文化性，突出了创新理论的科学性和真理性，呈现出更高的思想境界。

三是揭示了中国特色社会主义理论体系的继承性，展现了创新理论的深刻性。任何事物的发生发展无不渊源有自，无不在继承基础上创新发展。中国特色社会主义理论体系虽然是我国改革开放以来思想理论重大创新的结晶，是几代中央领导集体带领全国人民在社会主义革命和现代化建设实践中坚持四项基本原则、坚持马克思主义的思想路线，"兼天下之智，并天下之谋"的智慧创造，但是，从我国社会主义革命和建设的历史看、从中国共产党的发展历史看、从国际共产主义运动的历史看，都有着坚实而深厚的渊源。十七大报告说这个体系"坚持和发展了马克思列宁主义、毛泽东思想，凝结了几代中国共产党人带领人民不懈探索实践的智慧和心血，是马克思主义中国化最新成果，是党最可宝贵的政治和精神财富，是全国各族人民团结奋斗的共同思想基础"，正是清楚地指明了中国特色社会主义理论体系思想基础的继承性和全党智慧的集体性。

四是揭示了中国特色社会主义理论体系的发展特征和基本规律。探索规律、认识规律是社会科学研究的重要任务，也是形成理论、创新理论的必然途径。自党的十一届三中全会以来，党中央带领全国人民在发展中国特色社会主义的进程中，不断探索和回答什么是社会主义、怎样建设社会主义，建设什么样的党、怎样建设党，实现什么样的发展、怎样发展等重大理论和实际问题，才形成了中国特色社会主义理论体系。这个理论体系的形成过程，就是一个不断探索、不断发展、不断深入、不断完善的过程。十七大报告特别强调中国特色社会主义理论体系是一个"不断发展的开放的理论体系"，一方面指出了这个理论体系的重要特征，一方面也预示了今后必定还将继续发展、还将不断丰富的规律性。与此同时，报告还深刻揭示了"马克思主义只有与本国国情相结合、与时代发展同进步、与人民群众共命运，才能焕发出强大的生命力、创造力、感召力"这样一条重要规律，并强调了目前的重大现实意义，即"在当代中国，坚持中国特色社会主义理论体系，就是真正坚持马克思主义"。

"以人为本"与"三大规律"

——对"科学发展观的核心是以人为本"的理解

内容提要：科学发展观是关于科学发展的观念、思想和理论。"以人为本"既是科学发展的最终目的又是不断探索的历史过程；"以人为本"充分体现了党和国家对共产党执政规律、社会主义建设规律、人类社会发展规律的深刻认识、准确把握和自觉遵循。

苏轼《题西林壁》云："横看成岭侧成峰，远近高低各不同。不识庐山真面目，只缘身在此山中。"这首寓哲理于写景的抒情诗，形象地描述了作者游览庐山时的感受，艺术地表达了人们对于同一事物往往因为观察角度的不同而出现"仁者见仁，智者见智"的情形，从而启示人们要真正认识和了解事物的客观本质，就必须做到既要深入其中又要跳出局外。对"科学发展观的核心是以人为本"的理解，同样不能例外。这里仅就个人的理解谈几点认识和体会。

一、科学发展观本质与"核心是以人为本"

理解科学发展观的"核心是以人为本",首先要从深刻认识科学发展观的本质入手。

十七大报告指出:"科学发展观,是对党的三代中央领导集体关于发展的重要思想的继承和发展,是马克思主义关于发展的世界观和方法论的集中体现,是同马克思列宁主义、毛泽东思想、邓小平理论和'三个代表'重要思想既一脉相承又与时俱进的科学理论,是我国经济社会发展的重要指导方针,是发展中国特色社会主义必须坚持和贯彻的重大战略思想。"这是对科学发展观根本性质、重要地位和重大意义的高度概括。科学发展观是统领全党全国各项工作的指导思想,具有普遍的指导意义。因此,对于它的理解,要从不同的角度来认识、来把握,才会更全面、更准确、更深刻。

简单地说,科学发展观,就是关于科学发展的观念。"科学发展"是基本内容的规定;"观"即观念,是思想和方法的体现。科学发展观是一种关于发展的先进理念、先进理论和先进思想。正确认识和准确理解科学发展观的关键在于把握其概念的重点和重心,即"科学"是重点,"发展"是重心。在这里,"科学"是对"发展"特殊本质的规定,而"发展"则是基础和前提。科学发展观告诉人们,"发展"必须"科学"。在这里,"科学"既是评价"发展"性质的标准,又是衡量"发展"状态的要求。那么,"科学"的含义及标准又是什么呢?简而言之,"科学"就是符合事物发展的客观规律,就是合乎情理、合乎实际、合乎时宜,而科学的标准则必须依据具体情况来确定,因为发展的科学性是相对的,是因时、因地、因条件改变而变化的,但总的原则必然是积极向上和富有建设性的。同时，科学与否，也是一个不断探索、不断认识、不断深入、不断改进和不断完善的过程，正如爱因斯坦狭义相对论和广义相对论的提出一样。

任何科学理论的产生，都是时代发展的产物和人类智慧的结晶。"科学发展观"是当代马克思主义中国化最新的理论成果，是我国新世纪新阶段推动经济社会健康发展的新理念，其目的就是实现社会进步和人的全面发展，把"以人为本"作为科学发展观的核心，是科学发展的必然要求。

二、科学发展观内涵与"核心是以人为本"

科学发展观的内涵，十七大报告作了明确界定，即"第一要义是发展，核心是以人为本，基本要求是全面协调可持续，根本方法是统筹兼顾"。这是一个紧密联系、重点突出的有机统一体。其中，"第一要义"指出了"发展"是根本内容和最终目标；"核心"强调了"科学发展"的最终目的；"基本要求"提出了"科学发展"的评价标准，"根本方法"指明了实现"科学发展"的重要途径。其中"核心是以人为本"，突出强调了科学发展观的重心所在。

"核心是以人为本"，这里的"人"，是与个体密切联系的整体的"人"，是推动历史前进的最广大的人民群众。"以人为本"至少包括两方面内容：一是发展为了人民，二是发展依靠人民。发展为了人民，就必须尊重广大人民群众的主体地位，一切从人民群众的根本利益出发，实现好、维护好、发展好最广大人民群众的根本利益，以科学发展的成果不断满足人民群众日益增长的物质文化需求，保障人民群众在经济、政治、社会、文化、生态环境等方面的权益，不断改善和提高广大人民群众的生活质量。发展依靠人民，就要充分尊重人民群众的首创精神，充分尊重知识、尊重人才，努力提高全民族的文化素质，就要充分发挥人民群众的积极性和创造性，让广大人民群众在推动科学发展的进程中发挥聪明才智，实现人的全面发展。

"以人为本"既是科学发展的最终目的又是科学发展的历史过程。在每一个发展阶段都必须处理好眼前利益与长远利益的关系，真正实现全面协调可持续的基本要求。

三、"以人为本"与"三大规律"

"以人为本"充分体现了党和国家对共产党执政规律、社会主义建设规律、人类社会发展规律的深刻认识、深刻理解和自觉遵循。

"以人为本"体现了党全心全意为人民服务的根本宗旨，是对党的执政规律深刻认识的具体表现。把科学发展作为党执政兴国的第一要务，全面推进社会主义物质文明、政治文明、精神文明建设的协调和持续发展，是党的执政规律的重要内容。科学发展观的核心是"以人为本"，充分体现了中国共产党执政为民和全心全意为人民服务的根本宗旨，体现了党章关于党在任何时候都把群众利益放在第一位，同群众保持最密切的联系，一切为了群众，一切依靠群众的基本精神。这对于改善人民生活，保持社会稳定，巩固和扩大党的群众基础，稳固执政基础，意义深远而重大。所谓"得民心者得天下"。我们党在革命战争时期率领广大人民群众推翻了反动统治而成为执政党；建设中国特色社会主义也必然依靠广大人民群众才能不断取得新胜利。

"以人为本"体现了党对社会主义建设规律的深刻认识。自新中国成立特别是改革开放以来，我们党对什么是社会主义、怎样建设社会主义这两个社会主义建设规律的根本性问题进行了坚持不懈的探索，积累了丰富经验，取得了巨大成就。邓小平同志在南方谈话中指出，社会主义的本质，是解放和发展生产力，消灭剥削，消除两极分化，最终实现共同富裕。社会主义制度的优越性应当体现在生产力发达和广大人民群众生活幸福上。改革开放以来"以经济建设为中心"，将党的工作重心转移到社会主义现代化建设上来，开辟了改革开放的新道路，使中国人民摆脱贫困，走向小康。党在新世纪站在时代发展的高度，总结中国社会主义现代化建设的基本经验，以世界眼光和前瞻视野运筹国家发展，在丰富发展邓小平理论和"三个代表"重要思想的基础上，提出"以人为本"的科学发展观，体现了党对社会主义建设规律认识的进一步深化，也标志着我们党的领导水平和执政能力达到了一个新的高度。

"以人为本"体现了党的十七大提出的"进一步把握人类社会发展规律"的精神。生存与发展，同人类相始终。从原始社会、奴隶社会、封建社会、资本主义社会，到社会主义社会，乃至共产主义社会，无不存在着如何发展的问题，其区别在于不同时期存在着不同问题。但不论何种社会形态，其发展都离不开社会、离不开"人"。人类社会的健康发展，应当遵循社会发展的规律，既要推动"社会的发展"，又要注重"人的全面发展"，做到社会的发展与人的发展的统一。科学发展观将"以人为本"作为核心，正是充分体现了这一人类发展的必然趋势。胡锦涛同志在中央纪律检查委员会第三次全体会议上的重要讲话明确提出，要"求社会主义建设规律和人类社会发展规律之真，务抓好发展这个党执政兴国的第一要务之实"。这对于落实科学发展观，促进经济社会和人的全面发展，实现全面建设小康社会的宏伟目标，意义重大。

（2008 年 11 月 24 日）

和谐社会与社会建设

党的十六届四中全会《决定》明确提出："要适应我国社会的深刻变化，把和谐社会建设摆在重要位置，注重激发社会活力，促进社会公平和正义，增强全社会的法律意识和诚信意识，维护社会安定团结。"（《中共中央关于加强党的执政能力建设的决定》，《人民日报》2004 年 9 月 27 日第一版）

和谐社会是人类自诞生以来即一直向往和追求的理想境界，这不但在不同的历史发展阶段有着不同的反映，而且在不同的国家、不同的民族和不同的阶层都有不同的表现。

人类学研究告诉我们，原始人类曾为了维持个体的生存，在不同的地域形成了不同的群体，每个群体内自然地相互合作，共同猎取和分享食物，共同抵御自然灾害，构成了一个相对自由、平等、和谐的小社会。随着原始人类自身的进化、生存能力的提高、活动区域的扩大和生活物质的逐渐增多，人与人之间的社会关系也渐渐地发生了变化，人类个体与个体之间、个体与群体之间、群体与群体之间的利益矛盾逐渐显现，影响社会和谐的因素开始逐渐滋生。久而久之，经济的、思想的、习俗的等等多种复杂的社会因素，使人类社会逐渐形成了不同的阶层和阶级，出现了不同的利益群体、不同的民族和不同的国家。

迄今为止的人类社会发展史证明，人类社会发展的每一个历史阶段，都不可避免地面临和存在着社会和谐与不和谐的重大现实问题，奴隶社会、封建社会、资本主义社会乃至社会主义社会，无不如是。毫无疑问，社会和谐会有力地推进社会的文明进步和人类的健康发展，反之，将会阻碍和破坏人类社会的健康发展。正因如此，古今中外不少至圣先贤或富有远见卓识的统治者，都曾在不同层面上试图探索与构建和谐社会的理论或实践。

诸如我国古代的老子提出"无为而治"的著名理论，就是从治理国家的层面，要求统治阶级减少对老百姓正常生活的干扰，从而达到社会的和谐；孔子创立以"仁"为核心的儒家伦理思想体系，后世提出"正心诚意修身齐家治国平天下"和"三纲五常"的主张，一方面规范社会的个体行为，一方面要求统治者以仁爱之心治理国家，从而使社会达到和谐；墨子主张"兼爱"而"非攻"，反对人类社会的激烈对抗和相互残杀；韩非提出"以法治国"，主张使用法律的手段预防或惩治破坏社会安定的邪恶行为；都是从不同的角度探索构建和谐社会的方法理论与途径。陶渊明《桃花源记》中描绘的"土地平旷，屋舍俨然。有良田、美池、桑竹之属。阡陌交通，鸡犬相闻"，而"黄发垂髫，并怡然自乐"的"世外桃源"，自然也是一个理想中的小型的和谐社会。史家经常赞美的"路不拾遗，夜不闭户"太平盛世，实际上也是和谐社会的一种重要标志。

不难看出，这些主张或多或少地都有其合理的因素，但又都囿于一隅，存在着很大的片面性和局限性。当人类进入 21 世纪之后，不仅世界层面的文明冲突愈来愈烈，而且随着我国社会的深刻变革，人民内部的利益矛盾也越来越多。中央把和谐社会建设摆在国家发展的重要位置，以激发社会活力为目标，以促进公平正义为手段，以增强法律意识和诚信意识为保障，以维护安定团结为基础，多项措施并举，推动社会的文明与进步。和谐社会，首先是人与人之间关系的和谐，弘扬中华民族优秀的文化传统，理解、包容、团结，新世纪创造新文明、新风气，这是我们每个人义不容辞的历史责任。

（2004 年 9 月）

新农村建设与井冈山精神

在举国上下隆重纪念红军长征胜利 70 周年的金秋十月，笔者荣幸地来到中国革命的摇篮井冈山，参加第二期中央和国家机关司局级干部"社会主义新农村建设"专题研究班。三周培训，内容丰富多彩、形式活泼新颖，不仅使笔者增长了知识、开阔了眼界，而且对新农村建设的决策与井冈山精神的内涵有了更具体的认识，对坚持以邓小平理论和"三个代表"重要思想为指导，树立和落实科学发展观，有了更深刻的理解。

一、对新农村建设的新认识

通过学习十六届五中全会通过的《中共中央关于制定国民经济和社会发展第十一个五年规划的建议》与《中共中央国务院关于推进新农村建设的若干意见》等重要文献、学习胡锦涛关于新农村建设的重要讲话与《江泽民文选》，听取一系列专题讲座、进行实地考察和参与集体讨论，使笔者对新农村建设的战略意义、丰富内涵有了更深刻的认识，对当前存在的问题和需要采取的措施也有了初步认识。

首先，建设新农村意义重大。这既是我们党全面推进中国特色社会主义事业和全面建设小康社会的重大战略决策，又是我国现代化进程中面临的紧迫任务；既是构建社会主义和谐社会的重要组成部分，又是国家富强和民族振兴的根本要求；既体现了全党全国各族人民的共同愿望，又反映了社会发展和人类进步的必然趋势。

其次，建设新农村必须贯彻落实科学发展观。新农村建设既是紧迫的现实问题又是长期的战略任务。由于历史的各种复杂因素，形成了我国目前城乡存在的巨大差别，尽快缩小这些差别，才能有利于社会健康和谐的发展。同时，任何问题的解决都需要有一个艰苦奋斗的过程，必须采取科学的方法和科学的态度，实事求是，一切从实际出发，既要立足于当前，又要着眼于长远，实施积极引导，注重实际效果，防止出现偏差。

第三，建设新农村需要全党全国共同推进。新农村建设涉及方方面面，既需要中央统一指挥部署又需要各部门紧密配合，既需要充分调动农民的积极主动性又需要充分发挥涉农部门的指导扶持作用，科学合理地调配各种资源，形成强劲合力，把握轻重缓急，有序推进，逐步实现 20 字目标。必须深入调研，一切从当前面临的实际出发，深刻认识和准确把握我国当前"三农"问题的现状和新农村建设存在的热点难点问题，做到头脑清醒、思路清晰，注意借鉴国外农村建设和发展的经验和教训，加强公共品供给，加强基础设施建设和公共卫生医疗教育等方面的投入，落实党的农村政策，全面深化农村改革，推进城乡统筹发展，加强农村基层组织建设，促进农村民主政治发展和农村治理，促进农业产业化和现代化，促进农村经济社会的全面发展。

二、对井冈山精神的新理解

这次培训，通过专题讲授《井冈山革命斗争史》、《中央苏区革命斗争若干问题研究》，到井冈山革命烈士陵园和井冈山革命博物馆现场教学，走访老红军后代，观看教学片《井冈丰碑》、《共和国摇篮》、《共和国之魂》，重走红军挑粮小道，并集体研讨"弘扬井冈山精神，树立社会主义荣辱观"，使我对井冈山精神有了更深刻的理解。

"坚定信念、艰苦奋斗，实事求是、敢闯新路，依靠群众、勇于胜利"，这是井冈山精神最重要的方面。其中坚定信念是前提，实事求是是核心，依靠群众是关键。井冈山精神在新世纪新时期，具有更加深厚的时代内涵，同时也给人以更为深刻的启示。这种精神是对中华民族精神的弘扬和创造，是伟大民族精神的时代体现。她植根于深厚的民族传统文化，孕育于坚实的革命斗争的现实土壤，把国家和民族的根本利益看得高于一切，坚定革命的理想和信念，坚信正义事业必定胜利。她是为了救国救民，不怕任何艰难险阻，不惜付出一切牺牲的精神，是坚持独立自主、实事求是，一切从实际出发的精神，是顾全大局、严守纪律、紧密团结的精神，是紧紧依靠人民群众，同人民群众生死相依、患难与共、艰苦奋斗的精神。这种精神，教育和鼓舞了一代又一代中国共产党人，为争取民族独立、人民解放和国家富强英勇奋斗，流血牺牲，彻底改变了国家前途和民族命运，使中华人民共和国巍然屹立在世界东方，而在当今全面建设社会主义小康社会的过程中，仍然具有并发挥着重要作用。我们建设社会主义新农村必须大力弘扬这种精神，并赋予其新的时代内涵。

三、几个具体问题的新思考

在系统学习和深入考察的过程中，也引发了笔者的思考。

一是关于社会主义新农村建设的 20 字目标。中央确定的 20 字目标是一个重点突出、先后有序、科学严谨、逻辑周密的统一整体，其中"生产发展"是重心、是基础、是前提，只有生产发展，才会"生活宽裕"，也只有发展生产，才会有"乡风文明、村容整洁"的经济基础。但在不多的实地考察中，少数地方基层领导同志对中央精神的理解和把握欠缺准确，尤其在实际贯彻落实的过程中，仍然有"形象工程"的嫌疑，精力和思路没有全部放在发展生产上，或者投入的精力不够，这是需要注意的。

二是关于井冈山精神的理解和把握。强调这种精神基本内涵的同时，似应深入挖掘其对民族传统和民族文化的继承与创新，深入挖掘其给人们的丰富而深厚的思想启示。

三是建设社会主义新农村，每一位共产党员特别是领导干部都必须作出应有的贡献。要带着对农民群众的深厚感情和强烈的社会责任感，从国家发展和民族振兴的高度，做好本职工作，转变工作作风，确实体现"立党为公、执政为民"的理念，坚持全心全意为人民服务的宗旨，坚持权为民所用、情为民所系、利为民所谋，倾听群众呼声，关心群众疾苦，着力解决好人民群众最关心、最直接、最现实的利益问题，扎扎实实为人民群众办实事、做好事。

（2006 年 10 月 28 日）

理论学习与能力提升

在举国欢庆改革开放 30 周年之际，为期三个月的中央党校进修即将结束。回顾这段学习，内容丰富，形式多样，教学安排科学紧凑，时间虽短而收获颇丰。

一是系统学习马克思主义理论。党校以十七大精神为指导，强化理论学习系统化安排。通过马克思、恩格斯哲学思想、经济学思想、社会主义思想、列宁晚年社会主义思想、毛泽东思想科学体系和历史地位、邓小平理论研究、"三个代表"重要思想研究、科学发展观研究等课程的学习，既加深了对马克思列宁主义、毛泽东思想和中国特色社会主义理论体系的认识与理解，又突出了其一脉相承和与时俱进的特点，从而增强了用马克思主义中国化最新成果武装头脑、指导实践的自觉性坚定性。

二是深入学习实践科学发展观。进修开班恰好与全党深入学习实践科学发展观活动同步。科学发展观专题研究，深入学习实践科学发展观的思考，社会主义和谐社会重大问题研究，加强党的执政能力问题的若干思考，全面落实依法治国基本方略，经济体制改革与制度创新等课程，不仅深化了笔者对科学发展观科学内涵、精神实质、基本要求和根本方法的理解，而且坚定了笔者把科学发展观转化为做好本职工作、推动党的事业健康发展实际能力的决心。

三是深入了解党情国情世情。高举中国特色社会主义伟大旗帜，提高依法行政能力和建设法治政府，转变经济发展方式走新型工业化道路，加快建立覆盖城乡居民的社会保障体系，中国航天科技发展现状及趋势，当代国际贸易的格局变化与走势，当代世界经济发展主要趋势，从美国次债危机到全球金融危机等课程，以及安排的集体考察、社会调研、情况交流等活动，使大家既看到了改革开放的辉煌成就和目前面临的发展机遇，又看到了存在的深层问题和面临的严峻挑战，增强了责任意识和忧患意识。

四是加强了党性修养和锻炼。党校是党性锻炼的大熔炉。中国共产党党章研究，党的执政能力建设问题若干思考，党内民主与人民民主，健全权力制约监督机制研究等课程的学习，进一步提高了党的先进性建设和社会主义核心价值体系的重要性认识。进修期间，很多同志积极奉献、刻苦学习、乐于助人的优秀品质激励着笔者，以党员标准严格要求自己，积极参加党支部各项活动，自觉遵守纪律，"讲党性、重品行、作表率"，树立正确的世界观、人生观、价值观、权力观、地位观和利益观。在社会考察活动中，笔者与学员们齐心协力、密切配合，强化团队意识和大局意识，形成深厚友谊。

五是丰富了科学文化知识。这次教学内容的突出特点不仅政治性、思想性、理论性、前沿性、现实性、前瞻性和权威性都很强，而且文化性、知识性和科学性也很强。前面提到的课程可窥一斑。另如，生态文明与生态建设、儒释道与中国文化、《红楼梦》与中国文化、西方经济学概论、当代世界思潮和当代世界民族宗教、奥运会筹办情况的介绍等课程，不仅大大开阔了思想视野，丰富了科学知识，也提高了文化素养。

六是锻炼了科学研判能力。提高驾驭全局的战略思维能力、系统科学与战略思维、中国特色国际战略研究、中国民主政治与中美关系等，无不给人以深刻启迪，对于培养政治敏锐、思路开阔、高层次、大视野、新角度的科学分析能力具有良好作用。结合教学要求，笔者先后撰写了《一般规律与特殊形态的统一》、《深入学习实践科学发展观的思考》、《"以人为本"与"三大规律"》、《国家文化建设与书法艺术发展》、《加强社会科学研究推动文化大发展大繁荣》等。

　　总之，这次学习，为今后在工作中深入贯彻落实科学发展观、开创本职工作新局面奠定了基础。

（2008 年 12 月 26 日）

天 道 酬 勤

——思想随笔

"天道酬勤"是对人的生活成长与事业发展过程客观规律的深刻认识和精练概括，这里强调的是人的主观努力和能动性发挥对于产生积极结果的重要作用。"天道"是一种自然规律和客观存在，"酬勤"就是对勤劳、勤奋的自然回报和必然结果。有播种就会有收获，有付出就会有回报，此自然之理。所谓"天上不会掉馅饼"，就是对"天道酬勤"的注释，就是劝导人们要勤奋努力，去争取好的结果。

"天道酬勤"，有"勤"才能有"酬"。要想有所成就，首先就要勤奋。要勤奋学习。只有勤奋学习才能增长知识、增长才干、增长本领，才能提高水平、提高能力。勤奋学习就要充分利用各种可以利用的时间，一时一刻不放松，一点一滴不放过。在内容上既要注意专精又要注意广博，不仅要努力学习文化知识、专业知识、业务知识，努力学习马克思主义基本理论和思想政治理论，而且要努力学习各种各样的社会知识，不断丰富自己、提高自己，不断提高文化素养和创新能力，适应工作的需要。

要勤奋工作。工作的过程其实就是学习的过程、锻炼的过程和提高的过程。只有勤奋工作，才能不断积累经验，才能有所成就，才能实现个人在推进社会进步和文明发展中的价值。要有强烈的事业心、责任心和使命感，既要一丝不苟又要提高效率，恪尽职守，做好工作，在本职岗位上充分发挥自己的主观能动性；既要创造性地开展工作，又要到位不越位，既要高标准严要求又要敢吃苦不怕累。

更要勤奋思考。这比勤奋学习、勤奋工作更重要。勤奋思考才能有思想、有思路、有办法，才能发现问题、体现智慧。要勤于思考，更要善于思考。凡事要动脑，遇事要思考。思考才会发现规律、运用规律，增强科学性和严谨性，才会避免失误，减少挫折，增加成功的几率，才会事半功倍，具有创造性。

（2005 年 12 月 27 日）

《傅璇琮学术评论》出版感想

    傅璇琮先生是我十分敬佩的学术前辈，看到《傅璇琮学术评论》出版，十分高兴！正如大家所熟知的那样，先生的人格魅力和学术建树深得学界称扬并享誉海内外。傅先生的家乡，也因为"天一阁"的馨烈远播和优秀的文化传统，成为笔者向往久之的文化圣地。所以，当我得知将举行该书出版座谈活动的信息后，十分高兴。

    作为一位普通的社会科学工作者和中国传统文化的爱好者，多年来，笔者得到了傅先生的热情关心、鼓励、支持和奖掖，成为学术友谊深厚的忘年交。其间研读傅先生著述近30载，既多当面聆听教诲，又得颁示手札指导，使我在学术成长的道路上受益匪浅。先生的《黄庭坚和江西诗派资料汇编》、《唐代科举与文学》、《唐诗论学丛稿》、《唐翰林学士传论》、《濡沫集》等著作，不仅让笔者从中获取了丰富的文化知识，而且在治学方法和严谨学风等方面都给笔者以深刻启示，尤其重要的是，让笔者领悟到了做人、处世的道理。先生曾亲自作为介绍人推荐笔者加入中国李白研究会，营造和建立学术切磋和学术交流的平台；先生经常把最新出版的著作惠赠笔者，让笔者时时感受到春风的沐浴；先生还精心审读拙著《黄庭坚与宋代文化》书稿并撰写《序言》……所有这些，都让笔者在备受感动的同时，也深切地感受到了先生真诚扶植后学的热情，感受到了先生对晚辈成长的殷切厚望，感受到了先生推动当代学术研究事业健康发展倾注的心血。中华民族向来就有以"道德"、"文章"论前贤的传统，笔者以为，傅先生的人品与文品，的确堪称楷模与典范。

傅先生为学术的繁荣和文化的发展作出了重要贡献，成为一代名家，这是学术界的光荣，更是宁波市的骄傲。宁波市委、市政府策划组织出版《傅璇琮学术评论》，并与宁波出版社一起举办首发式出版座谈会，充分体现了对专家学者和社会科学的高度重视，充分体现了对学术发展和文化繁荣的高度重视，充分体现了把文化建设落到实处的工作作风，充分体现了高瞻远瞩的文化战略意识和胆识。

最近，胡锦涛同志在中央党校发表的重要讲话中指出，加强社会主义文化建设"是全面实施党和国家发展战略的需要"，我们"必须更加自觉更加主动地推动文化大发展大繁荣"；中央政治局委员、书记处书记、中宣部部长刘云山同志在今年国家哲学社会科学项目评审工作大会讲话中也提出，"要注意向国外推介我国哲学社会科学的优秀专家学者，不断提升他们的国际知名度"。中央领导同志的讲话，都是从国家发展战略的高度，提出文化建设的任务和要求。这次学术活动，可以说是在把握国家发展全局态势的基础上，将文化建设落到实处的一个新举措，是倡导严谨科学学风的一个新举措，因为据笔者所知，为本单位本系统著名学者举办学术研讨会的情况比较普遍，而为家乡的当代著名学者举办学术研讨会却并不多见。这对傅璇琮先生、对卓有建树的当代学人、对学术研究界和社会科学界，无疑都是一个很大的鼓舞和激励。

（2007 年 9 月 11 日）

古籍数字化与新文化建设

——第一届中国古籍数字化国际学术研讨会札记

众所周知，中国古籍是中华民族历史发展和思想创造的珍贵文献，是华夏文明和传统文化的重要载体。它既是中华民族精神的艺术结晶，又是人类文明发展的文化瑰宝，在世界范围内影响深广。这笔宝贵的文化遗产和巨大的精神财富，也是新世纪国家发展的战略资源。人们常说，中国文化源远流长、博大精深；中国在世界四大文明古国中，是唯一文化连续发展、文明不曾中断的国家；连黑格尔也称扬"中国有最完整的国史"；所有这些，无一不是源于中国古籍的存在。

然而，由于中国古籍本身的诸多特质，加上历代出版、收藏、流传等方面形成的复杂情况，使古籍的传播和人们的阅读与研究都受到很大限制。当代高新科学技术的发展改变了这种状况，文化传播的信息化、数字化和网络化迅速发展，中国古籍数字化也成为国家文化建设的重点工程。

值得注意的是，在经济全球化和信息数字化的当今世界，文化与经济、政治互相交融，文化已经成为衡量国家综合实力和发展潜力的重要指标之一。如何紧跟时代步伐，充分利用现代信息技术的飞速发展，保护好、开发好、利用好、发挥好中国古籍这一战略资源，充分学习借鉴和认真汲取前人的智慧与经验，为繁荣学术、创新理论、建设新文化，为促进国家、民族和人类的科学发展、和谐发展、文明发展作出新贡献，这既是我们面临的重大现实课题，也是学界义不容辞的历史责任。

在这方面，首都师范大学以敏锐的眼光和非凡的胆识带了个好头，电子文献研究所、中国诗歌研究中心和中国传统文化数字化研究中心，已经在中国古籍数字化方面率先开展了卓有成效的工作，他们制作的电子图书，特别是《智能书库》，已经使许多学者受益。

目前，国家正大力推进中国古籍保护和数字化工程，首都师范大学组织这样的会议，介绍和交流中国古籍数字化的进展与技术，这对于推动中国古籍数字化快速发展，对于探索中华文明传承与创新的途径，对于加快中国文化走向世界的进程，无疑具有积极意义！

（2007 年 8 月 13 日）

关于重大项目的几点思考

全国哲学社会科学规划领导小组会议要求全国社科规划办公室，要根据国家发展的需要，积极组织重大基础理论和重大现实问题研究。为落实这项工作，笔者进行了认真思考，以备讨论。

1. 国家社科基金自 1983 年设立以来，迄今已有 20 年，在中央领导的直接关怀下，一直朝着积极健康不断壮大的方向发展，国家投入不断增大，资助项目的研究范围不断拓展，基金投入目前已由 1983 年的 500 万元，发展到 2004 年的 1.2 亿元，投入总量已达 6.8 亿人民币，资助项目逾万。不但形成了一大批优秀的研究成果，而且培养了一大批优秀的人才，为国家的经济和文化建设作出了重要贡献。全国哲学社会科学规划领导小组提出组织实施重大项目，是在中央提出全面建设小康社会目标新形势下，进一步繁荣发展哲学社会科学的新举措，也是对全国哲学社会科学规划办公室工作提出的再上新台阶的更高要求，具有重要的文化战略意义。

2. 国家社科基金重大项目必须代表国家学术水平和文化实力，必须反映国家经济社会发展的重大理论实践，必须富有全局性、战略性、前瞻性。

3. 国家社科基金重大项目的产生必须遵照全面建设小康社会，开创中国特色社会主义事业新局面的需要和社会科学发展规律相结合的原则，必须遵照公开公平科学民主的原则。集中学科优势，采取部门组织和个人申报相结合，专家评审，领导批准的方式。

4. 课题的产生应该采取广泛征集和有针对性征集相结合的原则，网上征集和深入调研相结合，发现研究课题和专家讨论论证相结合的原则，避免守株待兔。

5. 通过组织小型座谈会筛选符合国家要求、确有重大学术意义和应用价值的研究课题。采取委托研究和公开招标相结合的方式，建立竞争机制。这类项目的评审可采取灵活多样的方式，聘请有关权威的专家进行通讯评审和会议评审。

6. 国家社科基金项目的资助强度较大，在资金的管理方面要建立一定的约束机制，以有利于提高研究成果的学术质量为前提，首次拨付启动经费，二次拨付之前必须提供确能证明具有较高水平的研究成果，评估合格后拨付。

7. 成果的鉴定和验收，应采取组织鉴定和学界自由评议相结合的方法，广泛听取学界反映。

8. 重大项目的产生、研究过程的管理和成果的鉴定与宣传均要规范化、科学化。

总之，要把重大项目做成出思想、出成果、出精品、出人才、出影响、出效益的国家社科基金品牌工程、龙头工程。

（2004 年 4 月 8 日）

使命意识·国家意识·创新意识

——与傅璇琮先生学术交往的感受

傅璇琮先生是一位以人格魅力和学术建树赢得学界敬佩并享誉海外的著名学者。偶然的机缘和工作的性质，使我认识了这位受人尊敬的学术前辈，并在交往中感受着先生的长者风范。回想起来，我作为一位中国古代文化的学习者、爱好者和研究者，读先生著述已逾30载，即便从首次面晤聆教算起，也已十度春秋，先生的道德品格和学术境界，使我深有感触，深受感动，更深得教益。

书香缘与忘年交

对傅先生的敬慕始于1979年初春。那时，作为才疏学浅的年轻学子，我对先生知之无多，但手捧沉甸甸墨香尚浓的《黄庭坚和江西诗派资料汇编》（上下册），着实让我肃然起敬，高山仰止的感觉油然而生。是书搜罗典籍之广博宏富、选择内容之精审细密，令我惊叹和震撼。此后，这部《汇编》成为我研究黄庭坚过程中受益最大的案头书，伴随我完成了国家社科基金"六五"重大项目《中国文学史》宋代部分书稿的撰写，完成了山东省"七五"重点项目《黄庭坚与宋代文化》书稿的撰写，成为我与傅先生忘年友谊的根本原因和重要基础。同时，随着我学术的成长以及与学界交往的增多，对《汇编》作者的了解也越来越多、越来越深入，敬慕与日俱增，而常以未能拜晤为憾。

1999年5月下旬，在浙江新昌召开的"《李白与天姥》国际学术研讨会"上，我第一次见到了心仪久之的傅先生，得以当面聆教。会议期间，先生不仅对我提交的论文《李白〈梦游天姥吟留别〉的构思与创新》赞誉有加，而且还亲自作为介绍人推荐我加入了中国李白研究会。几天的接触，使我充分感受了先生的亲切平和与温润博雅，充分感受了先生奖掖后学、提携后进的真诚与热情。回京后，先生还把自己手头的《黄庭坚研究论文集》送给了我，鼓励我继续深入开展研究。这一年的金秋，傅先生受聘参加了新中国成立后的首届国家社科基金项目优秀成果评奖工作。先生深厚广博的学识和敏锐超前的学术眼光，尤其是客观公正的见解和认真负责的态度，给大家留下了深刻的印象。先生是国家社科基金最早的学科评审组专家，1983年就同程千帆先生一起在桂林参加了全国哲学社会科学"六五"规划项目的评审，这次评选优秀成果时，先生又提出了不少关于加强社会科学研究规划的好建议，使我对先生的品格有了更深入的了解。自此以后，先生或颁示手札，或惠赠新作，或电话交流，经常使我如沐春风。

2002年，拙著《黄庭坚与宋代文化》付梓，先生不仅精心审读了全部书稿并撰写了三千多字的《序》，而且还以《黄庭坚文化现象的历史启示》为题，亲自撰写了书评在《光明日报》刊出。这让我在备受感动的同时，再次深切地感受到了先生真诚扶植后学的热情，感受到了先生对后学成长的殷切厚望，感受到了先生对学术研究之时代脉搏和发展态势的准确把握。三年之后的又一个金秋季节，我与傅先生同机飞南昌、又驱车赴修水，一起参加了黄庭坚960年诞辰暨学术研讨会。其间先生对学术研究和文化发展的很多见解，对改进和完善国家社科基金项目评审和管理工作的积极建议，都给了我很大启发。

思想境界与学术实践

实事求是地讲，20世纪末，我与傅先生直接的接触和深入的交流并不算很多，而更多的是从先生的文章著述中、从学界同好的交流中了解了先生的人品与文品。先生的学术品格、学术精神和学术建树，无疑令世人敬仰，其"精思劬学，能发千古之覆"（钱锺书所赠《管锥编》题签）和"一心为学，静观自得"（《〈李德裕年谱〉新版题记》，河北教育出版社2001年版）的突出特点，实事求是、科学严谨、善于创新的优良学风，学界多有公允精到、中肯切实、精辟具体的论述，我都十分赞同。傅先生在学术活动中表现出的"斯文自任"的使命意识、文化建设的国家意识和与时俱进的创新意识，更是集中而深刻地反映了其博大宽广的学术胸怀。

首先，"斯文自任"的使命意识体现着傅先生的文化自觉。"斯文自任"是古代华夏学人传承千载的优良传统。"斯文"与"学术"密不可分。前人讲"学术乃天下之公器"，学术对于文化建设、社会进步和文明发展作用巨大，所以宋代张载有"为天地立心，为生民立命，为往圣继绝学，为万世开太平"之说。正因如此，很多志向高远的学人往往都试图通过"斯文自任"的途径，实现经世济世的报国理想和奉献社会的个人价值。傅璇琮先生可以说是当代学人发扬光大这一优秀传统的典型代表。他不管在什么样的环境和条件下，都把研究当事业，视学术为生命，把全部的热情和精力投入到学术活动中，表现出强烈的历史使命感和时代责任感。先生认为："中国学者有责任也有义务发扬光大我们自身的学术传统，向世界展示中国学术的优势，为世界学术作出贡献。"（陈良运《周易与中国文学·序》，百花洲文艺出版社 1999 年版）他称扬学术大师陈寅恪关于"士之读书治学，盖将以脱心志于俗谛之桎梏，真理因得以发扬"的观点（《理性考索所得的愉悦》）；赞誉顾颉刚先生在遭受不公正待遇的特殊背景下欣然接受翻译《尚书》的任务，"表现了一个知识分子对自己民族文化高尚的责任感和理性的使命感"（《启示》）。先生乐于奉献而不求回报，他"相信庄子的话：'鹪鹩巢于深林，不过一枝，偃鼠饮河，不过满腹。'"（《坎坷的经历与纯真的追求》）执着于学术事业而又淡泊名利，明确表示"我们许多古典文学的研究者是准备献身于我们所从事的这一项事业的"《岂无他好，乐是幽居》。这些都反映出先生事业上入世入俗而思想上超世脱俗的不凡境界，体现着高度的文化自觉精神。

其次，文化建设的国家意识体现着傅先生对中华民族优秀传统的弘扬。文化是民族的血脉和根本，是国家实力的重要组成部分。文化发展则社会进步，文化繁荣则国家富强。所以，文化建设始终是国家高度重视的重点工作。文化建设的最高层次是学术研究，献身于学术研究，就是献身于国家的文化建设，也是具有强烈国家意识和爱国情怀的具体表现。傅先生正是站在民族振兴和国家富强的高度来认识学术发展的意义，并通过扎扎实实地努力工作来推动学术事业的健康发展。比如，他在《文化精品与学术窗口》一文中谈了对中央关于加强社会主义精神文明建设的深刻理解；其《祝贺〈中国古籍善本书目〉编成》一文则认为"中国古籍也是全人类的宝贵财富"，"有取之不尽的宝藏为社会主义现代化服务"；《开展地域文化的研究》称赞浙江人民出版社编辑出版的"浙江文化研究丛书""能从传统文化的研究来观照现实问题"，"进一步丰富了整个中华民族文化研究的内容"。《文化意识与理性精神》一文还总结了清华大学学风具有

"清晰的文化意识"、"鲜明的当代意识"、"对中华的历史和文化有强烈深沉的爱"三大特点……所有这些都充分体现了傅先生思考学术研究的高度。傅先生还通过勤奋工作努力推动国家的文化建设。他在中华书局组织策划和出版了一大批学术品位高、社会影响大的著作；在担任国家古籍整理出版规划领导小组秘书长、副组长职务期间，积极策划和推动古代典籍的整理，并担任《中国古籍总目》编纂委员会主任。他与任继愈先生一起担任影印文津阁《四库全书》的编纂委员会主任，与顾廷龙先生一起主编了1800多册的《续修四库全书》；他策划并组织撰写《中国古代诗文名著提要》这一收入2000种典籍的大型图书；他参与主编了72册4000多万字的《全宋诗》……所有这些，都是国家文化建设的重要工程。

第三，与时俱进的创新意识反映了傅先生学术目标的不懈追求。学术的生命在于创新，创新更是学术研究的灵魂。傅先生一方面积极呼吁"力求务实创新，切忌急功近利"，大力倡导新学风；一方面躬行实践，努力探索学术创新的路子和规律。先生认为，"就科学的意义上说，研究客体是无所谓重要不重要的，重要的是研究过程中表现出来的突破与创新的程度"（《一种开拓的胸怀》）；"新世纪伊始，一种全新的古典文学研究形态，一个全新的学术研究任务，历史地摆在我们面前"（《中国古代文学通论·总序》）。他主张学术研究应当立足本土、面向世界，要关注国外对中国文化的研究，促进世界文化的交流，特别是应当将中国文化推向世界（参见《他山之石》）。他提出"古典文学界应当开拓自己的研究领域，打破固有的樊篱，把视野展向域外的汉文化区"（《读〈日本汉诗选评〉》）；提出要培养"一代新的学风：一种严肃的、境界高尚的治学胸怀，融合中西文化、广博与精深相结合的治学手段，不拘一格、纵逸自如的治学气派"（《学养深厚与纵逸自如》）。先生在《唐代科举与文学自序》中称，"这本书把唐代的科举与唐代的文学结合在一起，作为研究的课题，是想尝试运用一种新方法"，同时又提出，"鉴于社会是在不断的发展，社会生活又是如此的纷繁多彩，研究方式也应有所更新，要善于从经济、政治与文化的相互关系中把握住恰当的中介环节"（陕西人民出版社 1986 年版）。记得先生早在 1991 年就承担了国家社科基金项目《中国古典文学在世界的传播与研究》，显示出全球的视野和前瞻的眼光。他与蒋寅同志共同承担的 2002 年度国家社科基金重点项目《中国古代文学通论》，组织了全国近 60 所高校及科研单位的 120 多位专家学者，历时 4 年，形成了 300 多万字的成果。而这项成果则"是多角度地宏观把握中国古代文学史的尝试，同时也是一项跨学科的综合性的学术探索"（《中国古代文学通论·总序》，辽宁人民出版社 2005 年版），极富开创性和建设性意义。先生认为，"我们民族的学术发展必将应上古代学人的一句名言：日新之谓盛德"（《从一本书看一种学风》），对学术创新充满了信心。所有这些，对于当前的学风建设，无疑都具有很强的现实意义。

傅先生为学术的繁荣和文化的发展作出了重要贡献，成为一代名家，这是学界的光荣和骄傲，也是我们晚辈学习的典范与榜样。先生年届八旬，依然孜孜不倦地为推进学术事业的发展而努力，令人钦佩，令人敬仰！

（2007 年 7 月初稿，2011 年 10 月修订）

管理学学科建设的新起点

——管理科学与工程学会 2009 年会

管理科学与工程学会 2009 年年会为大家交流情况、相互学习、提供了一个很好的平台和机会，对于推动我国管理科学和管理学科的健康发展，对于促进社会科学研究的健康发展，乃至促进国家发展战略规划的实现，都将发挥积极作用。

笔者参加这次大会，主要有两个目的：一是向大家学习请教，二是同大家交流一些相关的信息和情况，旨在与大家一起，共同推进我国管理学科的学科建设，力争理论研究取得新进展，应用研究取得新突破。

作为研究人类社会组织管理活动客观规律及其应用的科学，管理学科既具有很强的理论指导性，又具有很强的现实实践性。笔者以为，中国成为目前世界上唯一一个五千年文明连续发展不曾间断的国家，中国改革开放 30 年取得举世瞩目的辉煌成就，都与管理科学有着密不可分的联系。

中国传统文化中，管理科学的元素蕴含丰富，思想精华博大精深，比如，"和谐"文化的核心就是管理，和谐社会的建设离不开管理。先秦诸子百家学说充满了浓厚的社会管理元素，儒家的"仁学"、"礼学"，更是具有典型性和代表性。只是近代以来，我们在这方面的研究与进展落后于西方。仅以国家社科基金为例，2009 年以前，设立了 25 个一级学科，但没有管理学科，相关内容只是分别放在了政治经济学、应用经济学等学科中的二、三级学科里。这显然不利于学科的发展和人才的培养。

当前，随着经济全球化、政治多极化、文化多样化、信息数字化的快速发展，随着我国现代化建设的快速推进和各种社会矛盾的日益凸显，加强管理学科建设的必要性和紧迫性越来越突出。2009 年 6 月以来，国家社科规划办公室对这一问题进行了深入调研，广泛征求和听取学界意见，并报请中央领导同志同意，增设管理学科，把管理科学作为一级学科，加大扶植和支持力度。现在，已经得到全国哲学社会科学规划领导小组的批准，并在全国哲学社会科学规划办公室网站上发布公告，从明年起受理申请，开始资助研究。课题指南将与其他一级学科共同在 2009 年 12 月上旬发布。欢迎积极申报，期待推出高质量、高水平的研究成果，为国家发展和民族振兴作出新贡献！

（2009 年 11 月 27 日凌晨于华中科技大学 8 号楼 1019 室）

中国古代先贤的先进文化观

每个时代、每个国家、每个民族都有自己的先进文化。华夏民族在自己的发展历程中，不仅创造了辉煌灿烂的历史，而且也创造了辉煌灿烂的文化。15世纪之前的中国，一直居于世界领先地位，这与中国先进的文化有着密切关系。中国古代很多有识之士对于先进文化都有极为深刻的认识，因此，他们努力创造、努力建设和努力传播先进文化，为促进社会进步和文明发展作出了重要贡献。

宋代理学家张载有四句极为深刻、极为精彩的名言："为天地立心，为生民立命，为往圣继绝学，为万世开太平。"（《张横渠集》卷12《性理拾遗》）这四句精警、简练、格言式的语句，表达的就是他对先进文化本质、作用、地位和任务的深刻理解与深刻认识。论者虽然没有展开论述，而内在逻辑严密，内涵丰富，层次分明，表达到位，自成系统，将科学文化特别是社会科学文化的任务、作用、意义提升到很高的境界。所谓"为天地立心"，就是探讨、认识宇宙和社会的发展规律。天地本无心，古人云："心者，生之本，神之变也。"（《黄帝内经·素问·六节藏象论》）"天地之大德曰生，则以生物为本者，乃天地之心也。——天地之心，唯是生物"（《横渠易说·上经》）；"为生民立命"，就是研究和探讨人类的生存、发展；"为往圣继绝学"，就是学习、研究、探讨、继承、弘扬和发展先贤创造的先进的文化、思想和学术；"为万世开太平"，就是研究和探讨如何创造新文化、如何保证人类社会能够千秋万世和平发展。张载的这四句话对社会科学作用、任务和意义的概括精彩、得体、到位。

宋代文化巨子苏轼写过一篇短小精悍、博大精深的散文名作——《六一居士集叙》。这篇为欧阳修文集撰写的书序，全文不足 800 汉字，而创意新颖，运思奇特，思想极深刻，内涵极丰富，见解精警独到。既是优美的散文精品，又是精粹的学术精品。其意义已经大大超越书序、文学、学术的层面而进入深刻解读文化创造、社会发展与人类文明的境界。

众所周知，欧阳修是一代宗师、文坛领袖，为宋代文化的繁荣与发展作出了巨大贡献。他不仅在文化的诸多领域都建树卓越，而且奖掖、提携和培养了包括苏轼在内的一大批文化名人，成为一位扭转文坛乾坤、树立一代文风、影响极为深广的文化巨人。为这样一位特殊人物的文集写序，非大手笔而不能为。序者以政治家、思想家的雄伟气魄和文化大师高瞻远瞩的敏锐眼光，站在历史和时代的高度，从文化创造与社会发展、人类文明关系的角度，评述欧阳修的历史贡献、社会影响和文章特点，既紧紧围绕作序主题阐发个人见解，又切合著者实际和历史实际。

文章开篇以"夫言有大而非夸，达者信之，众人疑焉"起笔，提出一个新人耳目却又合乎常理的论点。接着征引了两条史料进行论证。其一是孔子公元前 496 年由卫之陈，途经"匡"地（今河南长垣附近），被围困拘禁时所说的一句话："天之将丧斯文也，后死者不得与于斯文也。"（《论语·子罕》）意思是说，如果自己死在这里，周代创造的先进文化会因此而不能流传，后世的人们不但失去了享受这种文化成果的机会，而且失去了学习、弘扬这种文化的可能，所谓"以斯文自任"。其二是孟子"禹抑洪水，孔子作《春秋》、而予拒杨、墨"（《孟子·滕文公下》）之语。孟子认为自己推行"仁义"

主张，抗拒和抵制杨朱极端自私、墨翟不合情理的兼爱学说，保证了孔子思想主张的传播，其社会功德与历史意义，同"禹抑洪水，孔子作《春秋》"一样伟大。这里涉及三件需要搞清楚的事情：一是禹抑洪水；二是孔子作《春秋》；三是孟子拒杨、墨。

大禹治水的故事，数千年来一直在华夏大地上以各种文化形式广为流传，历代以来，妇孺皆知。近代科学已经证明，地球在冰川末期，因为地球转暖，曾经发生过一次世界性的大洪水，人类的生存面临绝境。关于这次洪水灾难，世界上很多国家或民族的神话传说中都有反映。古希腊神话中关于宙斯降水为灾，普罗米修斯之子杜卡得到神示，造舟与妻子匹娜脱险；《圣经·创世纪》所载希伯来神话关于诺亚方舟的传说；印度古代关于摩奴在小鱼帮助下幸免于难的传说；中国的苗族《古歌》、壮族《希伯的故事》，分别描述了英雄姜央、布伯其各自的儿女躲在大葫芦里逃过洪水灾难的情节；《女娲补天》对于洪水的描述更是为大家所熟悉。

中国古代典籍如《尚书》、《左传》、《孟子》、《庄子》、《山海经》、《水经注》等等，有很多关于这次大洪水或大禹治水的记载与描述。在滔天洪水严重威胁人们生存的时候，大禹率众"导川夷岩"，《庄子·天下篇》说，大禹"埋洪水、决江河而通四夷九洲也，名川三百，支川三千，小者无数。禹亲自操橐耜而九杂天下之川，腓无胈，胫无毛，沐甚雨，栉疾风，置万国"，形劳天下，《吴越春秋·越王无余外传》记载他"劳身焦思以行，七年闻乐不听，过门不入，冠卦不顾，履遗不蹑"。《史记·夏本纪》也有"居外十三年，过家门不敢入"的说法。大禹最后终于征服了洪水，使人民能够继续生存下来。

大禹治水的丰功伟绩、盖世功德，千秋传颂。《春秋左传·昭公元年》说"美哉禹功，明德远矣"；《汉书·宣元六王传》称"昔禹治水，百姓罢劳，成功既立，万世赖之"；李白则有"大禹理百川，儿啼不窥家。杀湔堙洪水，九洲始桑麻"（《公无渡河》）的著名诗句，歌颂大禹治水的功劳。在中国民间围绕大禹治水而产生的各种各样的故事和传说更是数不胜数。

孔子作《春秋》。孔子的思想核心是"仁"。《孟子·滕文公下》称："世衰道微，邪说暴行有作，臣弑其君者有之，子弑其父者有之。孔子惧，作《春秋》。"可见这本书开始编著的目的，就是想借助历史和舆论的力量，规范社会的道德和人们的行为，使社会健康有序的发展，故《左传》说《春秋》是"惩恶而劝善"。

孟子拒杨、墨。孟子是孔子学说最优秀的继承和发扬者。孔子谢世后，孟子继承和发扬孔子"仁"学，并进一步深入思考社会健康、有序、文明发展的关键，提出"王道"说。当时，杨朱、墨翟各持一家之说，与孔子的思想不一致，容易造成人们思想的混乱。孟子对杨、墨的批评和抗拒，使他们的学说受到抑制，不能流行，从而保证了孔子思想对社会的影响力度。

孔子作《春秋》，孟子拒杨、墨，都是属于文化层面和思想层面的行为，与大禹治水相比，这些是属于社会高层次、深层次的活动，给人民和社会带来的实惠，不会像大禹治水那样直观、直接，容易得到社会的普遍称颂与赞扬。然而，生活在春秋战国时期的孔子、孟子，他们所处的时代，诸侯互相征伐，社会动荡无序，人类相互残杀，道德沦丧，所谓"弑君三十六，亡国五十二，诸侯奔走不得保其社稷者，不可胜数"（《史记·太史公自序》）。这种状态，使人们的生存受到严重威胁，同时也严重地破坏了社会的发展与进步。孔子的仁学思想和孟子的王道学说，正是针对这样的社会现实而提出的。他们均以称扬和标榜唐虞三代社会的安定统一、文明有序为基础，反映了当时人们厌恶诸侯征伐、厌恶人类自相残杀的思想心态和情绪，反映了人民大众向往社会和平、向往秩序稳定、向往有序发展的普遍要求与愿望，反映了时代发展和社会进步的要求，成为当时先进文化的代表，也代表了那时先进文化的前进方向。

尽管孔、孟的主张在当时并没有为统治者完全采纳，但"自春秋作而乱臣贼子惧，孟子之言行而杨、墨之道废"，其在当代社会产生的积极影响是不言而喻的。孟子谢世以后，"违道而趋利，残民以厚主"（《六一居士集叙》）的申不害、商鞅、韩非之学各行于世，以至战乱频繁，陈胜、吴广起义，刘邦、项羽争霸，生民死者十八九，苏轼认为，洪水之患，不至如此。有鉴于此，汉代"罢黜百家，独尊儒术"，孔孟学说开始成为中国封建社会统治阶级的指导思想，对维护封建社会的长期统治和保证封建文明的稳定发展发挥了重要作用，在世界上也产生了深刻而广泛的影响。

显而易见，大禹治水解决的是人类与自然之间的突发矛盾，而孔子、孟子致力解决的则是影响人类自身发展的根本矛盾，即社会秩序、社会制度、社会道德以及人与人之间的矛盾，是如何保证社会稳定、有序、文明发展的问题。

其下，作者缕述春秋战国至秦汉隋唐社会发展变化的历史事实，从正反虚实等不同角度，说明孔子、孟子所说的话，已为历史事实所验证。

汉代以后，凡不用孔、孟思想的统治者大都江山易主，所谓"晋以老庄亡，梁以佛亡"（《六一居士集叙》）。至唐，韩愈认为孟子"功不在禹下"，他发扬光大孟子、董仲舒的儒学传统，倡言古文、"古道"，极言"仁义道德"，所以，苏轼称扬他"文起八代之衰，而道济天下之溺"（苏轼《潮州韩文公庙碑》），而学者则认为韩愈的文化业绩可与孟子相比美。

宋代的欧阳修，其思想与韩愈、孟子、孔子一脉相承，文章"著礼乐仁义之实，以合于大道"（《六一居士集叙》）；北宋"自欧阳子出，天下争自濯磨，以通经学古为高，以救时行道为贤，以犯颜纳说为忠，长育成就，至嘉祐末，号称多士，欧阳子之功为多"

（《六一居士集叙》）。其对推动当代文化发展作出的巨大贡献可见一斑。

大禹治水、孔子修春秋、孟子拒杨墨、韩愈为古文，这些事件表面上似乎于欧阳修文集没有多大关系，但是，它们却有一个共同的特点：就是对人类生存、社会发展和文明进步起着至关重要的巨大作用。承认"禹之功与天地并"，孔子、孟子之功"与天地并"，那么，韩愈、欧阳修之功同样"与天地并"；突出文化对人类文明发展和社会进步的巨大作用，同时也就突出了欧阳修在人类文化史、文明史上的伟大贡献，突出了欧阳修文集的价值和意义。这正是苏轼的高明之处、过人之处。

文章高屋建瓴，高瞻远瞩，茹古涵今，大笔如椽，而又构思精妙，迂回婉转，气魄大，立意高，思考深，观点新。

总之，不论是理学家张载精彩、简练的格言概括，还是苏轼《六一居士集序》婉转巧妙的表述，都说明了这样一个事实，中国古代已经深刻地认识到了文化特别是先进文化对于人类生存、社会进步和文明发展所具有的巨大意义。毫无疑问，这里的文化主要是指社会科学方面的文化。

生动深刻的思想教育

——中国延安干部学院学习随记

在中国延安干部学院的一周培训就要结束，时间虽短，而受到了一次生动深刻的思想洗礼和党性教育，有着多方面的收获与感受。

首先，对中国共产党的发展历史特别是党在延安时期的革命实践活动及其伟大意义有了更加具体的了解。培训以充分开发和利用延安自身独有的教学资源为基础，内容紧紧围绕党在延安时期的革命实践活动和取得的辉煌业绩，重点突出，而在方式方法上又灵活多样，课堂讲授、现场体验、案例分析等多种形式相结合，注重效果，不拘形式，使培训过程既生动活泼又轻松愉快，既具体形象又印象深刻。培训期间通过重点学习《党中央在延安十三年》、《延安整风与党的建设伟大工程》、《党在延安时期局部执政的历史经验》等课程和现场体验的讲解，深入系统地了解了我们党如何把延安作为红军长征的落脚点和抗日战争的出发点，作为指导革命的试验田和示范点，打开了革命事业发展的新局面，深刻认识到党中央在延安的 13 年对于夺取新民主主义革命的伟大胜利所发挥的巨大作用。

其次，对延安精神的深厚内涵和伟大意义有了更加深入的认识。历史不会重复，精神可以永存。这次培训给我教育最深的就是"延安精神"。党中央在延安 13 年的艰苦卓绝的革命斗争中，培育和形成了以坚定正确的政治方向为灵魂，以解放思想、实事求是为精髓，以全心全意为人民服务为本质，以自力更生、艰苦奋斗为前提的延安精神。延安精神不仅包含了马克思主义、毛泽东思想的灵魂和精髓，也继承和升华了中华民族的优秀传统；不仅体现了我们党马克思主义政党的性质和一往无前的奋斗精神，而且也体现了中国共产党人科学的世界观、人生观和价值观。在新的历史条件下，延安精神仍然是激励我们全党和全国人民为全面建设小康社会和构建社会主义和谐社会而奋发努力的重要精神动力。

第三，对加强党的先进性建设的重要性有了更加深刻的理解。党的先进性是党的生命。我们党之所以能够取得革命胜利并成为执政党，根本的原因就在于党的本质的先进性。党中央在延安13年的革命实践证明，党的先进性建设关系党、国家和民族的存亡，只有保持先进性，党的事业才兴盛。延安时期从党的思想、政治、组织和作风等方面全面推进党的先进性建设，取得了巨大成功，为夺取革命胜利和建立新中国奠定了坚实的基础。党的先进性建设首先是思想建设，必须用先进的理论武装头脑、指导实践，同时在革命实践中发展先进理论。延安时期，环境条件非常恶劣，但学习氛围极其浓厚，以毛泽东为代表的一大批领导人，在深入调查研究的基础上，以敏锐的思考和顽强的毅力坚持创作理论，创新理论，发展理论，把马克思主义同中国革命的具体实际相结合，写出了《实践论》、《论持久战》、《新民主主义论》等大批经典著作，实现了马克思主义的中国化，形成了毛泽东思想这一科学的思想体系。延安的整风运动、实施的党的建设"伟大工程"都是党的先进性建设实践的重要方面。当前在全党开展的以实践"三个代表"重要思想为主要内容的保持共产党员先进性教育活动，无疑就是在新的历史条件下，对延安时期党的先进性建设精神的继承和发扬。

第四，这次学习培训也促使我对发扬延安精神，做好本职工作进行深入思考。学习的目的全在于应用，任何教育只有转化为自我教育才能产生前进的动力。党在延安时期的革命实践给我感受最深的一是党的领导干部尤其是高级领导干部不仅具有坚定的共产主义理想和信念，而且具有深厚的理论素养，能够高瞻远瞩，求真务实，勤于思考，善于创新，勇于实践；二是胸怀博大宽广，具有强烈的民族忧患意识和历史使命感，甘愿为人民的幸福而奉献一切；三是具有浩然正气，清正廉洁，严于律己。所有这些，在我们党全面推进建设中国特色社会主义伟大事业和实现小康社会宏伟目标的今天，正是党的领导干部特别是中高级领导干部所应当具备的基本素质。发扬延安精神，就要从自我做起，从眼前做起，就要体现在工作中，落实在行动上。特别是作为党员领导干部，不仅要坚定共产主义理想和社会主义信念，更要增强党员意识和党性观念，增强世界意识、忧患意识和大局意识；不仅要有强烈的历史责任意识和社会责任意识，更要有包括马克思主义在内的社会科学基本理论素养；不仅要牢固树立立党为公、执政为民的观念，更要提高战略性、全局性和科学性理论思维的能力与水平，提高科学判断和科学决策的能力和水平，提高应对和解决突发事件和复杂矛盾的能力。发扬延安精神，就要按照党章的规定和党员的标准严格要求自己，就要按照"三个代表"重要思想和科学发展观的要求在本职岗位上创造性地开展工作，既要勤奋学习，扎实工作，保持共产党员的先进性，又要围绕中央决策思考问题，同以胡锦涛同志为总书记的党中央保持高度一致，这是每位党员领导干部必须做到的基本要求。

（2005 年 7 月 28 日写于延安干部学院 1121 室）

理论与实践互动的体验

2004 年 9 月至 2006 年 7 月，笔者十分荣幸地在中央保持共产党员先进性教育活动领导小组办公室（以下简称"先进办"）宣传组，全过程、全方位地参与了教育活动的宣传工作。这段珍贵的人生经历，不仅多方面地锻炼并提升了笔者的政治素养与综合能力，而且也使笔者深切体验了理论与实践的互动。

一

宣传组主要负责组织协调和具体指导中央主要媒体对先进性教育活动的宣传，包括相关的动态报道、理论宣传、典型宣传、经验宣传等方面，同时指导各省区市先进性教育活动的宣传工作，保证中央精神的准确传达和全面贯彻，为教育活动的顺利推进营造良好的舆论氛围和社会氛围。

宣传组在中央先进性教育活动领导小组组长贺国强同志和副组长雒树刚、欧阳淞同志以及办公室常务副主任齐玉同志、副主任李小满同志等直接指导下，按照中央的要求和办公室的部署，齐心协力，创造性地开展工作，积极引导和努力促进教育活动健康发展，取得了出色成绩，得到中央的充分肯定和领导同志的鼓励赞扬。胡锦涛同志在庆祝中国共产党成立 85 周年暨总结保持共产党员先进性教育活动大会重要讲话中，把"注重宣传引导，加强先进典型报道，积极营造良好的社会舆论氛围，形成正确导向"作为这次先进性教育活动的八大鲜明特点之一；中央领导小组在向中央政治局汇报的每一批次的总结报告中，也都把宣传工作单独作为一个重要方面给予高度评价。曾庆红、李长春、刘云山、贺国强等中央领导同志对宣传组的工作也给予充分肯定和多次表扬。特别是宣传组创建的《时代先锋》、《永远的丰碑》等中央电视台栏目，中央领导高度关注，社会反响十分热烈。

作为宣传组成员，笔者充分感受到承担任务的光荣和工作责任的重大，充分感受到办公室集体的温暖和宣传组工作的愉悦。这段工作，使笔者既经受了深刻的党性教育和思想洗礼，又经受了深刻的政治锻炼和能力实践，成为努力学习马克思主义理论、提高政治素养的过程，成为自觉实践党性原则和提高党性修养的过程，成为培养组织策划和协调实施能力及提高工作水平的过程。

二

在先进性教育活动的宣传工作中，笔者重点承担了四方面的任务。

其一是在整个先进性教育活动过程中负责起草《人民日报》社论和《人民日报》系列评论员文章。起草社论和评论是办公室的重要职责之一，也是及时传达中央精神，指导先进性教育活动顺利推进、健康发展的重要方式之一，中央领导小组和办公室领导都十分重视。欧阳淞同志亲自抓、亲自管，不仅亲自策划布置，而且亲自出题目、出思路，亲自动笔修改，与齐玉、李小满同志一起反复斟酌、严格把关，有些文章还组织专门会议集体讨论；雒树刚同志对每一篇都进行认真细致的修改审定，最后签发；社论和部分评论员文章还报请贺国强同志审示。社论和评论员文章都是集体智慧的结晶，笔者承担草拟初稿之类的基础性工作，既是很好的学习机会，也是领导对笔者的鼓励和信任。在整个教育活动期间，根据中央的整体部署和领导小组及办公室的要求，分别草拟了《关于教育活动中刊发人民日报社论和系列评论员文章的工作方案》及每一批次的《评论员文章撰写计划》，草拟《人民日报》社论《站在新的起点上不断推进党的先进性建设》、《加强党的执政能力建设的基础工程》以及《始终牢牢抓住主线》、《关键是要取得实效》等 20 多篇《人民日报》评论员文章。这些刊发的文章成为先进性教育活动的重要学习材料，不少地方作为先进性教育活动的教材，媒体也广为转载，网上点击率高，贴文数量也很多，对于配合基层党组织和广大党员正确理解中央精神和及时贯彻落实教育活动的各项方针政策，促进教育活动的深入开展发挥了积极的引导作用。

其二是负责组织安排和协调第一、二批教育活动期间的理论宣传工作。开展好理论宣传是宣传组的重要任务，也是这次教育活动的重要特色之一。先进性教育活动取得的理论成果，与实践成果、制度成果并列为三大成果。中央先进性教育活动领导小组及办公室，从教育活动一开始就十分重视开展党的先进性建设的理论宣传，对如何开展理论宣传提出了明确要求。比如，要求在教育活动全面启动前，围绕教育活动的开展组织一批有分量的理论文章，在有影响的中央主要报刊上刊发；要求《人民日报》、《光明日报》、《求是》杂志等开辟专栏，确保理论文章的数量和质量；提出政治把关和政策把关的方法和审稿制度，等等。雒树刚同志多次亲自到宣传组与同志们一起研究组稿方式及具体安排。笔者负责组织协调理论宣传工作，并主笔起草了

《中央先进性教育活动理论宣传工作方案》、《先进性教育活动启动阶段理论宣传计划》、《关于组织首批理论宣传文章的方案》、《关于继续做好先进性教育活动理论宣传工作的通知》等文件，下发各省区市先进办和中央各主要新闻单位；围绕开展先进性教育活动和加强党的先进性建设，策划系列理论文章选题，与全国30多家理论研究权威单位联系沟通，邀请著名专家学者以及部分省部级领导撰写理论文章50多篇，对这些文章进行认真研阅并提出修改意见；组织协调《人民日报》、《光明日报》、《求是》杂志社等中央主要报刊开辟专栏，刊发理论文章近600篇。教育活动启动阶段刊发的一批理论文章如《论保持党的先进性》、《共产党员先进性的基本内涵及当代要求》、《保持共产党员先进性与立党为公执政为民》、《论党的先进性及其历史实践》等文章，主题鲜明，既有深度又有新意，在广大党员干部和理论界产生了很好的影响，成为先进性教育活动的重要参考教材。媒体广为转载，也引起网上热评，其中多篇入选全国理论研讨会论文集，获得奖励，《共产党员先进性的基本内涵及当代要求》在中国社会科学院理论研讨会上还得到与会专家的普遍认同和高度评价。这些理论宣传文章是教育活动理论成果的重要组成部分，对于促进教育活动的深入发展，对于引导广大党员深入理解开展教育活动的必要性、重要性和现实性，进行深入的理论思考，对于提高党员的理论素质都有积极影响。中央先进性教育活动领导小组在向中央政治局汇报第一、二批先进性教育活动情况时，都分别明确肯定了理论宣传取得的成绩，领导小组负责同志也多次在不同的会议上充分赞扬理论宣传发挥的重要作用。

其三是起草领导讲话和中央文件。这是办公室的一项重要任务，也是宣传组的一项重要工作内容。根据工作安排，笔者承担了部分起草领导讲话的任务，包括中央主要领导同志《政治局常委与先进典型座谈会讲话》初稿、政治局常委同志《广东省出版局调研讲话》，以及《中宣部机关先进性教育活动动员大会讲话》、政治局讨论《教育活动总结报告提纲》发言参考稿、《中央主要新闻单位负责人座谈会讲话》等等。另外，还整理起草了《接待德国驻华大使馆政治部主任来访谈话稿》、参与起草和修改曾庆红同志《答记者问》、李景田同志《新闻发布会发言》等。起草的重要文件如《宣传工作方案》、《关于第一批先进性教育活动的情况报告》、《关于第一批保持共产党员先进性教育活动的总结》、《关于保持共产党员先进性教育活动的宣传报道意见》等。承担这些工作任务，使笔者能够有机会站在全局的层面和战略的高度，深入理解和正确把握中央精神，深入细致地思考问题，认真体会如何准确把握政策的分寸。

其四是参与宣传组日常工作。比较重要的如起草《宣传组工作职责》、《第一批先进性教育活动宣传工作总结》、《先进性教育活动宣传工作情况汇报》、《先进性教育活动理论宣传情况汇报》等；参与策划和讨论宣传工作的具体实施方案，如《时代先锋》、《永远的丰碑》等栏目及《先锋网》的创建，动态报道内容的选题、重大典型的宣传安排和采访稿件的审读，宣传工作会议的筹备等等；在第三批教育活动期间还承担了同中央六部委的简报联络工作。所有这些，无疑既是很好的学习和锻炼机会，又能充分了解教育活动过程中理论指导与具体实践的密切关系。

三

在中央先进办两年的工作经历，对于笔者开阔视野和提高境界，对于加强思想理论学习和全面锻炼综合工作能力，对于加强党性修养和党员意识，都有深刻的体会和感受。其中最突出的有六个方面。

首先，是对我们党在新时期加强先进性建设、对党的号召力凝聚力和创造力影响力的深刻感受。在世界多极化和经济全球化趋势深入发展、我国社会主义市场经济体制日渐完善的当代，在文化多样、个性张扬和社会组织相对松散的今天，开展涉及 352 万个基层党组织、7000 万名党员参加的全党范围的保持共产党员先进性教育活动，难度之大，可以想见。然而，由于党中央的高度重视和坚强领导，分批进行，分类指导，各级党组织的精心组织，广大党员的积极参加，人民群众的大力支持，工作措施科学到位，先进性教育活动得以扎实推进，健康顺利地进行。全党按照中央提出的"关键是要取得实效"和"真正成为群众满意工程"的要求，坚持以学习实践"三个代表"重要思想为主线，全面贯彻和落实科学发展观和中央提出的一系列重大战略思想，求真务实，创造性地开展工作，实现了中央提出的提高党员素质、加强基层组织、服务人民群众、促进各项工作的目标，取得了丰硕的实践成果、制度成果和理论成果，得到了广大党员、群众的拥护和社会各界的好评，也引起了国际社会的关注，使这次全党性的马克思主义自我教育活动，成为我们党在长期执政和改革开放条件下，加强党的执政能力建设和推进党的先进性建设的一次成功实践。这不仅充分展示了以胡锦涛同志为总书记的新一代中央领导集体高瞻远瞩的战略思维和政治气魄，充分展示了党中央的强大号召力凝聚力和崇高威望，而且充分证明了中央关于在全党开展先进性集中教育活动的决策完全是正确的，充分证明了中央关于教育活动的指导思想、目标要求、指导原则和方法步骤是完全科学的。同时，通过各地区各部门各单位贯彻落实中央精神的情况，也充分展示了基层党组织和广大党员强大的创造力和执行力，充分展示了我们党统一思想、统一行动、统一步伐、朝气蓬勃的旺盛生命力。这正是我们国家能够长期保持发展稳定的重要原因，也是我们对于国家发展和民族振兴充满信心的重要基础。

其次，是对学习发展着的马克思主义理论的深刻感受。理论源于实践又指导实践。认真学习和深刻领会发展着的马克思主义，是做好宣传工作的基础和前提。特别是要做好先进性教育活动的宣传，就要熟悉先进性教育活动的方针政策和具体要求，熟悉党的发展历史和党的建设理论，熟悉中央的一系列重大战略思想和世界发展的大趋势。在这方面，办公室和宣传组做了很多工作，既努力组织大家集体学习和讨论，又积极为大家创造自学的条件与机会。作为宣传组的一员，笔者一方面积极参加集体学习和讨论，一方面根据承担的具体工作任务有针对性地学习相关的文献和文章，努力做到边学边干，围绕做好工作自觉学习、深入思考。学习重点一是教育活动的规定内容，如中央〔2004〕20号文件《中共中央关于在全党开展以实践"三个代表"重要思想为主要内容的保持共产党员先进性教育活动的意见》、《先进性教育读本》、《先进性教育党课参考教材》等。二是中央主要领导同志的相关重要讲话与重要指示精神，如胡锦涛同志2005年1月14日在新时期保持共产党员先进性专题报告会上所作的重要报告、在考察贵州、山东寿光时的重要讲话，曾庆红同志《在中央保持共产党员先进性教育活动工作会议上的讲话》以及贺国强同志在先进性教育活动中的一系列讲话等。三是关于"三个代表"重要思想和科学发展观、全面建设小康社会、构建和谐社会、党的先进性建设、执政能力建设、建设创新型国家、建设社会主义新农村、实践社会主义荣辱观等中央一系列重大战略思想的理论文章；四是关于政党发展史和先进性研究方面的学术著作，如《中国共产党简史》、《江泽民论加强和改进执政党建设》（专题摘编）、《党的先进性研究》等。在学习过程中，撰写学习体会，如《"先进性"内涵及其当代意义》等。

通过学习，使笔者深刻认识到：党的先进性是党的生命，党的发展历史就是不断发展和保持先进性的历史。只有保持党的先进性，才能保证党的事业健康发展；保持党的先进性，必须充分发挥创造性，要靠不断创新和不断建设来发展、来实现；党的先进性是民族精神和时代精神的集中体现。这次在全党开展的保持共产党员先进性教育活动，是我们党在新世纪新时期保持和发展党的先进性的创新举措，是我们党在长期执政和改革开放条件下，用发展的马克思主义武装全党的重要方式，是加强党的执政能力建设和先进性建设的成功实践，对推进党的建设新的伟大工程和中国特色社会主义伟大事业，正在产生并将继续产生积极而深远的重大影响。教育活动既为推进中国特色社会主义建设注入了强劲动力，又为巩固党的执政地位夯实了基础，成为党的发展史上浓墨重彩的一笔，成为党的先进性建设实践的一大亮点，也开拓了新时期创造时代精神和建设民族文化的新途径。教育活动取得的实践成果、理论成果和制度成果，对深入认识和把握党的执政规律、社会主义建设规律和人类历史发展规律，不断推进新的伟大工程和伟大事业，都有重要的启示作用和指导意义。

第三，对于锻炼和培养综合工作能力的深切感受。中央先进性教育活动办公室的工作有六个最突出、最典型、给人印象最深刻的特点：一是直接贯彻落实中央决策和中央领导指示；二是全局性、战略性、前瞻性思维模式；三是政治性、政策性和原则性极强；四是工作作风扎实严谨，务求实效，讲求高质量、高水平、高效率；五是严明的组织观念和严格的工作程序；六是使命光荣、任务繁重、高度紧张。这次先进性教育活动，是建党以来参加人数最多、规模最大的一次党内集中教育活动，从 1999 年提出，经过策划、调研、准备，到实施和最后完成，首尾历时 8 年，如果从 2000 年中央组织部组织开展 30 万名党员思想状况调查提出建议算起，也历时近 6 年。仅教育活动启动后的一年半时间，办公室围绕开展先进性教育活动组织召开的各种类型的会议上百次，起草的各类工作文件和领导讲话上千个，任务之重、难度之大、效率之高，由此可见一斑。特别是中央主要领导亲自抓，中央领导小组具体抓；办公室抽调了一大批优秀的党的组织工作者和党建专家，参与教育活动的各项工作；教育活动的所有工作的着眼点、立足点和落脚点，都是全党全国工作的大局。能够参与这样的工作，能够在这样的环境和气氛中工作，本身就是一种很好的学习、训练和熏陶。特别是耳闻目睹或亲身感受了领导小组和办公室对于各项工作的提前谋划、集思广益、周密部署、扎实推进，感受了求真务实、注重效果、科学严谨的工作方法和工作作风，给人以深刻启发。在起草《人民日报》评论员文章和参与修改领导讲话与工作文件过程中，欧阳淞、齐玉、李小满等办公室领导同志对于政治和政策的准确把握、对于文字表达的严谨缜密和严格要求，都给笔者留下了深刻的印象。宣传组在贯彻落实中央精神和办公室部署的具体工作时，以饱满的激情和科学的态度，既能遵守新闻宣传的基本规律，又能充分发挥创造性，根据中央精神和宣传重点，以敏锐的眼光抢抓具有典型意义的事件，制造热点、形成亮点、营造声势。很多领导同志既率先策划指导又集中集体智慧，努力拓展工作层面，创新方法途径，丰富表现形式，强化宣传效果，取得了显著成效。特别是经常采用现场办公的方法，既集思广益，又提高了工作效率。所有这些，都从全局思考和统筹安排的角度，给人以深刻的方法论启示，使每个人的综合工作能力都能得到增强。2006 年 4 月上旬，笔者带领中央新闻采访团赴河南采访重大先进典型许东仓同志的事迹，按照"严格要求、严格管理、热情服务"的指示精神，对采访和撰稿提出了"三项原则"，即"全面了解，重点把握，选好角度，突出亮点，注重效果"、"紧扣许东仓同志农村基层党支部书记的身份、紧扣农村先进性教育活动、紧扣社会主义新农村建设与和谐社会建设"、"确保采访到位，确保稿件质量"；同时还提出了"四项要求"，即"注意挖掘和反映许东仓先进事迹的文化背景和现实基础，注意处理好许东仓同志与党支部一班人的关系，注意反映当地人们对许东仓同志精神的学习与弘扬、注意避免脱离实际、生拉硬扯、牵强附会和故意拔高"。这些原则和要求，得到新闻媒体和当地政府好评，保证了采访和宣传任务的圆满完成（《安阳日报》为此还专门发表了中央采访团工作情况的报道《感动着你的感动》）。这次活动，亲身体验了新闻工作者"铁肩担道义"的历史责任和辛苦奉献的精神。

第四，是对办公室工作作风、工作精神和工作状态的深切感受。工作作风和精神状态往往反映人的思想境界和工作的效率、质量与水平。中央先进性教育活动办公室这个政治强、素质高、吃苦耐劳、能打硬仗的战斗团队，在工作过程中表现出来的强烈责任心、历史使命感，表现出来的严格的组织观念、严谨的科学态度、严明的工作纪律，以及积极、主动、务实、高效、团结、敬业的工作作风，表现出来的上下团结一致、齐心协力共同干事业和集思广益、精益求精的工作氛围，都给我留下了深刻印象。从办公室领导到普通工作人员，每个人都在自己的岗位上兢兢业业、一丝不苟地工作。一个工作文件、一篇领导讲话、一篇评论文章，总是反复讨论、反复斟酌、反复修改，主要领导亲自思考、亲自动手、亲自把关。办公室领导为大家作出了榜样和表率。他们不但没有休息日、没有节假日，而且经常加班到凌晨，甚至带病坚持工作。欧阳淞同志曾做完手术，在病床上坚持工作，从会场去医院，打针输液后又回到办公室继续工作；李小满同志为保证教育活动急需的参考教材按时送到广大党员手中，连续一月感冒并时常发烧，仍然坚持在办公室日夜苦战。综合组、秘书组和其他组的同志们也经常是夜以继日地工作。办公室感人的事迹层出不穷。宣传组同样呈现着这样的精神风貌。宣传组紧密团结，在政治、思想、工作和生活上相互关心、相互帮助，心朝一处想，劲往一块使，群策群力，一丝不苟。由于新闻宣传的时效性，组里不少同志工作往往不分昼夜，与各省区市先进办或各主要新闻单位联系沟通。"责任如山、勤奋如牛、心细如发、团结如一"的宣传组精神，得到充分展现。

第五，是对加强党员意识和党性修养的深切感受。教育活动自身包含的内容、办公室的工作氛围和宣传组从事的工作，无一不是围绕着加强党员意识和党性修养来展开。特别是在宣传工作中，接触到大量基层党组织和许多优秀共产党员生动感人的先进事迹、鲜活事例，诸如，各地创造的"结对扶贫"、"党员承诺"、为群众"做好事、干实事、解难事"等丰富多彩的"三个代表"重要思想主题实践活动，牛玉儒、宋鱼水、王顺友、侯祥麟、张云泉、丁晓兵、周国知等一大批先进典型，他们执政为民、清正廉洁、无私奉献、严于律己的高尚情操，也无不深深地打动着、感染着大家，激励大家思想开阔、心胸开阔、境界开阔，既在工作中接受党性教育，又在接受教育中开展工作。每次重大先进典型采访活动的情况介绍，都感人至深。在河南安阳采访许东仓同志事迹，更是被许东仓带领群众艰苦创业奔小康的苦干实干精神，被许东仓强烈的责任心、事业心、使命感和一心想着群众、无私奉献的高尚品格，被许东仓强烈的党员意识、党性观念和淳朴、善良、公平、正义、正气的品质所感动。采访团在受到震撼、受到教育的同时，主动捐款，表达敬意的同时，也实实在在地感受到共产党员的伟大和光荣。

第六，是对领导亲切关怀和团队工作精神的深切感受。团结就是力量，团结出智慧，团结出战斗力。办公室和宣传组之所以能够出色地完成艰巨的工作任务，一方面是由于领导的亲切关怀和鼓励给大家增加了努力奋发工作的动力，一方面是由于同志们团结友爱、相互关心、共同合作的团队精神得到了充分发挥。中央领导深切关怀，"七一"前夕，胡锦涛总书记和中央政治局常委会在中南海怀仁堂亲切接见办公室全体工作人员并与大家合影留念。曾庆红同志不仅多次接见办公室全体工作人员并合影留念，而且在佳节来临之际亲自到先进办看望和慰问大家，到各组与同志们一一亲切握手，热情鼓励大家。贺国强同志对办公室的同志们更是爱护有加，经常在百忙中挤时间看望大家，多次安排宴会，招待办公室的同志们并一起联欢。树刚同志也经常与宣传组的同志们坐在一起，细致地研究讨论和安排宣传工作；办公室的领导更是与同志们同吃同住同工作。宣传组的团结氛围始终十分浓厚，大家彼此之间相互体贴和关心，相互支持和帮助，相互理解和爱护，工作友谊深厚。这种浓厚的人文关怀气氛，打动的是人心，交流的是感情，形成的是智慧，凝聚的是力量，收获的是成功，留下的将是永远美好的记忆。

这是一段令人十分留恋、值得珍视的人生经历，中央先进性教育活动办公室良好的工作作风和精神状态，将永远激励笔者在今后的工作岗位上不断努力创造好成绩。

（2006 年 6 月 28 日于万寿庄宾馆六号楼）

下
篇

学
习
与
思
考

"先进"内涵的历史考察

在当代人们的生活中，对于"先进"这样一个极为普通、极为常见的词语概念，可以说是妇孺皆知，人人会说，人人能用，人人耳熟能详，诸如"评先进"、"学先进"、"赶先进"，"先进人物"、"先进集体"、"先进事迹"，"先进思想"、"先进典型"，"先进水平"、"先进技术"，等等，与"先进"组成的词组短语，不胜枚举，不仅于报端随处可见，而且经常活跃在人们的口头。没有人怀疑自己对这些词语概念含义理解的准确性，也很少有人去关注这个概念的生成和内涵的衍变，就连权威性的《现代汉语词典》（中国社会科学院语言研究所词典编辑室编，商务印书馆2002年增补本）对"先进"一词也只作如下解释："进步比较快，水平比较高，可以作为学习的榜样的"、"先进的人或集体"。这种解释自然是没有什么错误之处。但是，仔细品味，似乎又觉得少了点什么，感觉不够味、不到位，而对"先进"一词的性质、特点和内涵似乎都没有说清楚、讲透彻。

其实，人们在现实生活中对于"先进"一词的使用、理解和表达，一般说来都不会出现什么歧义或错误，人人能够心领神会，也没有必要去做学究式的研究探讨，细抠字眼儿，尽管在不同的时代或不同的语境中，其含义也会有所不同。但在一些特殊的语境中，情形就大不一样了。比如，最近中央在全党开展以实践"三个代表"重要思想为主要内容的保持共产党员先进性教育活动，这里出现的关键性词组"共产党员先进性"，其内涵如何准确地理解、界定和把握？词组中的关键词"先进"的含义是什么？"先进"与"先进性"有什么区别？这些问题都必须搞清楚、弄明白。这就迫使我们不得不进行深入细致的思考，不得不首先在文字的理解和把握上下一番必要的功夫。

人类语言的发展规律告诉我们，任何词语概念的发生和形成，都是人类社会实践的结晶，都是一个历史的发展过程，而且一个词语概念的内涵，往往随着时代的发展而变化，不同语境中的同一个词语，其内涵也往往是既有联系又有区别。"先进"一词当然不能例外。准确理解和把握"共产党员先进性"的内涵，必须首先了解"先进性"一词的基本含义，这自然需要从把握"先进"一词的内涵入手，历史考察尤其重要。

其实，在中国古代汉语言文化发展史上，"先进"这个词最早的意思主要是表达行为动作次序在前、顺序领先。凡是读过《论语》的人，自然都会知道其中的"先进"篇。然而，此处的"先进"与现代汉语或现代意义上的"先进"大相径庭。首先，这里的"先进"实际上是两个相对独立的字，而不是一个独立性的合成词。孔子所说的"先进于礼乐"、"后进于礼乐"，"先"与"后"对举，表述的是行为动作进行的次序状态，而特别强调的则是顺序的"先"与"后"。《穆天子传》卷一"先进乘韦"之"先进"、《战国策》卷十九"不能趋走，是以不先进"之"先进"、《楚辞章句》卷九"郑卫妖女""使之先进"之"先进"，诸如此类的情形，都是同一种用法。值得注意的是，孔子出于修辞方式和增强语言美感的需要，将两个意思独立的字并连在一起使用，语言表达和结构方式都非常自然地契合了汉语构词双音节发展的规律要求，且"先进"与"后进"对应，不但为生成和创造一个独立的词奠定了基础，而且有了次序上的区别。而正是这种对次序、顺序的表达和优美的语言形式，成为后世"先进"一词最基本、最原始的含义。当然，《论语》之用法也一直为后人所沿袭，比如宋代文学巨擘苏轼《苏幕遮·咏选仙图》词"凤驾鸾车，谁敢争先进"，这里的"先进"即是一例。总之，次序的领先性成为"先进"一词内涵中最原始、最基本、最稳定的重要成分。

后人在这种表达次序在前、顺序领先的基础上，开始把"先"与"进"合并在一起使用，构成一个独立的词，用于称呼年龄较大或资历较深的前辈。《汉书·翟方进传》称宿儒胡常为"先进"，谓"其名誉出后生下"（卷八十四）；晋人《上疏请修学校》说"先进渐忘揖让之容，后生唯闻金革之响"（《全晋文》卷十九）；二者均将"先进"与"后生"对举。谢承《后汉书》也有"拜觐乡里耆老先进"（《初学记》卷二十）之语可参佐。可以看出，这些例子中的"先进"，突出的依然是顺序的领先性，都属于中性词，没有什么褒扬之意。大约从唐代开始，这种用法增加了恭敬、钦佩与自谦的意思。如韩愈《答刘正夫书》"凡举进士者，于先进之门，何所不往？先进之于后辈，苟见其至，宁可以不答其意耶"；柳宗元《虞鸣鹤诔》"名卿是挈，先进咸推"；杜牧《投知己书》"先进之士以小生行可与进，业可与修，喧而誉之"……其或与"后辈"、"小生"对举，或与"名卿"并称，尊敬之意沛然其间。宋代文坛盟主欧阳修《与郭秀才书》"仆昨以吏事至汉东，秀才见仆于叔父家，以启事二篇偕门刺先进"，也是同样的用法。

汉唐时期，有学人着眼于人物或品质的优秀，使用"先进"一词，赋予了评价和褒扬的含义。如汉代蔡邕《答对元式诗》"先进博学，同类率从。济济群彦，如云如龙"，"先进"与"博学"连用；晋代《涅槃无名论》说"圣旨渊玄，理微言约，可以匠彼先进，拯拔高士"（《全晋文》卷一百六十五），将"先进"与"高士"并称；

毗末罗蜜多罗论师《临终裁书》"轻以愚昧，驳斥先进，业报皎然，灭身宜矣"，则以"愚昧"反衬"先进"；这些都是很典型的例子。至如宋人李昉等《太平御览》载顾邵"相小吏资质佳者，辄令就学，择其先进，擢直右职"（卷二百六十一），其意思已经与现代没有什么大的区别了。

大约自宋朝开始，有人在著作中将"先进"与"典型"联系起来，扩大了适用面、涵盖面。《四库全书总目提要》卷一百四十一著录明代耿定向撰《先进遗风》二卷，《提要》说"是书略仿宋人《典型录》之体，载明代名臣遗闻琐事，大抵严操守、砺品行、存忠厚者为多"。由此可知宋人所著《典型录》与《先进遗风》属同一类型的著作，记述和表彰的都是当时可以为人表率的优秀人物、优秀事迹和优秀品德。《四库全书总目提要》卷一百四十三还著录了明代谈修所撰《避暑漫笔》，谓"是编皆掇取先进言行可为师法，乃近代风俗浇薄可为鉴戒者，胪叙成篇"，其立意更是在于树立人们学习的典范和榜样。

通过上面的历史考察，我们不难发现"先进"一词的内涵具有如下特点：一是主体对象都是"人"，即与人或人的行为密切关联；二是使用范围逐渐扩大，内涵不断丰富发展；三是含有次序在前、顺序领先的意思而且稳定性较强；四是含有敬佩的意思；五是含有评价和褒扬优秀事物的意思。而现当代意义上的"先进"内涵，正是在这五大特点基础上的综合创新和发展。

（2004 年 11 月 20 日写于北京万寿庄宾馆）

开展正确的批评与自我批评

批评与自我批评，同理论联系实际、密切联系群众是我们党在长期革命和建设实践中形成的三大优良作风，也是新时期保持党的先进性的重要保证。开展正确的批评与自我批评，不仅是确保取得实效的关键，而且可以使党的优良作风焕发新的光彩。

开展正确的批评与自我批评就是要以增强团结为目的，积极引导广大党员对党、对人民、对组织、对同志高度负责，从团结的愿望出发，通过批评与自我批评，在统一思想、提高认识的基础上，达到新的团结，防止诬陷攻击，泄私愤，伤感情；就是要以推动工作为目的，积极引导广大党员增强政治意识和大局意识，对影响党的事业发展全局和党员队伍健康成长、影响改革发展稳定和群众切身利益，以及党员和党组织存在的突出问题，进行深刻分析，不搞谨小慎微，不翻历史旧账，不纠缠细枝末节；就是要以提高党员素质为目的，积极引导广大党员摆正位置，正确对待自己，正确对待组织，正确对待群众，严于律己、与人为善，"知无不言，言无不尽"，"言者无罪，闻者足戒"，"有则改之，无则加勉"，认真严肃查摆问题，实事求是剖析根源，坦诚相见帮助同志，防止避重就轻，好人主义，文过饰非。

开展正确的批评与自我批评，必须坚持理论联系实际。要以党章要求和"三个代表"重要思想为标准，结合党的先进性建设和这次教育活动的目标要求，密切联系贯彻执行党的路线方针政策的实际，密切联系本地区本部门本单位的工作实际，密切联系党员和党员领导干部自身思想、工作和作风实际，认真查找存在的突出问题，深刻挖掘问题存在的原因，制定切实可行的整改措施，努力修正错误，及时改正缺点，避免流于形式，防止走过场。

开展正确的批评与自我批评，必须密切联系群众，坚持走群众路线。这是我们党的政治优势和政治资源，是加强党的执政能力的核心和实现党的宗旨的前提条件。要让群众了解这次先进性教育活动的目标要求和进展情况，要自觉接受群众的评议和监督。要广泛征求群众意见，不仅要听取本单位群众的意见，而且要听取服务对象的意见，尤其是要认真听取群众反映强烈的意见。要在教育活动中使领导机关、领导干部同群众进一步接近，使机关作风朝着群众的期望进一步改进，使群众进一步得到实际利益。要围绕上述要求，认真检讨，深入剖析，找出差距，明确方向。同时注意积极引导，避免出现群众运动的倾向。

开展正确的批评与自我批评，发扬党的优良作风，需要各级党组织和广大党员共同努力。首先是领导要带头，要求全党做到的，领导机关首先要做到；要求党员做到的，党员领导干部首先要做到。各级党组织要把加强和改进党的作风摆上重要议程，既要通过开展正确的批评与自我批评，切实解决一些党员和党组织存在的突出问题和影响改革发展稳定、涉及群众切身利益的实际问题，又要落实党要管党、从严治党方针，建立新形势下广大党员长期受教育、永葆先进性的长效工作机制，不断提高党的作风建设水平，不断提高继承和发扬党的优良传统和优良作风的自觉性和坚定性。

开展正确的批评与自我批评，发扬党的优良作风，既是我们党保持先进性的重要体现，又是实践"三个代表"重要思想的重要途径；既是保持党员先进性的必然要求，又是这次先进性教育活动的应有之义和重要原则。只要我们紧紧围绕务求实效的要求，开展正确的批评与自我批评，使教育活动成为弘扬党的优良作风的生动实践，教育活动就一定能扎实推进，取得实效。

（2005 年 1 月 18 日）

坚持正面教育为主的思考

正面教育是人类教育史上使用最为广泛、最为普遍的教育方式，是被历史实践充分证明，符合教育规律的积极、健康、有效的教育方式。正面教育的最大特点就是能够使教育者和受教育者平等交流和沟通，能够最大限度地启发和开发受教育者的潜力与智慧，能够取得好的教育效果。坚持正面教育，就是实施积极引导，充分调动受教育者的积极性，激发自觉接受教育的内在动力，充分发挥受教育者的主观能动性，达到良好的教育目的。

保持共产党员先进性教育活动采用正面教育为主的方式，不仅有利于广大党员和党员领导干部主动自觉地接受教育，有利于受教育者发挥主观能动性和自身创造性，深入思考，自觉实践，有利于避免走过场，防止出偏差，取得实效，而且体现着我们党内的公正、平等与民主，体现着党对每一位成员的关心、爱护与帮助。坚持正面教育为主的原则，就是在先进性教育活动的整个过程中，都要贯彻落实和充分体现这一要求，以期取得好效果。

一是要体现在吃透文件精神上。中央文件和中央领导的重要讲话是指导这次先进性教育活动的纲领性文献，具有很强的政策性、政治性和可操作性。在先进性教育活动的整个过程中，必须要按照中央的部署和要求，认真学习《中共中央关于在全党开展以实践"三个代表"重要思想为主要内容的保持共产党员先进性教育活动的意见》，认真学习胡锦涛同志在新时期保持共产党员先进性专题报告会上的重要讲话以及曾庆红同志在中央保持共产党员先进性教育活动工作会议上的讲话。通过学习，深刻领会精神实质，让广大党员确实明白这次教育活动的性质是一次普遍的马克思主义教育活动，是进一步用"三个代表"重要思想武装全党，激发全体共产党员为实现党的奋斗目标而不懈努力的积极性，确实明白我们党目前面临的形势任务和挑战，明白教育活动的主要目的、指导思想、指导原则和目标要求，让广大党员对新时期保持共产党员先进性、加强党的先进性建设、提高党的执政能力、立党为公、执政为民和实现全面建设小康社会宏伟目标的深远意义有新认识。

二是要体现在学好教材上。《保持共产党员先进性教育读本》和中央布置的学习内容，都是经过精心挑选、科学安排的基本教材。要发扬理论联系实际的好学风，采取上党课、听报告、作辅导、谈体会、写文章、个人学习、集体讨论等多种方式，学好学深学透，入心入脑，把握精神实质，做到联系实际，结合实事，指导实践，推动工作，在实践中不断丰富、发展和创新理论。尤其是要重点学好党章，深刻理解和掌握党的指导思想、基本纲领、基本路线，深刻理解和掌握党员的责任和义务。确实让广大党员学习先进理论的兴趣和运用先进理论的水平有提高，对邓小平理论和"三个代表"重要思想的理解与实践有提高，对党员意识、责任意识、使命意识和继承发扬党的优良传统的意识有提高。

三是要体现在培养正气上。学先进、树正气、创新风是正面教育的重要内容。复杂的国际国内形势和复杂的市场经济环境，对党的先进性建设、对保持共产党员先进性都提出了严峻挑战。培养抵御腐朽落后思想的浩然正气，是我们党面临的长期战略任务。这次教育活动要根据具体情况，有针对性地组织学习先进典型，营造培养正气的氛围。要创造和利用多种形式与载体，开展扶植和弘扬正气、抵御和打击歪风的活动，建立褒扬激励先进的机制，倡导讲真话、干实事、做奉献，倡导务实、为民、清廉。要发挥创造性，深入实际，深入群众，开展送温暖、得人心、顺民意的实践主题活动，帮助困难群体改善生产、生活条件，创造培养正气的条件和发挥模范作用的舞台。要引导党员正确认识自己，对照党章和新时期保持共产党员先进性的具体要求，全面总结十六大以来的思想、工作和作风，主动查找自身存在的问题，深刻剖析思想根源，制定改正措施，培养拒腐防变的正气；要开展谈心交心活动，坦诚沟通，真诚有效地开展正常的批评与自我批评。确实让广大党员自重、自省、自警、自励、自强，在树立正确世界观、人生观、价值观以及权力观、地位观与利益观方面，在树立求真务实、清正廉洁、积极进取、转变观念方面，能有新提高。

四是要体现在解决问题上。先进性教育活动目的实现的直接表现形式之一就是解决问题。解决问题的过程既是一个深入思考和接受教育的过程，又是提高思想、锻炼能力的过程，同时也是检验先进性教育活动成效的重要尺度。解决问题包括两个方面。其一是党员和党员领导干部，首先要认真解决自身在思想、组织、作风和工作方面存在的问题。"正人先正己"，"打铁先得自身硬"。要敢于亮丑，勇于剖析，严于自律，主动征求意见，自觉接受监督，改正缺点和错误，以党章和"两个务必"、"八个坚持、八个反对"的标准、以新时期保持共产党员先进性的要求衡量自己。要解决自身存在的不符合"三个代表"重要思想要求的突出问题，解决自身存在的同新形势新任务的要求不适应的突出问题，把广大党员的先锋模范作用引导和体现到全面建设小康社会的伟大实践上来，团结和带领广大群众克服困难，开拓前进。其二是要积极解决群众反映强烈、通过努力能够解决的突出问题，密切群众关系，树立党的形象。

五是要体现在领导带头上。领导带头是正面教育的重要方式。党员领导干部由于本身地位的特殊性，他们的思想行为必然带有一定的示范性和号召性。胡锦涛同志讲党课、中央政治局常委会同专家一起研究加强党的先进性建设，他们以普通党员身份参加先进性教育活动，为全党做了表率。民谚说，"村看村，户看户，党员看干部"；"上梁不正下梁歪，中梁不正倒下来"。党员领导干部的示范作用关系先进性教育成败。党员领导干部学在前、想在前、做在前至关重要，一定要给普通党员做出榜样，让广大党员感受到党员领导干部给他们的正面教育，从而增强党的凝聚力和战斗力。

坚持正面教育为主，同时也需要其他教育方式的配合。在先进性教育活动过程中，有针对性地适当选择少数反面典型案例进行深入分析，让广大党员接受警示教育，更能发人深省。此其一。其二，正确运用批评与自我批评的有力武器，促使党员自我认识问题、自我解决问题，这种教育方式与正面教育相辅相成。第三，坚持正面教育为主，同党要管党、从严治党的方针也是相辅相成的。这次先进性教育活动不单独搞一个组织处理阶段，民主评议也不确定党员合格或不合格的层次。对那些不履行党员义务、不完全符合党员条件的党员，以多做教育工作，促使他们尽快转化为目标。这不仅体现了正面教育的要求，也不致于牵扯过多精力，把大家的注意力引导到对少数人的处理上，从而有利于调动广大党员的积极性，有利于党的团结统一。但不把组织处理作为一个单独的阶段，并不是说不要进行组织处理。要坚持党要管党、从严治党的方针，对那些经教育不改、不符合党员条件的，要根据党章和有关规定，按照正常程序进行组织处理。

总之，坚持正面教育为主，就是要在提高广大党员学习实践"三个代表"重要思想的自觉性和坚定性上下功夫，通过提高党员素质，加强基层组织，服务人民群众，促进各项工作，实现提高党的执政能力，牢固党的执政基础，推进全面建设小康社会的进程。

（2005 年 1 月 29 日于万寿庄宾馆 6 号楼）

党的先进性建设的新起点

七月之季，盛世佳节。以隆重召开庆祝中国共产党成立85周年暨总结保持共产党员先进性教育活动大会为标志，全党历时一年半的保持共产党员先进性教育活动基本结束。胡锦涛同志在庆祝大会上的重要讲话，系统地总结了这次先进性教育活动的鲜明特点、显著成效和成功经验，深刻地阐述了新的历史条件下加强党的先进性建设的新任务、新要求，为切实巩固和充分运用教育活动取得的重要成果，不断推进党的先进性建设进一步指明了方向。

这次先进性教育活动，是我们党参加人数最多、规模最大的一次马克思主义集中教育活动，是新的历史条件下用发展着的马克思主义武装全党的一项重大举措，是加强党的执政能力建设和先进性建设的一次成功实践。在党中央坚强领导下，中央先进性教育活动领导小组周密部署，各级党组织精心组织，广大党员积极参与，人民群众大力支持，按照关键是要取得实效、真正成为群众满意工程的要求，坚持理论联系实际，整个先进性教育活动主题鲜明、领导有力、措施得当、工作扎实，实现了预期目标，取得了显著成效，得到了广大党员、群众的拥护和社会各界的好评，也引起了国际社会的关注。

先进性教育活动使我们党焕发了勃勃生机。广大党员受到了一次深刻的马克思主义教育，进一步坚定了理想信念，提高了素质能力，增强了实践"三个代表"重要思想、落实科学发展观的自觉性，党员队伍中存在的一些突出问题得到初步解决，党员、干部的先锋模范作用进一步发挥。基层党组织的创造力、凝聚力、战斗力进一步提高，一些软弱涣散和不够健全的基层党组织得到整顿和加强，党的工作覆盖面明显扩大，党执政的组织基础更加巩固。党组织和党员服务群众的行动更加自觉，党员干部的作风进一步改进，人民群众关心的一些重点问题得到初步解决，党群干群关系进一步密切。各地区各部门按照科学发展观的要求，进一步理清了发展思路，努力解决影响改革发展稳定的一些主要问题，积极促进经济社会又快又好发展。各级党组织在加强党员经常性教育管理、做好党员联系和服务群众工作、加强和改进流动党员管理工作、建立健全抓基层党的建设工作责任制等方面形成了一些务实管用的新制度，推动了保持共产党员先进性长效机制建设。各级党组织认真总结先进性教育活动的成功实践和党的先进性建设的历史经验，深入研究党的先进性建设规律，丰富了党的先进性建设理论。实践证明，党中央做出开展先进性教育活动的重大决策和确定的指导思想、目标要求、基本原则、方法步骤，是完全正确的。

先进性教育活动创造和积累了加强党的先进性建设的宝贵经验。必须准确把握时代脉搏，保证党始终与时代发展同步伐；必须把最广大人民的根本利益作为党全部工作的出发点和落脚点，保证党始终与人民群众共命运；必须使党的理论和路线方针政策不断与时俱进，保证党的全部工作始终符合实际和社会发展规律；必须围绕党的中心任务来进行，保证党始终引领中国社会发展进步；必须坚持党要管党、从严治党，保证党始终具有蓬勃生机和旺盛活力。这次教育活动实践还表明，保持党员队伍的先进性，根本在于增强广大党员的先进性意识，激发其自我教育、自我提高的内在动力；重点在于解决党员队伍中存在的突出问题，不断增强党员队伍整体的先进性；关键在于完善制度和机制，把党的先进性要求转化为党员自觉遵守的行为准则。这些经验对进一步推进党的先进性建设具有长期指导作用，必须十分珍视并持之以恒地坚持下去。

加强党的先进性建设是一项长期的历史任务，必须常抓不懈。要把集中教育与经常性工作很好地衔接起来，在经常性工作中继续巩固和扩大先进性教育活动的成果。各级党委要把学习贯彻胡锦涛同志的重要讲话精神作为一项重要政治任务，进一步增强责任感和使命感，继续把党的先进性建设作为我们党的根本性建设摆在突出位置，紧密结合贯彻落实科学发展观的实践、构建社会主义和谐社会的实践、加强党的执政能力建设的实践、保持党同人民群众血肉联系的实践，坚持不懈地抓紧抓好。要认真搞好教育活动总结，实事求是地分析工作中的成绩和不足，切实抓好整改提高的后续工作。对已经解决的问题要防止反弹，对尚未解决的问题要一抓到底，兑现承诺，取信于民。要充分借鉴先进性教育活动创造的宝贵经验，坚持不懈地抓好理论学习，从思想、组织、作风和制度等方面入手，全面加强领导班子建设、基层党组织建设和党员队伍建设。要认真贯彻落实中央《关于加强党员经常性教育的意见》等4个保持共产党员先进性长效机制的文件，并结合新的实践逐步建立健全以党章为核心的党内制度体系。要深入开展党的先进性建设理论研究和舆论宣传，为加强党的先进性建设提供理论支撑，营造良好氛围。

"问渠哪得清如许，为有源头活水来。"保持党的先进性重在建设、贵在发展。各级党组织和广大党员要更加紧密地团结在以胡锦涛同志为总书记的党中央周围，始终保持良好的精神状态，开拓进取，求真务实，在新的起点上不断推进党的先进性建设，为建设中国特色社会主义伟大事业、实现中华民族伟大复兴提供强大的政治和组织保证。

（2007 年 7 月 18 日）

中国社会管理创新研究的思考

社会管理，是人类文明发展进程中贯穿始终的轴心问题、基本问题，也是关乎人们生存生活和健康发展的核心问题、关键问题。社会管理又是一门实际与理论紧密联系、融合一体的综合性科学，有着自身的鲜明特点和内在规律。由于社会始终处在发展、变化的状态中，人们对于社会的认识和管理，必须跟上并适应时代的发展变化，必须及时做出调整和应对。因此，深入观察和深刻分析社会的发展变化，深入探索和准确把握社会管理的特点与规律，根据变化了的实际情况，创新社会管理的思路与办法，不断地推动和促进人类的文明发展与社会进步，这是社会科学界和广大专家学者义不容辞的历史责任。

党的十八大报告《坚定不移沿着中国特色社会主义道路前进为全面建成小康社会而奋斗》，将创新社会管理作为建成小康社会的重要手段，作为实现国家发展战略的重点工作来部署，不仅突出了创新社会管理的极端重要性，而且抓住了建设中国特色社会主义的关键与肯綮。贯彻十八大精神，落实创新社会管理的要求，需要科学谋划，总体设计，全面考量，具体实施。

中国目前正处于社会转型期和矛盾凸显期。一方面是社会管理面临着严峻的挑战；另一方面是国家发展面临难得的机遇。从学术研究角度考虑，应该立足长远，一要考虑国家发展与现实需要；二要考虑研究者的自身优势和资源特点；三要近期目标和长远规划兼顾；四要理论与实践结合；五要科学可行；六要确实能够不断推出有用、好用、管用的优秀成果。比如说，可以规划设计"中国社会管理创新研究信息库"这样的大题目。信息库又叫数据库，可以收纳和涵盖多方面、多层面的信息与数据，长期积累可以成为社会管理创新研究方面的学术重镇和权威基地，成为服务于国家最高决策层的思想库、智慧库和资料库，成为专业人才培养和人才建设的重要基地。

党的十八大报告重点阐述了加强和创新社会管理的问题，"社会管理创新研究信息库"（以下简称"信息库"）应当以贯彻和落实十八大精神作为切入点，突出其重大学术价值和重大现实意义。要具体论证课题研究的紧迫性，梳理中国目前社会管理研究的现状，梳理当前社会管理存在的突出问题和面临的严峻挑战，深刻认识课题研究的必要性和现实性，尤其要深刻认识课题研究的重大政治意义。社会管理不是一个简单的技术层面的问题，要结合中国当前的社会转型期特点和世界发展的未来趋势，充分认识社会管理创新研究的重大实践意义。要从学术层面、学理层面深刻认识社会管理创新研究的重大理论意义和文化意义，这不仅是中国目前面临的重大现实问题，也是人类社会未来发展必然遭遇的重大实践问题，社会管理问题古今中外都必须直面应对。尤其在现代社会面临各种冲突和社会矛盾的前提下，社会管理研究必须从高新科技迅猛发展、人类生存面临巨大困境的当代实际出发，在探索和寻求新的思路方面有重大突破，不能固守原有理论。现在中国的社会管理理论引进国外的多，虽然这也是必要的，但是真正能够适用于中国实际、体现中国民族特色的不多见。因此，要在体现中国特色，尤其是要在反映中国道路自信、制度自信和理论自信方面下功夫。特别是理论自信，要在社会管理理论创新中具体体现、充分反映出来，要通过科学研究、深入研究，逐渐形成有中国特色的社会管理理论体系。中国是世界大国已经成为不争的事实，应该在社会管理方面有理论的创新和突破。我们有这个能力，也有这样的条件。实现这个目标，必须既要立足于中国当代现实的实践，又要利用中国古代丰富深厚的文化资源——古代社会管理的经验和理论。这样可以把课题研究的政治意义、现实意义和理论意义都梳理出来，最后甚至可以上升到文化强国的层面。

笔者设想，"社会管理创新研究信息库"的内容可以分为三大块。第一是重大现实问题研究。这应当是信息库价值最高、意义最大、内容最重要、特色最突出的构成部分。要立足中国、着眼现实，从当前关系国家发展和社会稳定的最紧迫的重大实际问题抓起，分清轻重缓急，列出一批重大研究议题，形成专题研究群，比如城镇化问题、社区管理问题、教育问题、医疗问题、老年问题、民族自治问题、合作社问题。一方面针对农村建设，一方面针对城市建设，设置一批方向性、范围性的重大课题，组织开展研究。要围绕一个专题，形成一种开放的、动态的研究模式，从一个切入点切入，即可在短期内推出新成果。要选择迫切需要解决的现实问题，形成三千字左右的对策建议，以《成果要报》的形式直报中央，供决策参考。当然，研究的问题不能大而无当。要捕捉全局性的问题深入思考，但是要从具体实际的重要问题着手研究。现在中央提出"实干兴邦"，要求大兴"学习之风、调研之风、实干之风"，学术研究也要积极配合、充分体现。《成果要报》观点不怕尖锐，只要科学客观，符合实际，提出的建议措施科学可行，向积极方面推进，体现的是正能量，都可以提。研究现实问题，最忌讳的就是不了解基层的真实情况。所以，一定要深入社会、深入基层，深入群众、深入生活，要充分调研，掌握大量第一手材料，作为研究的基础和依据。比如，可以在全国合理地设置观察点、调查点、研究基地等等，长期连续地跟踪调查、采集数据，形成案例累积、数据累积，作为长期研究的系统资料。必须立足国家发展的实际需要，把重大现实问题的研究作为首要职责和任务，不断向中央报送具有重要参考价值的新成果、新信息。中央关注什么问题，下面有可能发生什么问题，必须胸中有数，预作研究，想到领导前面。苏轼诗说"春江水暖鸭先知"，如果设置几十个观察点，经常下去调研，甚至安排驻点员、观察员，数据采集、案例收集经常化、常态化，及时发现问题，及时分析研究，及时上报中央，这样才能真正发挥思想库和智囊团的作用。要以当前的社会现状和管理现状的分析为基础，把着力点和落脚点放在科学对策的研究上，通过对现实的研究来推动理论创新，同时用创新的理论来指导当前社会管理的现实实践，形成现实研究、理论创新和指导实践的互动。

第二是理论研究。理论研究要具备世界学术视野。西方社会管理的理论研究起步较早，系统性、理论性较强，方法科学，可以借鉴、可以参考，但中国古代社会管理的经验和文化资源源远流长，内容更丰富，特色更鲜明。中国作为世界四大文明古国之一，是唯一一个文明发展连续五千年不曾中断的国家。从盘古开天到三皇五帝，先秦时期众多族群、众多部落的生长消亡，无不涵纳着社会管理的丰富经验。中国迄今流传于世的上古文献，如被儒家奉为经典的《尚书》，其中保存的虞、夏、商、周诸朝理政文献，实际上都是社会管理的实践的直接记录。再如被誉为"群经之首，大道之源"的《易经》，可以说是中国古代社会管理理论的高度概括和提炼的思想精华，成为历代政治家、军事家的必读之书、必修之术。至于《老子》、《论语》、《孟子》、《韩非子》等等著述中治国安邦、社会管理的思想智慧，在在皆是。西方的城邦制，实际上也是社会管理的一种模式。所以，研究要放开视野，古今中外，皆在胸中，这样才可能有高度、有深度、有广度。关于理论创新层面，理论必须要有高度，才能科学、严谨。要从人类发展的角度来研究。为什么现在强调马克思主义理论的重要性？马克思的理论是从人类发展的历史规律中来研究问题的，没有这样的高度，不能称之为马克思主义。所以我们社会管理创新也要有这个高度，要看到中国未来十年、五十年，全世界未来有可能发生的变化，必须要见微知著，才有可能实现理论创新。不能就事论事，不能拾人牙慧。创新要从古今中外，加上现实，一共五个方面展开。

第三是文献的搜集与整理。这是开拓研究深度和提高理论水平的重要基础。中国的历史文献，西方的研究成果，国内的学术创造，都要逐渐地搜集到一起，并且分门别类地做一些科学整理。这是未来数据库网站建设的重要内容和主体工程。同时，还要重视人才数据库的创建，把国内外社会管理方面的相关专家及其资料都收集起来，以备咨询，并充分发挥其作用。这里就不再展开论述。

"社会管理创新研究信息库"建设必须要有前瞻性。要对接世界学术交流平台。数据库要开放型、动态式、分阶段，逐步完善。要充分考虑学者使用的方便快捷，既要实用，又要好用，还得管用，目标是做成公益性数据库，可以争取政府财政支持。要精心设计、充分论证。其中人才库的建设，也要设置国外相关学者部分。人才库建设一定要储存丰厚，信息准确，包括专家专业方向、研究特点、重要成果和个人信息，都要及时掌握。一旦中央有需要，必须保证及时提供服务。当前是信息时代，只有信息丰富，才有话语权。

"社会管理创新研究信息库"建设的方法和路径要科学。第一个大原则是要立足中国实际，着眼社会管理，突出世界视野。例如美国、韩国、日本、新加坡都各有特点，欧洲也是如此。可以进行比较研究。必须要有世界眼光，仅就中国来论中国，视野狭窄，科学性会受质疑。要突出战略性、前瞻性，强化创新意识，强化国家观念。第二个大原则是做到三个"结合"。一是研究当前现实问题与国家长期发展战略结合；二是要把对策研究与理论突破相结合，不仅用理论阐释现实，还要从现实中提炼出新的理论来；三是案例搜集与布局设点相结合，掌握一批鲜活的、最新的原生态资料，随时准备满足中央需要。第三个大原则是必须考虑对策建议的科学性、严谨性和可行性。

避免只重视逻辑推理的书斋式研究，提出的思路建议一定注重实效，产生积极的正能量。

"社会管理创新研究信息库"建设必须有条件保障。条件保障是课题研究的特殊优势所在。一是人才优势，首席专家要对国情、世情了解深刻，对国家发展战略了然于胸。二是文化资源要丰富。包括国家的社会管理文化资源、文献资源，包括各省县的方志，学校的图书资料，国家图书馆的资料，都可以充分利用。文献是学术研究的基础。三是建立信息直报中央的渠道，缩短成果转化期。把发现问题、思考问题、解决问题的周期缩短，实现社会效益的最大化。条件保障中也包括硬件设施，可以长期持久地做下去，让领导放心，让国家放心。

"社会管理创新研究信息库"的预期成果必须丰富多彩。既要防止大而无当，又要防止细大不捐，争取做到突出重点，突出特色，可信性、可行性很强。不能设计得过大、过繁，既要实在具体，又要体现现实意义。例如专题研究报告，针对性很强的对策建议，适当规模的学术专著，甚至形成丛书系列；资料汇编，年度报告，案例选编，国际学术研讨会论文集等等，都可以作为成果形式。甚至可以适时召开新闻发布会，例如网站开通，年度报告等等都可以适时通报。要让更多的人了解重要的社会建设思想。学术研究的成果一是要有决策参考价值，二是要有理论观点创新，三是要有世界交流话语，四是要有大众普及可能，让普通群众也了解社会管理。

（2013 年 7 月 28 日）

后　记

　　奉献给读者的这本小书，是笔者18年来在全国哲学社会科学规划办公室工作、学习和思考的真实记录。编选和校阅过程中，许多往事浮现脑际，心中充满感慨与感激。

　　30年前，笔者与国家项目首次结缘。那是20世纪80年代，笔者在高校从事教学和研究，有幸参加了国家"六五"规划重大项目14卷本《中国文学通史》的科研攻关，并承担了《宋代文学史》（上、下卷）北宋部分章节的撰写任务。那时的国家项目只有学界享有盛誉的一流专家才有可能获得，尽管资助经费非常少，但大家觉得不仅是荣幸，更是一种责任和义务。承担《宋代文学史》任务的唐圭璋、孙望、常国武、刘乃昌、于北山、金启华、吴调公诸先生，都是笔者仰慕的著名学者。由是，承担国家项目，像学有建树的前辈一样，勤奋刻苦、潜心治学，做出一流的研究成果，成为激励我发奋拼搏的一个梦想。在完成国家规划重大项目任务的过程中，笔者独立承担了山东省"八五"重点科研项目《黄庭坚研究》，并先后在《文学遗产》、《文学评论》、《中国社会科学》、《中华文史论丛》等国家级学术期刊上发表了数十篇研究成果，出版了与刘乃昌先生合作的专著《晁氏琴趣外篇　晁叔用词》校注（上海古籍出版社1991年版）。国家项目促进了我的学术成长并以浓厚兴趣走向学术研究的殿堂。

　　首次结缘十年后，竟然再度结缘——参与国家研究规划制定与国家项目管理。就在国家"六五"规划重大项目成果《宋代文学史》出版面世之时，笔者于1996年夏末秋初完成复旦大学博士学业，经过公务员考试，进京来全国哲学社会科学规划办公室工作。这让我既感到幸运，又面临挑战。所谓幸运，是因为离原来的个人学术梦想太近了，所做的工作就是国家社会科学的研究规划制定与国家项目管理，这是自己从来都没有想过的事情；所谓挑战，是因为新的工作岗位要求我必须彻底放下个人的学术梦想，转换角色、重新定位，调整努力方向和个人心态，调整思想角度与思维方式，尽快适应新环境新工作。这对人已中年的我来说，无疑是一种素质与心力的考验。管理工作与个体研究不同，看起来简单、具体、琐碎，但政治性、政策性和专业性都很强，要求严、标准高，涉及方方面面，每一件小事都可能牵动全国学术界的神经，必须严细深实、开拓视野、提高境界。作为一名多年从事高校教学科研而开始转入服务专家学者的从政新兵，迫切需要认真学习和大量阅读相关文件与著述。

　　记得当时给我思想启发和工作指导帮助甚大的是《琐思与随想——一个青年干部的手记》（上海人民出版社1990年版）、《沉思录》（内蒙古人民出版社1991年版）、《心路迢迢》（北京十月文艺出版社1996年版）等著述。书中生动的事例、深邃的思想和丰富的智慧，作者科学严谨的思维方式、为国为民的思想境界和高瞻远瞩的宽阔视野，尤其坚定的使命担当、勤奋的务实精神和深厚的政治素养，以及鲜明的国家观念与强烈的人类意识，发人深思，给人启迪！这对于刚刚步入政界的我，无疑是生动具体的入门教育和深刻丰富的思想引领！

　　《人各有路》说"从自己的实际出发，发挥自己的长处，用自己特有的方法去处理事情，去解决问题"，《心思用在哪儿》提出"把精力、心思和功夫用在务事、务实、务效上"，《做与说》认为"多做少说是成功的秘诀，也是做人的准则"，《公正》指出"公正最重要的还是心正，心正方能事正、理正"……诸如此类的见解与体会，在如何做人、怎样干事方面使我头脑清醒、目标明晰。《〈巴特尔·默川杂话集〉序》提出，"我觉得行政官员写点东西，对做好本职工作是大有好处的，有些文字可能就是工作的一部分。世界上的许多事情是相通的，是可以互补的。退一步说，就是以写作来锻炼思维也是有益的。因此，我提倡做行政领导的都写点文章"。这当然也是一种培养能力的方法指导。以上信手拈出的几个例子均写于30年前，今天读来依然耐人寻味。笔者在工作开展和实际生活中，的确受益匪浅，而《社会科学论稿》就是其思想方法、责任意识和思考精神直接影响的文字结晶。

回想入京供职以来，笔者得到组织关怀、前辈指导和同事支持，虽乏建树而致力于本职工作，参与国家社会科学研究规划和项目管理的制度建设与计划实施，参与中央保持共产党员先进性教育活动的思想理论宣传与先进典型宣传。这些经历都使我开阔了眼界、锻炼了能力，深化了对世情、国情、党情、民情和人情的了解，既丰富了人生阅历，又留下了珍贵记忆。特别是分管全国哲学社会科学规划办工作的领导同志，鼓励大家"多学习、多思考、多写文章，把工作同学习结合起来，不断提高理论素质"，鼓励大家想大事、谋全局，增加"书卷气"、涵养"儒雅气"，不断丰厚文化积累，鼓励大家与专家学者主动交流、热情服务，努力提高工作能力与工作效率。我觉得这些都是凝聚正能量、涵养好风气和培养高素质干部队伍的好办法、好传统。正是这种环境和氛围，给我不断注入勤学勤思勤写的动力与勇气。

值此小书付梓之际，笔者由衷地感谢领导同志与学界前辈的关怀指导，由衷地感谢诸多同事与亲朋好友的支持帮助，也由衷地感谢人民出版社编辑同志为本书付出的心血！

杨庆存

2013 年 8 月 16 日于长椿苑

责任编辑:王　萍
装帧设计:肖　辉
责任校对:张　彦

图书在版编目(CIP)数据

社会科学论稿/杨庆存 著. -北京:人民出版社,2013.9
ISBN 978－7－01－012350－9

Ⅰ.①社…　Ⅱ.①杨…　Ⅲ.①社会科学-研究　Ⅳ.①C0

中国版本图书馆 CIP 数据核字(2013)第 166883 号

社会科学论稿
SHEHUI KEXUE LUNGAO

杨庆存　著

人民出版社 出版发行
(100706　北京市东城区隆福寺街99号)

北京瑞古冠中印刷厂印刷　新华书店经销

2013 年 9 月第 1 版　2013 年 9 月北京第 1 次印刷
开本:710 毫米×1000 毫米 1/16　印张:23
字数:305 千字

ISBN 978－7－01－012350－9　定价:52.00 元

邮购地址 100706　北京市东城区隆福寺街 99 号
人民东方图书销售中心　电话 (010)65250042　65289539